"十四五"职业教育国家规划教材

全国电子商务类专业名师精品规划教材

网络营销
推广与策划

第2版

视频
指导版

惠亚爱 乔晓娟 谢蓉 / 主编
朱磊 张立平 李海霞 黎军 / 副主编

人民邮电出版社
北 京

图书在版编目（CIP）数据

网络营销：推广与策划：视频指导版 / 惠亚爱，
乔晓娟，谢蓉主编. -- 2版. -- 北京：人民邮电出版社，
2019.10（2023.8重印）
全国电子商务类专业名师精品规划教材
ISBN 978-7-115-51889-7

Ⅰ. ①网… Ⅱ. ①惠… ②乔… ③谢… Ⅲ. ①网络营
销－高等职业教育－教材 Ⅳ. ①F713.365.2

中国版本图书馆CIP数据核字(2019)第201593号

内 容 提 要

本书详细介绍了网络营销基础、网络营销方法、网络营销策略、网络营销策划的相关知识。全书分为基础篇、方法篇、策略篇和策划篇，共 14 个学习项目。第一篇为基础篇，共 2 个项目，主要介绍了网络营销基础知识和网络营销战略；第二篇为方法篇，共 4 个项目，从网络推广方法的角度分别介绍了搜索引擎营销、社会化媒体营销、网络视频营销、网络广告营销；第三篇为策略篇，共 3 个项目，从整合网络营销的角度介绍了软文营销、事件营销和病毒营销；第四篇为策划篇，共 5 个项目，分别介绍了网络营销策划认知、网络推广策划、产品营销策划、品牌营销策划和网络舆情管理策划。

本书既可作为高等院校、职业院校电子商务、市场营销等专业的教学用书，也适合各个层次的相关从业人员学习或参考。

◆ 主　　编　惠亚爱　乔晓娟　谢　蓉
　　副 主 编　朱　磊　张立平　李海霞　黎　军
　　责任编辑　侯潇雨
　　责任印制　马振武

◆ 人民邮电出版社出版发行　　北京市丰台区成寿寺路 11 号
　　邮编　100164　电子邮件　315@ptpress.com.cn
　　网址　https://www.ptpress.com.cn
　　涿州市京南印刷厂印刷

◆ 开本：787×1092　1/16
　　印张：16　　　　　　　　　　2019 年 10 月第 2 版
　　字数：439 千字　　　　　　　2023 年 8 月河北第 16 次印刷

定价：49.80 元

读者服务热线：(010)81055256　印装质量热线：(010)81055316
反盗版热线：(010)81055315
广告经营许可证：京东市监广登字 20170147 号

前言 —— FOREWORD

党的二十大报告指出："加快发展数字经济，促进数字经济和实体经济深度融合，打造具有国际竞争力的数字产业集群。"表明未来经济中网络经济、数字经济、电子商务新业态的重要地位和作用。"互联网+"时代的到来实现了互联网与各个传统行业的无缝结合，也在一定程度上促进了网络营销的发展。经过二十多年的发展，网络营销的内容不断发展演变，同时社会对网络营销实用性人才的需求量也日渐增大，这无疑对高校网络营销人才的培养提出了更高的要求。为了与企业网络营销的岗位接轨，满足企业对网络营销人才的需求，网络营销课程对网络营销教材的实用性和前沿性提出了更高的要求。

本书改版全面贯彻党的二十大精神，将二十大精神与实际工作结合起来，立足岗位需求，以社会主义核心价值观为引领，传承中华优秀传统文化，注重立德树人，培养读者自信自强、守正创新、踔厉奋发、勇毅前行的精神，强化读者的社会责任意识和奉献意识，从而全面提高人才自主培养质量，着力造就拔尖创新人才。在大量教师、学生和编辑建议的基础上，我们进行了改版。本书在原版的基础上做了三个方面的调整：突出价值引领、引入前沿新内容及案例、配套体系化的实践教学内容。本书新增了网络营销战略、用户画像、移动端搜索引擎优化、自媒体营销、社群营销、网络直播营销、短视频营销及网络舆情管理等内容，并将全书的案例进行了更新。希望借这次改版的机会，让本书的内容体系更加系统化，使本书更加突出网络营销岗位中的两大重点工作——推广与策划。本书在原有基础上具备以下三个特点。

1. 突出价值引领

本书聚焦社会主义核心价值观，结合互联网发展趋势，紧紧围绕"知识传授—能力培养—素质提升—价值观塑造"的课程建设目标，以案例为主要载体，将正确价值观传递给学生。本书主要着眼于理想信念、价值取向、政治信仰、社会责任、工匠精神等题材，采用案例教学、头脑风暴等教学方法，全面提升学生的明辨是非能力及问题解决能力。

2. 网络营销的内容体系化

本书分为基础篇、方法篇、策略篇、策划篇四篇。读者可循序渐进，第一步先了解网络营销基础知识，第二步掌握各种网络营销的推广工具、方法和技巧，第三步掌握网络营销策略，第四步融合网络营销工具和方法，掌握企业常见的网络营销策划的方法。

3. 培养和锻炼网络营销实践能力

编者在第一版《网络营销：推广与策划》的基础上升级了网络营销实践教学的内容，课内配套"想一想""做一做"等小练习，每个任务配套任务实训，整本书配套有网络营销实践教学体系，实训内容涉及微信公众号、知乎、直播平台、自媒体平台、百科平台、短视频平台等，立体化地培养学习者的网络营销实践能力。

本书配套丰富教学资源，包括视频、PPT、教案、授课计划、试卷、习题答案，并新增实践教学指导等。用书老师可登录 www.ryjiaoyu.com 下载使用。

本书由陕西邮电职业技术学院的惠亚爱、陕西邮电职业技术学院的乔晓娟、宁波城市职业技术学院的谢蓉任主编，陕西邮电职业技术学院的朱磊、浙江邮电职业技术学院的张立平、陕西能源职业技术学院的李海霞、武汉城市职业学院的黎军任副主编。在本书的编写过程中，编者得到了冯英健、段建、柯尊平、张雨田等企业专家的大力支持和帮助，在此对他们表示感谢。

编者在编写过程中经过了多番审稿和修改，但书中难免有疏漏之处。希望读者能够包涵并提出宝贵意见！

编　者

2023 年 5 月

目录 —— CONTENTS

CONTENTS

第三篇　策略篇

目录 —— CONTENTS

第四篇　策划篇

第一篇 基础篇

导语:网络营销是什么?能帮企业带来什么价值?企业为什么要开展网络营销?……这是很多初次接触网络营销的人都会遇到的问题。尤其是在人们已养成网络购物习惯的今天,企业面临的问题已经从"该不该开展网络营销"变为"应该如何开展网络营销"。那么,我们就从网络营销基础来开启网络营销的大门。

01 项目一 认知网络营销

项目简介

当今,互联网正以前所未有的速度影响着我们的生活。回顾互联网的发展速度和影响范围,可以发现网民规模从 2005 年的 1.11 亿快速增长到 2021 年的 10.11 亿,网民普及率由 2005 年的 8.5%增长到 2021 年年底的 71.6%。截至 2021 年 6 月,我国已经开启了数字经济发展新篇章,以电子商务为代表的数字化服务向四五线城市及乡村下沉,带来城乡双向消费交流互动,在提升下沉市场数字化便利的同时,带来经济增长新引擎;同时,随着低龄及高龄网民群体规模不断增长、消费能力不断提升,拉动如医疗健康、二次元、电竞等特定领域消费需求,构成新电子商务消费格局。"5G+工业互联网"正在发挥聚合性作用,与人工智能、大数据、云计算等有机结合并带动相关技术创新和产业发展,满足细分行业的数字化场景。互联网已经影响和渗透了许多行业,未来许多未被互联网渗透的行业也将逐渐被互联网影响,互联网化进程是市场发展的必然趋势。

在这样的背景下,我们如果不想被社会所淘汰,就必须要了解互联网,学会运用互联网的相关工具,掌握网络营销。

本项目主要由网络营销岗位认知、网络营销基础认知和网络营销内容体系 3 个任务组成。本项目可以激发学生对网络营销的学习兴趣,使其掌握网络营销的理念及学习方法。

 项目目标

知识目标:熟知网络营销岗位及从业者的职业成长历程,掌握网络营销的概念和网络营销职能,熟悉网络营销内容体系和方法体系。

技能目标:熟悉网络营销的工作内容,能够根据自身特点和网络营销岗位要求规划自己的职业发展。

素质目标：树立正确的价值观，关注积极向上的网络营销案例；培养学生爱国情怀及民族自豪感；将创新意识同网络营销结合起来，培养学生更新发展观念，创新发展意识。

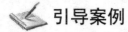 引导案例

博物馆跨界营销，开启营销新时代

2018 年，在社交网络上，博物馆的身影频频出现，综艺节目、网红淘宝店、刷屏海报……，展现出与人们认知中的博物馆全然不同的形象。

1. 故宫淘宝

2017 年流行的"故宫联名彩妆"让故宫胶带盛行一时，也让故宫淘宝越发名声在外。该品牌于 2008 年开创，但是直到 2015 年年底才真正"盘活"自己的文化品牌。2016 年，故宫淘宝发布的 9170 种文创产品创造了 10 亿元的营业收入，从而让各界都关注到传统文化产业蕴含的巨大商机。2018 年年初，故宫淘宝又赶上快闪店的热潮，开了一家"朕的心意"快闪店，主要经营话题度较高的文创产品。传统与潮流的碰撞非常吸引年轻人。这家快闪店两天之内就卖断货了。

2. 国家宝藏

2017 年年底，《国家宝藏》节目在中央电视台综艺频道黄金档时段播出，在社交网络上引起热烈反响，豆瓣评分高达 9.2。该节目以古老的文物为主角，通过明星守护人、"前世今生"舞台剧的形式，大大增加了叙事的趣味性，吸引了众多"90 后""00 后"的关注。

节目现场还邀请了全国九大博物馆馆长坐镇，使得节目的精神核心仍在于表现历史文物的文化属性。河南博物院院长马萧林接受采访时表示，河南博物院的参观人数在节目播出后增加了三成。

随着人们的生活节奏越来越快，各大博物馆的游客流失非常严重。而年轻人由于天生更喜欢轻松活泼的事物，对严肃的文化活动更是敬而远之。为了吸引更多年轻人关注文物，各博物馆接力网络营销创造了一个又一个成功的营销活动。《假如国宝会说话》的社交海报营销、博物馆之城与网易新闻合作的文物海报营销、七大博物馆与抖音合作的"第一届文物戏精大会"的视频营销……这些活动从文物本身出发，让文化的魅力重回人们的视野，深得广大网友的欢心。

思考：

1. 上述案例使用了哪些网络营销工具？这些网络营销工具起到了什么作用？

2. 上述案例中哪个营销活动更吸引你？说说你的理由。

3. 你认为案例中博物馆通过网络开展营销活动成功的原因是什么？博物馆开展网络营销活动的难点是什么？

4. 通过上述案例谈谈你对网络营销的认识。

任务一　网络营销岗位认知

任务引入

新学期到了，李雪对课表上的网络营销课程很好奇，她喜欢网络，也希望将来从事与网络相关的工作。那么网络营销工作都要做些什么呢？需要具备哪些能力才能满足岗位要求？

知识指南

一、网络营销岗位简介

近年来随着互联网的普及和推广，网络营销应用已逐渐深入各行各业，企业纷纷设立电子商务或者网络营销部门开展公司业务。由于各地区经济发展不均衡，各行业互联网应用参差不齐等原因，企业网络营销应用也具有较大差别，因此企业的网络营销岗位名称差别也较大。我们将主流的网络营销岗位归纳为：网络推广/网站推广/网店推广专员、新媒体营销专员、搜索引擎优化/搜索引擎营销专员/网络营销运营专员、网络营销经理/运营经理、网络营销总监/运营总监等几种岗位。

（一）初级网络营销岗位

1. 网络推广/网站推广/网店推广专员

（1）职位的概要描述

该职位负责企业线上免费推广和付费推广，利用网络的推广方式，提升企业的网络曝光度、知名度和美誉度，并对推广效果进行分析和总结，对网站、网店的有效流量负责。

（2）岗位职责

① 整合线上各种渠道（如搜索引擎、微博、微信、自媒体平台、直播平台、短视频平台、论坛等）推广企业的产品和服务。

② 负责企业网络宣传平台的管理和维护，包括官方网站、官方微信公众号、官方微博、官方自媒体平台、官方短视频平台、官方直播平台、官方微店及官方 App 等。

③ 熟悉网站、网店排名、流量原理，了解搜索引擎优化、网站检测等相关技术。

④ 跟踪网络营销推广效果，分析数据并反馈，总结经验。

（3）岗位要求

① 熟练掌握各种网络营销工具，包括搜索引擎、微博、微信、视频及短视频平台、网络视频剪辑软件、网络监控及统计软件等。

② 了解各种网络营销方法、手段、流程，并有一定实操经验。

③ 具有优秀的写作能力，能撰写各种不同的方案、文案。

④ 对网络文化、网络特性、网民心理具有深刻洞察和敏锐感知。

2．新媒体营销专员

（1）职位的概要描述

该职位负责企业新媒体平台（微博、微信、自媒体平台、直播平台及短视频平台等）的日常内容维护，策划并执行新媒体营销活动，撰写优质原创文案并传播。

（2）岗位职责

① 负责公司各新媒体平台的运营推广，负责策划并执行日常活动及追踪、维护。

② 挖掘和分析用户的使用习惯、情感及体验感受，及时掌握新闻热点，与用户进行互动。

③ 提高粉丝活跃度，并与粉丝进行互动，对新媒体营销运营现状进行分析和总结。

（3）岗位要求

① 深入了解互联网，尤其是微信、微博、社群、短视频等新媒体营销工具的特点，有效运用相关资源。

② 热爱并擅长新媒体推广，具备创新精神、学习精神、严谨态度和良好沟通能力。

③ 具有创造性思维，文笔好，书面和口头沟通能力强，熟悉网络语言的写作特点。

④ 学习能力强，兴趣广泛，关注时事。

3．搜索引擎优化专员/搜索引擎营销专员

（1）职位的概要描述

该职位负责网站关键词在各大搜索引擎中的排名，提升网站流量，增加网站用户数。

（2）岗位职责

① 运营搜索引擎到网站的自然流量及付费流量，提升网站在各大搜索引擎的排名，对搜索流量负责。

② 分析网站关键词，监控竞争对手的关键词对关键词管理提出合理的优化建议。

③ 对流量、数据、外链等负责，增加网站的流量和知名度。

④ 结合网站数据分析，对优化策略进行调整。

（3）岗位要求

① 掌握百度、360、搜狗等搜索引擎的基本排名规律，并精通各类搜索引擎优化，包括站内优化、站外优化及内外部链接优化等。

② 具有较强的网站关键字监控、竞争对手监控能力，有较强的数据分析能力，能定期对相关数据进行有效分析。

③ 具备丰富的互联网资源。

4．网络营销运营专员/内容运营专员

（1）职位的概要描述

该职位负责网络运营部产品文案、品牌文案、深度专题的策划，以及创意文案、推广文案的撰写工作，协助业务部门进行产品方案的推广，帮助业务团队有效提升销售额。

（2）岗位职责

① 负责产品文案、品牌文案、深度专题的策划、创意文案、推广文案的撰写执行工作，对网站销售力和传播力负责。

② 从事网络营销研究、分析与服务工作，评估关键词。

③ 负责推广方案和推广渠道的开发。

④ 制订网站总体及阶段性推广计划，完成阶段性推广任务。

⑤ 负责公司网站的规划落地执行。

⑥ 协助部门经理筹划建立部门管理体系，进行员工招聘、考核、管理，协助部门规划、总结。

（3）岗位要求

① 具备项目管理、营销策划、品牌策划、网络营销等理论知识和一定的实践经验。

② 具备优秀的网络营销数据分析能力和丰富的分析经验。

③ 具备一定的文案撰写能力和活动策划能力，对客户体验有深刻认识和独特领悟。

④ 对网络营销活动全流程具备一定的认知和执行能力。

（二）网络营销晋升岗位

1. 网络营销经理/运营经理

（1）职位的概要描述

该职位负责本部门整体运营工作，对网站策划、营销策划、网站内容、推广策划等业务进行指导，负责部门员工的工作指导、监督、管理、考核。

（2）岗位职责

① 负责网络营销项目总策划，对战略方向规划、商业全流程的规划和监督控制负责，对部门绩效目标达成总负责。

② 负责全网营销的策划指导和监督执行。

③ 负责全网产品文案、品牌文案、资讯内容、专题内容等的撰写，并进行指导和监督执行。

④ 负责全网推广策略总制订，以及执行指导和监督管理工作。

⑤ 负责全网数据分析，运营提升成效。

⑥ 负责本部门的筹划建立，负责员工的招聘、考核、管理，并进行部门规划、总结。

（3）岗位要求

① 具有5年以上的电子商务/网络营销工作经验、3年以上的项目策划、运营经验。

② 具备项目管理、营销策划、品牌策划、网络营销等系统的理论知识和丰富的实践经验。

③ 具备优秀的电子商务/网络营销项目策划运营能力，熟悉网络文化及其特性，对各种网络营销推广手段都有实操经验。

④ 具备卓越的策略思维和创意发散能力，具备扎实的策划功底。

⑤ 具备优秀的文案能力，能撰写各种不同的方案、文案。

⑥ 对网络营销全流程具备策划、运营、控制、执行能力。

⑦ 具备丰富的管理经验、优秀的团队管理能力。

2. 网络营销总监/运营总监

（1）岗位概要描述

该职位负责公司官网、天猫、淘宝、京东、拼多多、微店等第三方网络平台的整体规划和运营管理，包括产品市场定位和推广方案、产品功能及卖点策划，并组织落实；根据公司平台运营模式，组建并管理运营团队。

（2）岗位职责

① 制订官网和第三方网络平台年度经营目标，并制订年度、季度、月度计划（销售额、成交转化率、广告投入、利润率等）。

② 制订官网和第三方网络平台的整体规划和运营管理策略，并组织落实。

③ 组建并管理运营团队。

④ 掌握官网和第三方网络平台各项销售指标、运营指标的达成情况，对网站排名、流量点击进行详细、系统的分析，策划、组织网站推广活动，并进行分析和效果评估。

⑤ 通过网络渠道和媒介资源进行宣传推广工作。

⑥ 负责内部团队整体建设及专业能力的提升工作，优化业务流程，合理配置人力资源，开发和培养员工能力。

⑦ 加强团队绩效管理，提高部门工作效率。

（3）岗位要求

① 具有 5 年以上的电商平台运营经验、2 年以上的管理经验。

② 熟悉官方网站和第三方网络平台的开店流程、建店模式、产品销售模式、实际操作等。

③ 具备优秀的沟通能力，勇于创新，不拘一格，注重团队凝聚力和执行力的打造。

二、网络营销岗位职业规划

近年来，企业对互联网营销岗位人员的需求呈爆发性增长态势，网络营销岗位也成为当前热门岗位。为了更好地反映当前网络营销职业的发展状况，我们采集了 2018 年 11 月 14 日—2019 年 1 月 14 日网络营销岗位的需求量及平均薪资，如表 1-1 所示。

表 1-1　热门城市网络营销岗位的需求量及平均薪资

岗位名称	需求量（个）					平均薪资（元/月）				
	西安	北京	上海	广州	深圳	西安	北京	上海	广州	深圳
新媒体营销专员	403	2 934	1 413	1 676	1 376	5 110	9 067	8 604	7 102	7 756
网络营销运营专员/内容运营专员	265	1 890	951	1 009	1 026	4 840	8 699	7 689	6 002	7 212
搜索引擎优化/搜索引擎推广专员	199	976	390	665	552	6 147	10 217	10 331	7 871	8 780
网络推广/网站推广/网店推广专员	139	470	843	1 464	910	5 875	9 402	9 276	7 386	8 384
网络营销经理	2	4	64	35	17	6 000	15 312	15 875	9 597	10 470
网络营销总监	0	1	4	5	5	—	62 450	25 737	20 980	23 790

1. 网络营销职业现状

从表 1-1 中可以看到两个月共有 19 688 个岗位需求，其中北上广深等一线城市的岗位需求量和平均薪资均高于二线城市。一方面，和城市经济有关，城市经济环境决定了城市消费能力的高低，购买力较高的直辖市及省会城市是企业营销的重点区域；另一方面，直辖市及省会城市的网络覆盖率较高，企业更容易开展网络营销，同时因为用户数量较大，该岗位也更容易招聘到相关人才。

从事网络营销的求职者中，学历主要集中在大专和本科，大专和本科学历占比达到 85% 以上，这与网络营销岗位对人才的需求特点有着直接关系。由于岗位涉及部分与互联网有关的工作技能，因此，该岗位对从业者的学历和能力有一定的要求。

2. 网络营销岗位职业规划

一般来说，企业将网络营销人员的岗位层级分为网络营销专员、网络营销主管、网络营销经理及网络营销总监 4 个层级。网络营销专员的岗位层级也会随着公司规模而有所不同：千人以上公司，基本这 4 个层级都存在；500 人以上公司，主要为网络营销专员、网络营销主管或者网络营销经理、网络营销总监 3 个层级；其他公司主要为网络营销专员和网络营销经理两个层级；甚至部分公司的网络营销业务较少，公司只设置了网络营销专员。

随着网络营销岗位层级的晋升，一方面，企业对网络营销专业知识和能力要求有所提升；另一方面，工作内容也从简单的网络营销推广到网络营销策划，最终到网络营销的整体项目运作。

任务实训

电子商务岗位调研及职业规划

1．实训目的

了解当前电子商务岗位的现状及需求，结合自己的兴趣，设计自身的职业规划。

2．实训内容及步骤

（1）登录前程无忧、智联招聘等网站查询电子商务热门岗位，填写下表。

数量 / 职位名称	北京	上海	深圳	广州	杭州	成都	西安
网络营销							
客户服务							
美工							
淘宝运营							
网页编辑							
数据分析							
……							
晋升岗位名称							

（2）查询热门岗位的知识、技能、素质要求。

（3）从表格中选择一个你最喜欢的电子商务岗位并查询其晋升岗位的知识、技能、素质要求，设计自己的职业规划。

3．实训成果

撰写一份电子商务岗位调研报告和自身职业规划书，内容包括电子商务热门岗位、岗位要求、自身职业规划等内容。

任务二　网络营销基础认知

任务引入

通过对网络营销岗位调研，李雪了解了网络营销岗位、岗位工作内容以及企业对该岗位的基本要求。但李雪对网络营销还是有很多不理解的地方，例如网络营销和电子商务是什么关系？网络营销是不是网络推广？网络营销可以帮助企业做什么？

知识指南

一、网络营销概念

网络营销（On-line Marketing 或 E-Marketing）是以国际互联网络为基础，利用数字化的信息和网络媒体的交互性来辅助营销目标实现的一种新型的市场营销方式。简单地说，网络营销就是以互联网为主要手段进行的，为达到一定营销目的的营销活动。

1. 网络营销与网络推广

网络推广即利用互联网向目标受众传递有效信息的活动。

从过程来说，网络推广要经过3个步骤：首先，确定目标受众，即向谁说；其次，策划传播内容信息，即说什么；最后，采取什么方式推广，即怎么说。只有经过这3个有机组合的策划，才能构成一个成功的传播案例，达到传播的目的。

从这里能够看出，网络推广更多侧重于信息传递传播。而网络营销不仅包括推广，还要让客户从知道、了解、信任、喜欢到购买，更重要的是激发客户的购买欲望和购买行为，提升转化率。

可以说网络推广是保障网络营销效果和成功的关键，是网络营销的重要组成部分。网络营销则需要策划和设计营销方案，落实到执行层面，需要网络推广为之服务。

2. 网络营销与电子商务

网络营销和电子商务是一对紧密相关又具有明显区别的概念。网络营销是企业整体营销战略的一个组成部分，无论是传统企业还是互联网企业都需要网络营销，但网络营销本身并不是一个完整的商业交易过程，而是促进商业交易的一种手段。

电子商务主要是指交易方式的电子化，可以将电子商务简单地理解为电子交易，电子商务强调的是交易行为和方式。所以，网络营销是电子商务的基础，开展电子商务离不开网络营销，但网络营销并不等于电子商务。

3. 网络营销与网络销售

（1）网络营销的目的不只是为了促进网络销售，很多情况下，网络营销活动是为了辅助传统营销活动，促进线下交易，增进客户的忠诚度等。

（2）网络营销的效果可以表现在多个方面，如提升企业的品牌价值、加强与客户之间的沟通、拓展对外信息发布的渠道、改善客户服务质量等。

（3）从网络营销的内容来看，网络销售属于网络营销中的一个部分，而不是必须具备的内容。部分企业产品在不具备网络销售的条件下，通过网络营销发布产品和企业信息，实现产品和品牌形象宣传的目的。

二、网络营销职能

（一）网络营销职能

实践证明，网络营销可以在网络品牌、网络推广、信息发布、销售促进、网络销售、客户服务、维护客户关系和网络调研这8个方面发挥作用。这8个方面也是网络营销的八大职能，网络营销策略的制订和各种网络营销手段的实施也以发挥这些职能为目的。

1. 网络品牌

网络营销的重要任务之一是在互联网上建立并推广企业的品牌。知名企业的线下品牌可以在线上得以延伸；一般企业则可以通过互联网快速树立品牌形象，提升企业整体形象。网络品牌的构成包括以下方面。

（1）网络名片，包括名称、Logo、网站域名、移动网站域名、第三方平台形象、网络关键品牌词等。

（2）企业官方平台，包括PC端网站、移动端网站、官方App、小程序等，具体内容包括网站名称、Logo、风格、主色调、内容等。

（3）网站的网页等级/重要性（PageRank，PR）。

（4）企业搜索引擎表现，如付费广告、搜索结果排名等。

（5）网络上关于公司的软文、舆情和评价等。

（6）官方自媒体平台，包括企业的官方微博、官方微信公众号、自媒体平台、直播平台、短视频平台等在网络中的表现及与网民互动的情况。

从网络品牌的组成可以看出来，无论是新建立的网络品牌还是传统品牌的网络拓展，都要经历从无到有，从默默无闻到具有网络知名、网络美名和网络可信度的过程。因此，通过网络曝光和网络互动，企业可以提升品牌的知名度、美誉度和可信度。

2．网络推广

这是网络营销最基本的职能之一，其目的是为了让更多的客户对企业产生兴趣，并通过访问企业网站、App、第三方平台内容，利用网站、App、第三方平台的服务来达到提升品牌形象、促进销售、增进企业与客户的关系、降低客户服务成本等效果。相对于其他功能来说，网络推广显得更为迫切和重要，企业平台所有功能的发挥都要以一定的访问量为基础。所以，网络推广是网络营销的核心工作。获得必要的访问量是网络营销取得成效的基础，特别是中小型企业，由于经营资源的限制，发布新闻、投放广告、开展大规模促销活动等宣传机会会比较少，因此通过互联网手段进行网络推广的意义显得更为重要，这也是中小型企业对网络营销更为热衷的主要原因。即使是大型企业，网络推广也是非常有必要的，事实上许多大型企业虽然有较高的知名度，但网站访问量并不高。

做一做

比较几大购物网站的网站流量

通过站长工具网站进行搜索引擎优化综合查询，找到下列网站的日均互联网协议地址数（日均IP）、日均页面浏览量（日均PV）、网站世界排名等信息，并以同款海尔的热销产品为例，记录下列不同网站的销售情况，总结网络推广对产品销售的重要性。

网站	日均IP	日均PV	网站世界排名	网站销售记录（销售量/时间）
淘宝网				
京东商城				
苏宁易购				
国美在线				
海尔商城				
总结				

3．信息发布

网站是一种信息载体，通过网站发布信息是网络营销的主要方法之一。同时，信息发布也是网络营销的基本职能，所以也可以这样理解：无论选择哪种网络营销方式，结果都是将一定的信息传递给目标人群，包括客户/潜在客户、媒体、合作伙伴、竞争者等。

信息发布需要一定的信息渠道资源，这些资源可分为内部资源和外部资源。内部资源包括企业网站、官方App、小程序、第三方网络平台、微博、微信公众平台、短视频平台等；外部资源则包括新闻网站、行业网站、搜索引擎、供求信息发布平台、网络广告服务资源、百科、问答平台、合作伙伴的网络营销资源等。掌握尽可能多的网络营销资源，并充分了解各种网络营销资源的特点，向潜在客户传递尽可能多的有价值的信息，是网络营销取得良好效果的基础。

4．销售促进

营销的基本目的是为增加销售提供帮助，网络营销也不例外，大部分网络营销方法都直接或间接地与销售促进有关，但销售促进并不限于促进网上销售。事实上，网络营销在很多情况下对于促进线下交易十分有价值。

5．网络销售

一个具备线上交易功能的企业网站本身就是一个线上交易场所，网络销售是企业销售渠道在线上的延伸。网络销售渠道建设也不限于网站本身，还包括建立在综合电子商务平台上的网上商店，以及与其他电子商务网站不同形式的合作等，如图1-1所示。因此，网络销售并不仅是大型企业才能开展的，不同规模的企业都有可能拥有适合自己需要的网络销售渠道。

图1-1　海尔搭建的网络销售渠道

6．客户服务

互联网提供了更加方便的在线客户服务手段，包括形式最简单的常见问题解答（FAQ），电子邮件、邮件列表，以及在线论坛和各种即时信息服务等。在线客户服务具有成本低、效率高的优点，在提高客户服务水平方面具有重要作用，同时也直接影响到网络营销的效果。海尔官网的客户服务界面如图1-2所示。

图1-2　海尔官网客户服务界面

7．维护客户关系

良好的客户关系是网络营销取得成效的必要条件。网站的交互性、客户参与等方式在开展客户服务的同时，也增进了客户关系。客户关系是与客户服务相伴而产生的一种结果，良好的客户服务才能带来稳固的客户关系。例如，海尔通过微博与粉丝互动，一方面与客户之间建立良好的客户关系，另一方面通过与客户的互动开发满足客户个性化需求的产品，如冷宫冰箱、咕咚等产品，如图1-3所示。

图1-3　海尔通过微博与粉丝互动

8．网络调研

企业不仅可以采用在线调查表等网络调研方式，还可以使用大数据调研等调研方法。与传统市场调研相比，网络调研具有高效率、低成本的特点。因此，网络调研成为网络营销的主要职能之一。具体的调研方法和步骤将在项目二中详细介绍。

（二）网络营销职能之间的关系

开展网络营销的意义在于充分发挥各项职能，让网络营销的整体效益最大化，因此，仅仅由于某些方面效果欠佳就否认网络营销的作用是有失偏颇的。

网络营销的各项职能之间并非相互独立的，而是相互联系、相互促进的，网络营销的最终效果是各项职能共同作用的结果。开展网络营销需要用全面的观点，充分协调和发挥各项职能的作用。

为了更直观地描述网络营销8项职能之间的关系，从其作用和效果上可将其大致分为网络推广、信息发布、维护客户关系、客户服务、网络调研，这5项属于网络营销资源的投入和建立，是基础职能；网络品牌、销售促进和网络销售则表现为网络营销的效果（包括直接效果和间接效果）。网络营销职能关系具体如图1-4所示。

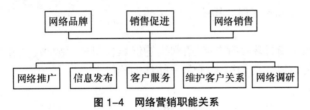

图1-4　网络营销职能关系

任务实训

网络营销认知

1．实训目的

了解网络营销的概念及其相关知识，对网络营销有一定的认识；结合网络营销8项职能，通过浏览网站全面认知网络营销。

2．实训内容及步骤

（1）浏览下列网站：阿里巴巴、京东商城、海尔官网、海尔商城、海尔淘宝旗舰店、新浪网、中国互联网信息中心、艾瑞调研社区、中国互联网调查社区等网站。

（2）总结自己对网络营销的认知。

（3）结合上述网站的功能，谈谈你对网络营销职能的认知。

3．实训成果

提交实训报告，根据你浏览的上述网站，谈谈你对网络营销的认知。

任务三　网络营销内容体系

任务引入

通过前面的学习，李雪了解了网络营销概念和网络营销职能之后，非常想学好网络营销，为将来从事网络营销做好准备。李雪需要掌握哪些网络工具？有哪些网站资源可以帮助李雪更好地掌握网络营销技能？

知识指南

一、常见网络营销的工具体系

（一）常用网络营销工具简介

1．搜索引擎

搜索引擎可以带来大量的点击与关注，有利于树立企业品牌形象，提升品牌知名度，增加网站的曝光度，也可以为竞争对手制造网络推广壁垒。

2．社会化媒体

社会化媒体是人们彼此之间用来分享意见、见解、经验和观点的工具和平台，现阶段主要包括社交网站、微博、微信、自媒体平台、问答社区、百科等。企业可以通过社会化媒体建立企业品牌，提升品牌的曝光度和知名度，维护客户关系。

3．网络视频

网络视频、短视频及直播集中了视频和网络的优势，可通过故事、情感、娱乐等方式植入品牌、产品、促销等相关信息，目前已经成为一种营销趋势。

4．网络广告

网络广告因覆盖面广、观众基数大、传播范围广、不受时空限制、互动性强、可准确统计受众数量等特点，已成为目前一种主流广告形式。

（二）常用网络营销工具体系

每一种常用的网络营销工具和服务都有一定的网络营销基础，如微博、QQ、搜索引擎等，而每一种工具都会产生一种或者多种网络营销效果，如小米通过微博进行客户服务、产品信息发布、产品体验调研等。为了更好地掌握网络营销工具的特点，这里将网络营销工具和网络营销职能以示例的方式在图 1-5 中展示出来。

图 1-5　常用网络营销工具体系示例

网络营销：推广与策划（第 2 版 视频指导版）

（三）常见网络推广方法

1. 网络平台营销

搭建营销导向的企业官方网站和第三方电子商务平台可实现网络营销功能，并通过网络平台运营维护、推广及管理使网络平台发挥应有功能。

2. 搜索引擎营销

当用户利用搜索引擎进行信息检索时，在搜索结果中展示信息以获得用户的关注，并且吸引用户通过单击搜索引擎结果的链接打开网站获取更详细的信息，实现网站或产品的推广。

3. 社会化媒体营销

社会化媒体营销也称为社会化营销，是利用社会化网络，如微博、微信、在线社区、自媒体平台、问答社区、百科或其他平台来进行营销，并进行公共关系和客户服务维护及开拓的一种方式。

4. 网络广告营销

企业通过网络广告投放平台投放横幅广告、文本链接广告、关键词竞价广告、多媒体广告等，在互联网刊登或发布企业广告，通过网络传递给互联网用户企业的广告信息。

5. 网络视频营销

网络视频营销是指企业通过各种视频短片、短视频或直播平台，达到一定宣传目的的营销手段。

（四）常见网络推广策略

1. 软文营销

软文是由企业的市场策划人员或广告公司的文案人员来负责撰写的"文字广告"。与硬广告相比，软文将宣传内容和文章内容完美地结合在一起，让客户在阅读文章时能够了解策划人员所要宣传的内容。一篇好的软文是双向的，既要让客户得到他想要的内容，也要让其了解宣传的内容。

2. 事件营销

事件营销是指企业通过策划、组织和利用具有新闻价值、社会影响及名人效应的人物或事件，吸引媒体、社会团体和客户的兴趣与关注，以求提高企业或产品的知名度、美誉度，树立良好的品牌形象，并最终促成产品或服务销售的手段和方式。

3. 病毒营销

病毒营销是指企业通过客户的社会人际网络，使信息像"病毒"一样快速、大规模地传播和扩散。

二、网络营销学习内容

通过前期大量的调查，从企业反馈来看：网络营销岗位既要求学生善于使用各种网络推广工具，掌握网络推广方法，同时还要具备网络营销策划和执行能力，能帮助企业提高品牌知名度和可信度，提升网络转化率等。为了实现工作过程与教学过程相对接，笔者在提炼初级网络营销岗位和网络营销晋升岗位职业素质、专业知识和专业技能要求的基础上，确定了网络营销的学习内容，形成了本书的框架体系。

本书分为基础篇、方法篇、策略篇和策划篇。基础篇中的重点为网络营销岗位、网络营销概念、网络营销的职能、网络调研、网络营销战略等内容；方法篇以主流的网络营销方法为核心，重点为网络营销工具和方法的使用等内容；策略篇的重点为软文营销、事件营销和病毒营销三种企业常用的网络营销策略；策划篇以策划的内容和执行过程为主，重点为网络营销策划、网络推广策划、产品营销策划、品牌营销策划和网络舆情管理策划等内容。本书的内容体系如图 1-6 所示。

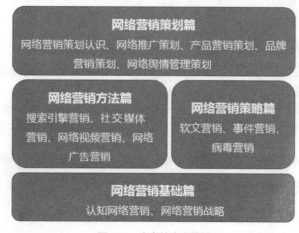

图 1-6　本书的内容体系

三、网络营销学习方法

（一）学习方法建议

读者可在了解网络营销基础的理论构架和具体的操作方法之后，尽可能将网络营销的方法运用到实践中，通过实践将理论转化为自身的实操技能。同时，通过在实践中发现问题并依照解决方法解决问题，体验"运用理论指导实践，从实践中深刻理解理论并进一步丰富和完善理论"的过程，从而不断增强个人的网络营销应用能力。

（二）学习实践资源

本任务列举了常用的网络营销工具，大致需要了解和熟练应用的工具、平台和资源，其中多数都是日常生活和工作中经常使用的。使用过程中，建议学生尝试用"互联网的方式思考问题，用互联网的工具和手段来解决问题"，重新认识这些工具并使用它们。也就是说，对每种工具和资源，我们都能从网络营销的角度来考虑：它们有哪些网络营销价值？如何利用这些工具和资源实现企业网络营销的目的？

1．网络营销学习及实践资源网站

（1）门户网站的互联网新闻，如新浪、网易等门户网站都有关于互联网站、电子商务、网络营销等方面的新闻报道及背景资料。

（2）互联网行业研究及咨询，包括中国互联网络信息中心（CNNIC）每年发布两次的《中国互联网络发展状况统计报告》、艾瑞网及网络经济服务平台等网站发布的研究报告及咨询信息。

（3）专业网站及微信公众号，包括 36 氪、阿里研究院、虎嗅网、人人都是产品经理等网站的内容和微信公众号。

（4）实践平台，可以通过 i 博导平台开展网络营销实践任务。

2．应熟练使用的网络工具

（1）搜索引擎：如百度、360 搜索、搜狗等。

（2）社交营销工具：如微博、微信、QQ 等。

（3）自媒体工具：如头条号、企鹅号、百家号、大鱼号等。

（4）短视频工具：如抖音、快手等。

（5）网站流量统计分析工具：如百度统计、CNZZ等。

3. 有必要深入了解和实践应用的网络推广平台

（1）搜索引擎：如百度搜索、360搜索、搜狗搜索等。

（2）门户网站：如新浪、搜狐、腾讯等。

（3）社会化媒体营销平台：如微博、QQ空间及社群、头条号等自媒体平台。

（4）短视频平台：如抖音、快手等短视频平台。

（5）其他：如微商平台、生活搜索引擎等。

4. 深入实践和研究若干网络营销活动

（1）通过个人网站、社会化媒体等创建个人网络品牌。

（2）收集若干自己欣赏的网站、App、小程序，经常关注它们的运营状况。

（3）深入实践自己感兴趣的部分互联网产品和服务，如搜索广告、短视频营销、社会化媒体营销等。

（4）尝试网上销售。

5. 积累对自己有价值的网络营销资源

（1）至少有一个经常更新的微博、微信公众号或自媒体平台。

（2）有一个朋友关系比较广的QQ、个人微信账户，并加入若干专业QQ群、微信群。

（3）开一个体验型的微店。

（4）最好能独立运营一个小规模的网站，并作为网站站长加入1~2个网站联盟。

这里列举的内容看起来很多，实际上大部分都是网络营销常用的，可以在学习和应用过程中不断总结和积累，并不一定要下功夫专门针对这些项目逐一落实。经过一段时间的实践后，我们可以再回过头来对照一下，看看是否还遗漏了哪些重点，尽可能充分掌握各种工具和资源，减少基础知识的空白点。当具备了这些技能之后，我们就可以尝试将网络营销知识转化为价值和财富了。例如，为企业做网络推广、网站运营，或通过网络销售等方式获得直接收入，也可以用这些知识为自己的就业或创业奠定基础。

任务实训

制订网络营销学习计划

1. 实训目的

了解常用的网络营销工具和网络推广方法，明确网络营销的学习方法和学习资源，制订一个行之有效的学习计划，培养学习能力和学习习惯。

2. 实训内容及步骤

根据项目列出的网络营销实践资源和学习建议，结合网络营销课程的教学安排，设计一个适合自己的学习计划和实践计划。

3. 实训成果

设计网络营销学习计划表。

 **思考与练习**

一、不定项选择题

1. 你会看到一些关于网络营销的说法，请将正确的说法和错误的说法归入不同的选项框中。

（1）下面说法正确的是（ ）。

（2）下面说法错误的是（ ）。

A. 网络营销就是 On-line Marketing 或 E-Marketing

B. 网络营销就是 SEO

C. 以网络用户为中心，以市场需求和认知为导向

D. 以市场需求和认知为中心，以网络用户为导向

E. 新媒体营销、论坛营销、博客营销均属于网络营销

2. 下面（ ）说法是错误的。

A. 网络营销可以促进线下销售　　　　B. 网络营销包含电子商务

C. 网络销售是网络营销的一项职能　　D. 网络推广是网络营销的基础

3. 下面（ ）不属于网络营销职能。

A. 网络品牌　　B. 网络调研　　　　C. 网站推广　　　　D. 资源合作

4. 下面（ ）不属于网络营销基础职能。

A. 信息发布　　B. 客户关系管理　　C. 网络品牌　　　　D. 客户服务

5. 下面（ ）属于网络营销推广工具。

A. 微网站　　　B. 第三方平台　　　C. 网络广告　　　　D. E-mail

6. 下面（ ）不属于网络推广方法。

A. 搜索引擎营销　B. 社会化媒体营销　C. 病毒营销　　　D. 网络平台营销

二、简答题

1. 谈谈网络营销的几个误区是什么？

2. 网络营销的职能是什么？

3. 常见的网络营销工具有哪些？

素质拓展问题

02 项目二
网络营销战略

 ## 项目简介

随着互联网和电子商务的发展，传统的营销战略已经无法满足新时期的要求，取而代之的是网络营销战略。网络营销战略是指企业在现代网络营销观念下，为实现其经营目标，对一定时期内企业网络营销发展的总体设想和规划。

本项目主要由网络市场调研、构建用户画像和制订网络营销战略 3 个任务组成。通过对本项目的学习，学生可了解网络营销战略的内容、步骤及方法，掌握网络营销战略制订的方法。

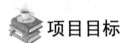 ## 项目目标

知识目标：熟悉网络调研的步骤、方法及内容，掌握网络调研报告的写作，了解用户画像，掌握用户画像的构建方法，熟悉网络营销战略制订的步骤。

技能目标：能够根据企业需求设计网络调研的方法；能够掌握用户画像的构建思路、步骤及方法；能够结合企业现状制订网络营销战略。

素质目标：引导学生关注新闻热点，树立正确的世界观和行为习惯；引导学生关注前沿新技术，培养学生工匠精神。

 ## 引导案例

奇虎360——多维产品数据、信息打通，赋能融屏营销战略布局

随着移动互联网时代的全面到来，移动化带来的位置数据、物联网数据日趋丰富，云计算、大数据、人工智能、物联网等技术繁荣发展，营销智能化的特点将更加明显。在当前市场环境下，营销企业的市场活力依然不断增强，同时，从企业的资本动作及运用技术的程度来看，伴随着多变的营销环境，企业面对的挑战和困难也将更加多元和复杂。

1. 简介：奇虎360（以下简称360）是中国规模较大的互联网安全公司之一，它致力于通过提供高品质的免费安全服务，为中国互联网用户解决上网时遇到的各种安全问题。

2. 融屏营销战略：随着用户的行为需要跨多个屏幕和设备来共同完成，跨屏应用的连接越来越紧密，在此趋势下，360开启融屏营销战略布局。融屏营销战略的基础是对用户行为链的理解和覆盖，360的安全生态链以智能安全为核心，7×24 小时全面覆盖用户生活的方方面面。同时，PC 端、移动端、物联网三大入口构建的立体用户行为链大数据，能帮助企业深入理解用户行为，对用户标签进行精细划分。

3. "360×荒野行动"营销战略：不止于线上线下，全场景融屏营销引爆"荒野行动"。

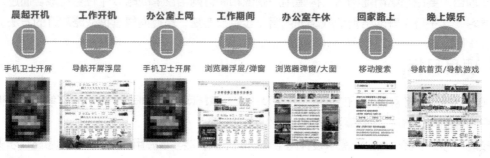

① 场景覆盖。融合 360 线上线下多个产品，触达用户从早至晚的每一个触媒场景，实现场景全覆盖。

② 形式覆盖。根据用户在各个时段的场景触媒习惯，定制不同的广告形式，进一步实现精准触达。

4. 营销效果：PC 端+移动端总展现量达 41 亿，总点击数达 2 500 万。

思考：

1. 你认为网络营销战略是什么？

2. 案例中 360 采用的网络营销战略是什么？你认为这个战略中最成功的是什么？

任务一　网络市场调研

任务引入

实习生小王刚到公司的网络营销部门，白经理为了让小王快速适应实习生工作，先安排小王通过网络市场调研了解目标客户。那么网络市场调研该如何开展呢？

知识指南

一、网络市场调研认知

（一）网络市场调研的定义

网络市场调研是指企业利用互联网作为沟通和了解信息的工具，对客户、竞争者以及整体市场环境等与营销有关的数据进行调查、分析和研究。这些相关的数据包括客户需要、市场机会、竞争对手、行业潮流、分销渠道以及战略合作伙伴方面的情况。网络市场调研与传统的市场调研相比有着无可比拟的优势，如调研费用低、效率高、调查数据处理方便、不受时间地点的限制等。

（二）调研数据的分类及获取工具

企业通过对市场数据的收集、分析及整合，提出可行的市场推广方案，再根据搜集到的信息进行市场推广活动的效果评估，做好市场推广预算，控制活动成本，完善市场推广方案。下面对调研数据的分类及获取工具进行介绍。

1. 数据的分类

常见数据主要包括营销数据、流量数据、会员数据、交易数据、服务数据及行业数据。根据数据来源的不同，可以分为内部数据和外部数据。

2. 数据的获取工具

数据的来源渠道包括百度统计、谷歌分析、Crazy egg 热力图、CNZZ 数据专家、生意参谋、客户关系管理工具、Alexa、百度指数、阿里指数、淘宝指数、竞争对手网站、求职网站、网络数据库、政府及行业官方网站等。

（1）内部数据

常见的查看内部数据的工具有 3 种：一是网站统计服务数据工具，如百度统计、CNZZ 数据专家、谷歌分析、Crazy egg 热力图等，通过这些工具可对目标网站进行访问、数据统计和分析；二是电子商务数据服务工具，如生意参谋，主要为各电商、淘宝卖家提供准确、实时的数据统计，多维的数据分析和权威的数据解决方案；三是客户关系管理工具，可以监测买家数据、卖家数据和商品数据，并从数据中挖掘潜在数据，达到节约资本、提高推广效果的目的。

（2）外部数据

常见的查看外部数据的工具有 4 种：一是网页抓取及流量统计工具，如 Alexa，可以获取网站中的排名数据、访问量数据、浏览量数据、排名变化趋势数据等；二是指数统计工具，如百度指数、阿里指数、淘宝指数，其中，百度指数主要提供基于单个词的趋势研究（包含整体趋势、PC 趋势及移动趋势）、资讯关注、需求图谱及相关性分析、人群画像（包含地域分布、人群属性、性别分布），阿里指数提供行业大盘和产业基地的分析，行业大盘以某个行业为视角进行分析，主要包括市场行情、热门行业、企业分析，产业基地以某个地区为视角进行分析，主要包括产业带、企业分析等内容，淘宝指数主要针对淘宝卖家、淘宝买家及第三方用户提供淘宝购物数据，以供了解淘宝购物趋势；三是竞争对手数据，可以通过竞争对手网站、求职网站及网络数据库等获取数据；四是行业数据，可以通过政府及行业官方网站等渠道获取数据。

想一想

请列举出你所知道的电子商务行业网站有哪些？从这些网站可以获得哪些数据？

二、网络市场调研的步骤

（一）明确问题及调研目标

在开始网络市场调研时，首先要有一个清晰的目标。可以设定如下调研目标。

- 谁是企业的目标用户？
- 哪些用户有可能使用企业的产品或服务？

- 哪些用户最有可能购买企业提供的产品或服务？
- 在这个行业中，竞争对手通过网络在做什么？
- 企业的用户对竞争者的印象如何？
- 在日常运作中，企业要受哪些法律、法规的约束？如何规避？

……

（二）制订调研计划

网络市场调研的第二步是制订有效的信息搜索计划，内容包括确定资料来源并根据资料来源选择适合的调查方法等。

（三）收集信息

随着网络通信技术的突飞猛进，资料收集方法发展迅速。互联网没有时空和地域的限制，因此网络市场调研可以在全国甚至全球范围内进行。同时，收集信息的方法也很简单，直接在网上搜索或下载即可。这与传统市场调研的收集资料方式有很大的区别。

（四）分析信息

收集信息后要做的是分析信息，这一步非常关键。调查人员如何从数据中提炼出与调查目标相关的信息，直接影响最终的结果。网络信息的一大特征是即时呈现，而且很多竞争者还可能从一些知名的商业网站上看到同样的信息，因此分析信息能力相当重要，它能使你在动态的变化中捕捉到商机。

（五）提交报告

调研报告的撰写是调研活动的最后阶段。报告不是数据和资料的简单堆砌，调研人员不能把大量的数字和复杂的统计数据提供给管理人员，否则就失去了调研的价值。正确的做法是把与决策有关的主要调查结果报告出来，并以调查报告所应具备的正规结构写作。

三、网络市场调研的方法

（一）网络搜索法

网络搜索法所利用的工具是搜索引擎，如可通过搜索引擎获取行业中的企业网站、新闻报道、大型调查咨询公司的公开性调查报告，以及大型企业、商业组织、学术团体、著名报刊发布的调查资料等信息。

做一做

网络搜索资料练习

小王想了解中国网民的基本情况、"双十一"的销售数据、农产品在线销售数据等的最新数据，你能帮助小王找到这些数据吗？这些数据可以在哪里找到？

调研内容	数据资料	数据来源	数据时间
网民基本情况			
"双十一"销售数据			

网络营销：推广与策划（第2版 视频指导版）

调研内容	数据资料	数据来源	数据时间
农产品网络销售数据			
B2B 市场份额			
网购群体特征			

（二）在线调研问卷

利用在线调研问卷获取信息是最常见的网络市场调研方法。在网站上设置调研问卷，访问者在线回答问题并提交到网站服务器，调查人员就可从服务器上看到调查的结果。调查人员也可通过在第三方调研网站发布问卷并回收问卷。

做一做

第三方调研网站练习

1. 查找网络中比较知名的调研网站。
2. 注册第三方调研网站的账号并设计一份调研问卷。

（三）加入邮件列表

很多网站为了维持与用户的关系，常将一些有价值的信息以新闻邮件、电子刊物等形式免费发送给用户，通常只要进行简单的登记即可加入邮件列表，比较有价值的邮件列表如各大电子商务网站初步整理的市场供应信息和各种调研报告。定期处理收到的邮件列表信息也是一种行之有效的资料收集方法。

小资料：各大电商行业网站行业报告知多少

（四）大数据调研法

企业通过收集海量的用户信息，利用大数据建模技术，按用户属性，如所在地区、性别、兴趣和购买行为等维度，挖掘目标用户，并针对目标用户开展精准营销。例如，孕妇装"十月妈咪"品牌通过对其微博上粉丝评论的大数据调研，找出评论中有"喜爱"关键词的粉丝，然后打上标签，对其开展精准营销。目前，大数据调研法被越来越多地应用于营销活动。

四、网络市场调研的内容

网络市场调研的内容主要包括市场可行性调研、不同地区的销售机会和潜力调研、竞争调研、产品调研、价格调研、用户调研、广告调研等方面。

在众多的调研项目中，对企业来说最重要的调研内容是用户调研和竞争调研。

小案例：京东商城的大数据精准营销

（一）用户调研

美剧《纸牌屋》在我国的点击率非常高，主要是因为在拍摄前，制片人调研分析了海量的用户数据：知道用户很喜欢大卫·芬奇导演，也知道凯文·史派西主演的影片表现都不错，还知道英剧版的《纸牌屋》很受欢迎。基于上述调研分析，美剧《纸牌屋》获得了巨大的收益。四部《小时代》电影能狂揽 15 亿元票房，很大原因就是片方在发布了预告片后，从微博上通过调研分析得知其电影的主要观众群为"90后"女性，因此后续的营销活动主要针对这部分人群展开。

1. 明确用户群体

用户调研首先要明确目标用户是谁，是否与购买者一致。例如，海尔空调的目标用户是家庭用户、学生、企业……如果海尔针对学生这一群体进行销售，那么销售对象是学生，还是学校，抑或学生家长，海尔应该仔细调研后确定用户群体。

2. 联系用户群体

我们可以通过竞争对手寻找潜在用户，可以通过社交平台的私信等功能联络，也可以通过针对人群的线下交流活动等途径联络，还可以通过用户推荐的方式（用户可以找到相同产品的使用者）联络。海尔通过微博寻找目标客户群体，如图 2-1 所示。

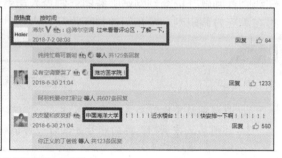

图 2-1　海尔通过微博寻找用户群体

3. 调研的关键点

（1）调研用户的潜在需求

如果调研的目的是挖掘用户的潜在需求，则应该首先分析用户现在的使用习惯和现有竞争者的一些功能，然后挖掘存在的问题。这里要尽可能地通过开放式问题追问："为什么是这样的？"例如，福特在开发汽车的时候做用户调研，如果福特的调研只是专注在某些功能或者某个产品上，用户的反馈只会是"我要更快的汽车"，而不是挖掘出类似于"交通运输不方便不高效，现有交通工具太昂贵"这样的用户痛点，也就不会有后面的经济适用、快捷方便的 ModelT 车型。

（2）要有一个开放的态度

一开始企业可以有一些假设或既定认知，如"这件事可能是这样的""这类用户可能需要这种功能""他们在其产品上有很多没有被满足的痛点"。这些假设可能会被用户调查认可，也有可能被推翻。最后用户反馈给企业的信息可能是，企业假设的用户痛点大部分已经得到满足，根本不值得企业再花大量时间开发新功能。但是企业也不要因此放弃，可以在这个用户群体里进一步调研。一般来说，如果同一个类目中有6～8个用户反馈给企业类似信息，就可以得到基本的结论。

（3）尽可能用即时互动的方式调研

如果是访谈类或开放式的问题，尽量不要用 E-mail 的调研形式。因为根据开放式问题的回答还要继续提出"为什么是这样"的问题，所以 E-mail 的调研形式对进一步挖掘非常不利，可以采用电话采访的方式，其中一个小窍门是，适当留出一些安静的时间，被采访人往往会因为想要避免安静的尴尬而多说一些其他的想法。这些都是 E-mail 的调研形式做不到的。

（二）竞争调研

1. 确定竞争对手

要确定企业的竞争对手，就要找出所在行业的竞争对手数量和竞争对手企业列表，这些信息可以通过以下方法获得。

- 从公司内部市场、运营部门、管理层等收集信息。
- 通过行业媒体平台、QQ群、微信群和搜索引擎等收集信息。
- 建立持续的产品市场信息收集小组。
- 调查核心用户、活跃用户、普通用户的不同需求和间接代替产品。
- 关注竞争对手的官方网站、交流互动平台、动态新闻、产品更新及促销活动。
- 关注各人才网站同行业人才的简历更新、对方的联系方式及竞争对手官方网站的招聘信息。
- 试用竞争对手的产品、客服咨询、技术问答等。

2. 重点分析直接竞争对手

竞争对手分为直接竞争对手和间接竞争对手，直接竞争对手就是经营相同产品，位于同一区域且受众人群基本一致的企业；间接竞争对手主要指产品或服务有一定差异或替代性的企业，间接竞争对手一般来自其他行业，但仍存在竞争的情况。

企业要重点分析直接竞争对手，对于间接竞争对手更多的是学习和借鉴，以提升企业实力。

3. 竞争调研的调研内容

（1）分析竞争对手的官方平台

分析竞争对手的官方平台，主要调研竞争对手网站的基本数据、用户体验及其 App 基本数据。

竞争对手网站的基本数据包括域名网页级别、百度权重、快照日期、Alexa 排名、域名年龄、是否备案、搜索引擎收录数和外链数等。

竞争对手网站的用户体验包括竞争对手的网站上都拥有哪些与众不同的元素和细节，优缺点是什么，包括网站布局、策划、网站频道、关键词安排、网址处理、内容更新频率及质量等。

竞争对手的 App 基本数据包括版本号、上线时间、评论量、排名情况、功能需求分析、产品结构分析、功能分析等内容。

做一做

竞争对手官方平台数据查询

查找你所在城市的所有高职院校网站的基本数据。

（2）分析竞争对手的产品及服务

分析竞争对手的产品及服务包括重点分析竞争对手的产品功能细分、稳定性、易用性、用户体验交互、视觉设计实力、技术实现框架优劣势等。

（3）分析竞争对手的网络推广

分析竞争对手的网络推广包括调研竞争对手采用的推广方法和推广效果，对竞争对手开展的网络推广活动进行分析，吸取其做得好的方面，避免竞争对手出现的失误。

通过对竞争对手的调研，我们可以寻找竞争对手网络营销的突破点，制订合适的网络竞争方案。

五、撰写网络市场调研报告

整个网络市场调研结束后，需要将调研的全部内容通过报告的形式呈现出来，给企业提供相关的支撑及帮助。

小资料：如何撰写网络市场调研报告

任务实训

企业网络营销现状调研

1. 实训目的

根据网络市场调研的步骤、方法及内容，调研知名企业的网络营销现状。

2. 实训内容及步骤

（1）调研对象：海尔、联想、京东、天猫等。

（2）调研内容：目标受众、网站基本情况、App、推广现状等信息。

（3）调研结果：撰写企业网络营销现状报告及答辩PPT。

3. 实训成果

撰写一份企业网络营销现状报告及答辩PPT。

任务二　构建用户画像

任务引入

通过一段时间的调研后，实习生小王发现有些企业通过用户画像开展精准营销，那什么是用户画像？如何绘制用户画像呢？

知识指南

一、用户画像概述

（一）用户画像发展及其定义

经过20多年的发展，随着海量数据处理技术的出现，互联网走向了一个全新的阶段——大数据时代，个性化营销渐渐成为商业化应用中一个非常重要的落地点。与传统的线下问卷调查相比，大数据使企业能够通过互联网便利地获取用户更为广泛的信息，为进一步获得用户消费习惯等重要商业信息，提供了足够的数据基础。随着对大数据技术的深入研究与应用，企业的关注点日益聚焦于怎样利用大数据来为精准营销服务，进而深入挖掘用户的潜在商业价值。于是，"用户画像"的概念也就应运而生。

简而言之，用户画像是根据用户社会属性、生活习惯和消费行为等信息抽象出的一个标签化的用户模型。构建用户画像的核心工作即给用户贴"标签"，而标签是通过对用户信息分析而得来的高度精练的特征标识，如图2-2所示。

（二）用户画像的主要内容

用户画像一般按业务属性划分多个类别模块。人口属性和行为特征是大部分互联网公司绘制用户画像时会包含的。人口属性主要指用户的年龄、性别、所在的省份和城市、教育程度、婚姻情况、生育情况、工作所在的行业和职业等。行为特征主要包含活跃度、忠诚度等指标。

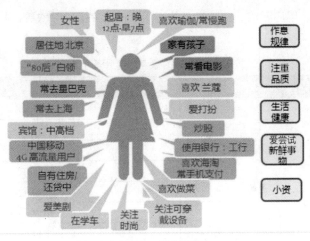

图 2-2　用户画像

　　除了以上的通用特征，用户画像包含的内容并不完全固定，根据行业和产品的不同，所关注的特征也有所不同，具体体现在以下几个方面。

　　（1）以内容为主的媒体或阅读类网站、搜索引擎，或通用导航类网站，往往会提取用户浏览内容的兴趣特征，如体育类、娱乐类、美食类、理财类、旅游类、房产类、汽车类等。

　　（2）社交网站的用户画像，会基于用户的社交网络，从中发现关系紧密的用户群和在社群中起意见领袖作用的明星节点。

　　（3）电商购物网站的用户画像，一般会提取用户的网购兴趣和消费能力等指标。网购兴趣主要指用户在网购时的类目偏好，如服饰类、箱包类、居家类、母婴类、洗护类、饮食类等。消费能力指用户的购买力，可以把用户的实际消费水平和在每个类目的心理消费水平区分开，分别建立特征纬度。

　　（4）金融领域还会有风险画像，包括征信、违约、还款能力、保险黑名单等。

　　用户画像还可以加上用户的环境属性，如当前时间、访问地点、基于位置服务的特征、当地天气、节假日情况等。当然，特定的网站或 App 会有特殊的用户维度，以便为用户提供更精准的个性化服务和内容。

（三）用户画像的使用领域

　　用户画像在企业中应用广泛，主要应用的适用领域包括以下方面。

　　（1）指导产品研发及优化用户体验。

　　（2）实现精准营销。本任务中的用户画像主要针对精准营销，目前用户运营已由初期的粗放式运营发展到目前的精细化运营，将用户群体切割成更细的粒度，辅以短信、社交网络服务推送、电子邮件及活动等多种方式，并采用关怀、挽回、激励等策略进行营销。

　　（3）数据应用，如广告推荐系统等领域。

二、构建用户画像

（一）构建用户画像的思路

小案例：拼多多用户
画像具体应用

　　用户画像构建思路的确立可从显性画像和隐性画像两个方面进行。显性画像即用户群体的可视化的特征描述，如目标用户的年龄、性别、职业、地域、兴趣爱好等特征。隐性画像即用户内在的深层次的特征描述，包含用户使用产品的目的、用户偏好、用户需求、使用产品的场景、使用产品的频次等。构建用户画像的参考内容如表 2-1 所示。

表 2-1　构建用户画像的参考内容（基于滴滴 App）

一级纬度	二级纬度	举例
显性画像	基础特征	年龄
		性别
		职业
		地域
		兴趣爱好
	网络使用习惯	上网时长
		上网时间
		上网影响因素
	产品使用习惯	使用频次
		使用时间
		使用时长
		行为特征
	其他特征	了解产品渠道
		注册时间
		用户等级
		活跃情况
		用户分类
		用户分级
隐性画像	目的	使用滴滴的目的是打车
	偏好	我更喜欢使用滴滴而不是优步 我更喜欢打快车而不是专车
	需求	使用滴滴是为了快速打到车
	场景	上班、去约会、去机场等
	频次	一周可能使用滴滴 2～3 次

（二）构建用户画像的步骤及方法

构建用户画像可以分为 3 个步骤，即基础数据采集、分析建模、画像呈现。

1. 基础数据采集

数据是构建用户画像的核心依据。在基础数据采集方面可以通过列举法列举出构建用户画像所需要的基础数据，具体数据如表 2-2 所示。

表 2-2　应采集的基础数据举例

一级维度	二级维度	数据举例	数据来源
宏观层	行业数据	用户群体的社交行为、网络爱好、行为洞察、生活形态	行业研究报告

一级维度	二级维度	数据举例	数据来源
宏观层	用户总体数据	用户总量、不同级别用户分布、用户活跃情况、转化数据	前台、后台、第三方数据平台
	总体浏览数据	访问量、访问数	
	总体内容数据	平台的用户发帖量（包含主题数、回复数、楼中楼等数据）、不同级别用户发帖数据等	
中观层	用户属性数据	用户终端设备、网络及运营商、用户信息（包含年龄、性别、职业、地域、兴趣爱好等）	前台、后台、第三方数据平台
	用户行为数据	用户黏性数据：访问频率、访问时间间隔、访问时段	
		用户活跃数据：用户登录次数、平均停留时间、平均访问页面数	
		用户的留存数据	
	用户成长数据	网络使用习惯	
		新老用户数据、用户的生命周期、用户的等级成长	
	访问深度	跳出率、访问页面数、访问路径等	
	模块数据	产品各个功能模块的数据	
	问卷调研	问卷调研过程中各个问题的情况反馈	调研和访谈
	用户访谈	用户的问题和需求反馈	
微观层	用户参与度数据	用户资料修改情况、新手任务完成情况、用户活动参与情况	数据后台、第三方数据平台
	用户点击数据	用户各个功能模块和按钮的访问和点击情况等	

2. 分析建模

用户画像所需要的资料和基础数据收集完成后，需要对资料进行分析和加工，提炼关键要素，构建可视化模型。在分析建模的过程中，可以借助行业报告、问卷调研、用户访谈等方法。

（1）行业报告

例如营销对象面向"95后"的用户群体，需要了解整个"95后"群体的性格特征、行为喜好等，通过搜索可以获取以下资料。

- 企额智库《透视"95后"：新生代社交行为》
- QQ空间独家大数据《"95后"新生代社交网络喜好报告》
- 百度《"00后"用户移动互联网行为洞察》
- 中国大数据产业观察《2015年"95后"生活形态调研报告》

通过对上述报告的分析和关键词提炼，概括出整个"95后"群体标签，具体如图2-3所示。假如为某社区产品打造用户画像，就要通过用户等级数据、用户行为数据和用户贡献等数据进行分析并建立相应的用户模型，如某K12（学前教育至高中教育的缩写）领域社区用户分布和需求模型如图2-4所示。

（2）问卷调研

问卷调研的信息一般是无法简单获取的用户信息或无法通过后台数据及文献资料查阅到的信息。问卷调研的流程分为确立调研目标、问卷设计、问卷投放、问卷收集汇总、调研结果分析5个环节。其中，问卷设计具体可参考市场营销学中问卷设计的方法。

做一做

通过上述方法，提取大学生购物群体标签。

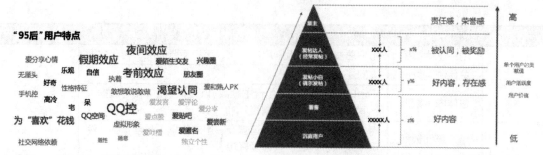

图 2-3　"95 后"群体标签　　　　　　图 2-4　某 K12 领域社区用户分布和需求模型

（3）用户访谈

用户访谈的流程分为确定访谈目标、设计访谈提纲、选择访谈对象、访谈结果记录、访谈结果分析 5 个环节。在访谈结果分析中，一般采取关键词提炼法，即针对每个用户对每个问题的反馈进行关键词提炼，然后对所有访谈对象反馈的共性关键词进行汇总。例如针对某 K12 领域社区用户的访谈对象的结果进行关键词提炼，如图 2-5 所示。

图 2-5　某 K12 领域社区用户共性关键词提炼

3. 画像呈现

用户画像的构建思路是从显性画像和隐性画像两个方面进行的，整个用户画像的呈现也需要从这两个方面进行。下面以某 K12 领域社区用户画像为例进行画像呈现，图 2-6 所示为显性特征，图 2-7 所示为隐性特征。

图 2-6　某 K12 领域社区用户的显性特征

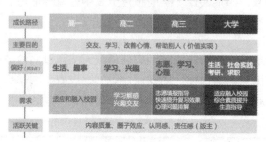

图 2-7　某 K12 领域社区用户的隐性特征

任务实训

用户画像绘制实操

1. 实训目的

结合用户画像的构建思路、流程及方法，访谈你所在学校的学生，了解高中生高考填报志愿的关键词并进行画像呈现，并能结合用户画像开展精准营销。

2. 实训内容及步骤

（1）通过行业报告，获取目前高中生的群体特征。

（2）通过访谈你所在学校在校生提取共性关键词。

（3）填报志愿的高中生用户画像呈现。

3. 实训成果

提交一份填报志愿的高中生用户画像，并结合用户画像提出营销建议。

任务三 制订网络营销战略

任务引入

实习生小王参加了企业的年会，总经理对公司各部门提出了战略规划，其中包括网络营销战略规划，什么是网络营销战略呢？网络营销战略包括哪些内容呢？

知识指南

一、网络营销战略认知

（一）网络营销战略的定义

网络营销战略是指企业在现代网络营销观念下，为实现其经营目标，对一定时期内网络营销发展的总体设想和规划。

企业要引入网络营销，首先要清楚网络营销通过何种机制达到何种目的，然后根据企业现状及用户画像，选择合理的网络营销战略。

（二）网络营销战略的内容

网络营销战略的内容包括战略整体规划、搭建营销型网站/微网站/App 和第三方电子商务平台、传播内容规划、整合传播推广规划、数据监控运营等内容。

1. 战略整体规划

战略整体规划包括市场分析、竞争分析、目标受众分析、品牌与产品分析、独特销售主张提炼、创意策略制订、整体运营步骤规划、投入和预期设定。

2. 搭建营销型网站、微网站、App 和第三方电子商务平台

（1）营销型网站、微网站、App：网站规划、网站结构、视觉风格、网站栏目、页面布局、网站功能、关键字策划、网站搜索引擎优化、设计与开发。

（２）第三方电子商务平台：平台评估及选择、店铺装修、信息上传、管理团队、平台推广及平台效果监测。

３．传播内容规划

传播内容规划包括品牌形象文案策划、产品销售文案策划、产品口碑文案策划、新闻资讯内容策划、网站推广策划等。

４．整合传播推广规划

整合传播推广规划包括搜索引擎营销、社会化媒体营销、网络视频营销、网络广告营销、软文营销、事件营销、病毒营销等。

５．数据监控运营

数据监控运营包括网站排名监控、传播数据分析、网站访问数量统计分析、访问人群分析、咨询统计分析、网页浏览深度统计分析、热门关键字访问统计分析等。

二、网络营销战略的制订步骤

（一）设定企业的总体网络营销目的

企业开展网络营销时，要确定开展网络营销后达到的预期目的，并制订相应的步骤，组织有关部门和人员参与。制订网络营销目的时，必须考虑目的是否与企业的经营战略一致，是否与企业的经营方针吻合，是否与现有的营销策略产生冲突。这就要求在制订目的时必须有企业战略决策层、策略管理层和业务操作层的相关人员参与讨论。

小资料：企业常见
网络营销目标类型

（二）制订网络营销目标

制订网络营销目标需要细化企业的总体网络营销目的，包括要达到的用户的访问量、咨询和注册率、用户的购买率和人均购买金额等。

（三）确定网络营销目标的网络推广方法体系及实施手段

网络推广方法体系要结合企业的资金情况、网络营销人员配备和竞争对手网络营销策略等，选择适合企业的网络营销方法。

实施手段主要通过四大系统来实现企业的网络营销目标，即通过网络营销的定位系统确定来访用户，推广系统吸引尽可能多地用户，展示系统尽可能多地留下用户，销售系统增加用户的购买率和人均购买金额。

定位系统包括企业的盈利模式定位、目标市场定位、产品定位、核心竞争能力定位。推广系统包括免费推广和付费推广。免费推广包括搜索引擎优化、社会化媒体推广、网络视频推广、电子邮件推广等；付费推广包括搜索引擎付费推广、网盟推广、网络广告推广、网络合作渠道等。展示系统包括建设营销型网站、搭建第三方平台、微网站等展示系统。展示系统可以进行定位展示、建立客户信任、建立企业的销售系统。销售系统包括设计营销流程、搭建在线客服平台、整合线上线下活动等。

网络推广方法体系具体内容如图２-８所示。

图 2-8　网络推广方法体系

任务实训

企业网络营销战略调研

1．实训目的

了解知名企业的网络营销现状和网络营销战略现状，根据所掌握的信息制订企业明年的网络营销战略。

2．实训内容及步骤

（1）调研企业：海尔、联想、京东、天猫等。

（2）调研内容：网络营销现状、目标受众、竞争对手网络营销现状、网站和第三方平台基本情况、推广方法等信息。

（3）调研结果：制订企业明年的网络营销战略。

3．实训成果

制订企业明年的网络营销战略并以 PPT 的形式答辩。

 思考与练习

一、不定项选择题

1．下列属于内部数据的是（　　　）。

　A．生意参谋数据　　B．阿里指数　　　　　C．淘宝指数　　　　　D．百度统计

　E．行业数据　　　　F．竞争对手数据

2．下面属于网络市场调研的方法的有（　　　）。

　A．网络搜索法　　　　　　　　　　　　B．大数据调研法

　C．在线问卷调研法　　　　　　　　　　D．用户画像调研法

3．下面不属于用户画像的使用领域的有（　　　）。

　A．产品研发　　　　B．精准营销　　　　C．企业信息化管理　　D．广告推荐系统

4．用户画像的构建思路是从下面哪些方面进行的（　　　）。

　A．显性画像　　　　B．隐性画像　　　　C．宏观画像　　　　　D．微观画像

5．下面不属于网络营销战略推广规划的是（　　　）。

　A．搜索引擎营销　　　　　　　　　　　B．品牌形象文案策划

　C．社会化媒体营销　　　　　　　　　　D．网络视频营销

二、简答题

1．网络市场调研的步骤是什么？网络市场调研的方法有哪些？

2．什么是用户画像？如何构建用户画像？

3．什么是网络营销战略？网络营销战略的内容有哪些？

素质拓展问题

第二篇　方法篇

导语：一个优秀的网络营销从业者，可以熟练掌握多种网络营销方法，以便企业在多个推广渠道多点开花，让所有的网络营销推广途径连接成一个有机整体，使每一个推广渠道都可以成为营销效果的爆发点。方法篇将系统地介绍各种网络营销方法。

03 项目三
搜索引擎营销

 项目简介

随着互联网技术的飞速发展，搜索引擎已经成为我国网民信息获取的重要应用。根据相关数据显示，截至 2021 年 6 月，我国搜索引擎用户已达 7.95 亿，使用率为 78.7%，用户数量较 2020 年 12 月增长 2567 万，增长率为 3.3%。在基础应用中，除即时通信外搜索引擎是使用频率最高的应用，用户高频率的使用也使搜索引擎成了企业开展网络营销的重要工具之一。本项目主要由认知搜索引擎营销、搜索引擎优化和搜索引擎付费营销 3 个任务组成。通过对本项目的学习，学生将对搜索引擎营销产生兴趣，掌握搜索引擎营销的方法和技巧。

 项目目标

知识目标：了解搜索引擎工作的原理和搜索引擎在网络营销中的地位，掌握付费搜索引擎关键词广告的内容和搜索引擎优化的基本方法与内容，掌握对搜索引擎营销效果进行监测和评估的工具和方法，熟悉各类搜索引擎的特点。

技能目标：能够设计搜索引擎付费营销方案，能够诊断网站搜索引擎优化现状并提出解决方案，能够对搜索引擎营销效果进行监测和评估。

素质目标：树立企业营销底线意识，遵纪守法；将法律意识融入搜索引擎营销教学中，培养学生的法律观念。

 引导案例

一个村庄与世界的互联——守着"金饭碗"不过苦日子

箬岭是一个山清水秀的江南小乡村，这里远离城市的污染和喧嚣，空气纯净，地肥水美，风景如画。土生土长的篁岭人，祖辈以务农为生，靠天靠地吃饭，村民的生产生活条件也很艰苦。与外界相比，这里显得落后、闭塞，虽然拥有宝贵的旅游资源，却依然守着"金饭碗"过着苦日子。

2009 年，婺源县乡村文化发展有限公司正式成立，怀揣光大篁岭之梦的曹锦钟成了公司的副总裁。景区成立之初，通过传统的宣传推广，吸引到了一些游客，企业也逐渐走向正轨。

不过在曹锦钟看来，游客的数量远远没有达到预期，而且大部分游客来自江西本地及附近的几个省市，与公司把篁岭推向中国、推向世界的设想存在巨大差距。切实有效的宣传推广手段成了公司最急迫的需求。

要让更多的人知道篁岭，就要让更多的人搜索到篁岭，而提到搜索，曹锦钟和公司首先想到的是百度。于是公司尝试与百度进行合作，而这次合作让公司业绩得到了迅速提升。

公司在与百度搜索推广合作之后，公司网站流量由每天的 300 人次增加到 900 人次，咨询电话由 50 个增加到 200 个；仅用两年就使篁岭景区的游客数量和经营业绩翻了三番。

公司业绩的突飞猛进，让每一个篁岭人都感到无比的兴奋。然而走在景区中，曹锦钟又发现了一个有趣的现象，以前游客来景区带的是相机，现在却是人手一部手机，拍好照片直接上传。这让他有了新的思考，即利用移动互联网的变化提升篁岭景区的品牌知名度。

因此公司与百度进一步合作，开发手机移动客户端。游客可以通过手机搜索，快速找到景区的详细旅行攻略，进行网络订票。自驾游的客人还可以通过百度地图，直接导航到景区。

由于百度推广和移动推广的转换率特别高，该公司每年在百度推广的投资就占到营销总费用的五成，而从百度获得的新客户则占到六成以上，其中移动端新客户占新客户总数的比重高达 52.3%，业务量在原有基础上有了巨大增长。

对于百度推广和移动推广的两次提升，曹锦钟很感慨："对于我们来说，百度就是一个万能的工具，通过它不仅让有需求的客户找到了我们，而且让我们掌握更多的信息资源。"

篁岭从一个普通村庄到现在和全世界的互联，有了质的飞跃，给游客带来了科技化、人性化、智能型的国际化景区游览体验，更重要的是篁岭村民的生活也得到了巨大的改善。

思考：

1. 当前有哪几个著名的搜索引擎？你常使用哪几个？
2. 案例中使用了哪种推广方法让篁岭从一个山村发展成旅游景区，而且发展如此迅速？
3. 案例中讲到篁岭有一个网站，这个网站的存在有什么意义？

 # 任务一　认知搜索引擎营销

任务引入

看完开篇案例，李雪看到搜索引擎可以让一个不知名的乡村实现与全世界的互联，成为知名的景区，那如果在网上能搜索到自己的相关信息，是不是在求职的时候有所帮助呢？

知识指南

一、搜索引擎认知

（一）搜索引擎的定义

搜索引擎是指根据一定的策略，运用特定的计算机程序从互联网上搜集信息，在对信息进行组织和处理后，为用户提供检索服务，将用户检索的相关信息展示给用户的系统。百度和谷歌等是搜索引擎的代表。

（二）搜索引擎在网络营销中的地位

中国互联网络信息中心第 43 次《中国互联网络发展状况统计报告》的数据显示，目前个人互联网络应用状况中搜索引擎是网民第二大最常使用的应用，仅次于即时通信，如图 3-1 所示。

应用	2018年12月		2017年12月		
	用户规模（万）	网民使用率	用户规模（万）	网民使用率	年增长率
即时通信	79172	95.6%	72023	93.3%	9.9%
搜索引擎	68132	82.2%	63956	82.8%	6.5%
网络新闻	67473	81.4%	64689	83.8%	4.3%
网络视频	61201	73.9%	57892	75.0%	5.7%
网络购物	61011	73.6%	53332	69.1%	14.4%

图 3-1　2017 年 12 月—2018 年 12 月中国网民各类互联网应用的使用率

（三）搜索引擎的工作原理

第一步：从互联网上抓取网页。

搜索引擎是通过一种特定规律的软件跟踪网页的链接，从一个链接爬到另外一个链接，像蜘蛛在蜘蛛网上爬行一样，所以被称为"蜘蛛"，也被称为"机器人"。搜索引擎"蜘蛛"的爬行是遵循一定规则的。

第二步：建立索引数据库。

小资料：搜索引擎的分类

由分析索引系统程序对收集回来的网页进行分析，提取相关网页信息（包括网页所在 URL、编码类型、页面内容包含的关键词、关键词位置、生成时间、大小、与其他网页的链接关系等），根据一定的相关度算法进行大量复杂计算，然后用这些相关信息建立网页索引数据库。

第三步：在索引数据库中搜索排序。

用户输入关键词后，排名程序调用索引数据库，计算关键词相关性，然后快速输出并反馈给用户，这个过程在秒级内完成。

二、搜索引擎营销认知

搜索引擎营销得以体现的必要条件包括 3 个环节：一是有用户熟悉使用的搜索引擎，二是用户利用关键词进行搜索，三是搜索结果页面的信息对用户产生吸引力从而产生进一步的行为。

（一）搜索引擎营销的概念和原理

1. 用户的搜索行为

> **想一想**
>
> ### 用户使用搜索引擎获取信息的过程
>
> 1. 通过搜索与"对不起营销案例"相关的信息，收集营销背景、过程及效果。
> 2. 比较下面关键词的检索结果，思考不同关键词对检索结果有什么影响。
>
> 随机选择与"汽车"相关的关键词并检索，收集自己感兴趣的检索结果；检索"20 万 SUV 推荐""福克斯和科鲁兹对比"等关键词，收集相关检索结果。

通过上述练习可知，一个用户的搜索流程是：选择搜索引擎，设定关键词和关键词组合进行检索，对搜索结果进行筛选并点击符合期望的信息，进入信息源网站获得详细的信息，如果用户对获取的信息满意，则结束本次搜索；如果不满意，则更换关键词重新开始。如果用户还未得到相关信息，则可能放弃或更换其他搜索引擎重复上述搜索行为，用户的搜索行为如图 3-2 所示。

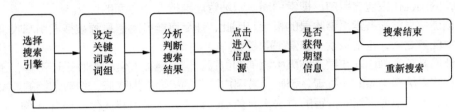

图 3-2　用户的搜索行为

2. 搜索引擎营销的原理

我们可以从企业利用搜索引擎传递信息，以及用户搜索的过程中进行更系统的分析。搜索引擎营销得以实现的过程是：企业将信息发布在网站上，成为以网页形式存在的信息源；搜索引擎将网站/网页信息收录到索引数据库；用户利用关键词进行检索（对于分类目录则是逐级目录查询）；检索结果中罗列相关的索引信息及其链接 URL；用户根据对检索结果的判断选择有兴趣的信息并点击 URL 进入信息源所在的网页。图 3-3 所示为搜索引擎营销的信息传递过程。

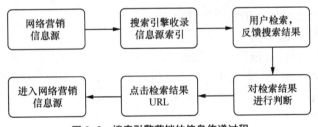

图 3-3　搜索引擎营销的信息传递过程

35

搜索引擎索引数据库

1. 我们经常发现在各大搜索引擎结果中的最后一行都会出现"百度快照""快照"等字样，这些字样代表什么呢？

2. 单击"百度快照""快照"，会出现下图显示的部分网页，图片中的时间是什么意思呢？这些内容与搜索引擎索引数据库有什么关系呢？

（二）搜索引擎营销的内容和层次

根据搜索引擎的工作原理和搜索引擎营销的原理，我们可以得知，搜索引擎营销的基本内容包括以下 5 个方面。

（1）构建适于搜索引擎检索的信息源。有了信息源才有机会被搜索引擎检索到，所以建立企业网站可以说是企业开展网络营销的基础。同时，信息源要适合被搜索引擎检索，且能让用户满意，可见，网站优化应包含用户、搜索引擎、网站管理维护 3 个方面的优化。

（2）创造信息源被搜索引擎收录的机会。因此，让尽可能多的信息源被搜索引擎收录是网络营销的基本任务之一，也是搜索引擎营销的基础。

（3）让网站信息源出现在搜索结果中靠前的位置。信息源被搜索引擎收录还不够，还需要让信息出现在搜索结果中靠前的位置。否则，被用户发现的机会大为降低，搜索营销的效果就无法保障。企业信息源出现在靠前位置的方法，有免费的方法如搜索引擎优化，也有付费的方法如竞价排名等，企业可以根据网络营销战略设计适合的搜索引擎营销策略。

（4）以搜索结果中有限的信息获得用户关注。我们在设计企业的信息源时要保证每个独立的页面都有独立的网页标题、网页摘要信息和网页内容的 URL。

（5）为用户获取信息提供方便。用户进入网站之后，网站能不能提供满足用户需求的丰富信息或便利的渠道成为用户是否在该网站停留的重要因素。因此，网站的产品介绍、购物流程的设计、网站的易用性、客服的及时响应等都是影响用户转化的因素。

（三）搜索引擎营销的基本方法

到目前为止，搜索引擎营销的方法可分为两大类。

1．搜索引擎付费广告营销

搜索引擎付费广告营销是指广告主根据自己的产品或服务的内容、特点等，确定相关的关键词，撰写广告内容并自主定价投放的广告。当用户搜索到广告主投放的关键词时，相应的广告就会展示。

小资料：搜索引擎营销的层次

2．搜索引擎优化

搜索引擎优化是指企业在了解搜索引擎自然排名机制的基础上，对网站进行内部及外部的调整优化，改进网站在搜索引擎中的关键词自然排名，获得更多的流量，从而达成网站销售及品牌建设的目标。

通过搜索引擎优化，一方面可以让用户更好地体验，让用户在使用网站时能够不假思索地点击网站，寻找到所需的信息；另一方面让搜索引擎更容易爬行企业网站所有页面并抓取。

任务实训

搜索引擎营销初体验——网站友好性分析

1．实训目的

了解搜索引擎营销对网络营销信息传递的作用，通过对选定网站进行友好性分析，深入研究企业网站对搜索引擎营销的影响。

2．实训内容及步骤

（1）企业网站：海尔等。

（2）浏览该网站并确认与该网站相关的 2～3 个核心关键词（如主要产品名称、所在行业等）。

（3）用每个关键词分别在百度、搜狗、360 搜索等进行检索，了解该网站在搜索结果中的表现，如排名、网页标题和摘要信息内容等，同时记录同一关键词检索结果中与被选企业同行的其他同档次的竞争者的排名和摘要信息的情况。

（4）根据有关信息分析被调查网站的搜索引擎友好性。

（5）点击网站官网，收集产品详细信息、购物流程图、客服的响应时间以及网站的易用性等信息，对用户友好性进行分析。

3．实训成果

提交网站友好性分析报告。

任务二　搜索引擎优化

任务引入

李雪听说如果网站坚持原创高质量内容、保持定期更新、添加友情链接、网页排版清楚易读，那么在用户搜索网站关键词的时候，网页就会出现在自然搜索结果中靠前的位置。李雪也建立了一个个人网站，可是目前在搜索结果中的位置不是很理想，如何做才能让李雪的网站在自然搜索排名中取得较好的排名呢？

知识指南

一、搜索引擎优化的定义

搜索引擎优化（Search Engine Optimization，SEO）是指通过采用易于搜索引擎索引的合理手段，使网站各项基本要素适合搜索引擎检索原则并且对用户更友好，从而更容易被搜索引擎收录及优先排序。搜索引擎优化重视的是网站内部基本要素的合理化设计，并非只考虑搜索引擎的排名规则，更重要的是为用户获取信息和服务提供方便，即"为用户提供最精准的优质内容"。而从事搜索引擎优化工作的人也常被称为"搜索引擎优化者"。

二、PC 端搜索引擎优化的内容

（一）关键词

确定适当的关键词是搜索引擎优化的第一步，也是必不可少的一步。研究关键词才能确保这个关键词确实有用户在搜索，无人搜索的词没有任何价值。确定什么样的关键词也决定了网站内容规划、链接结构、外部链接建设等重要后续步骤。

根据潜在客户或目标客户在搜索引擎中找到企业的网站时输入的语句，产生了关键词的概念，这不仅是搜索引擎优化的核心，也是整个搜索引擎营销都必须围绕的核心。

1．关键词的重要性

研究关键词的重要性有以下几个方面。

（1）确保目标关键词有人搜索。选择目标关键词时，用户常常想到公司名称或者产品名称。但是当企业或者网站没有品牌知名度时，没有用户会搜索公司名称或网站名称。产品名称如果不包含产品的通用名称，也往往没有人搜索。

很多时候即使使用行业最通用的名字，也不一定有足够的真实搜索次数。例如"网络营销"这个词，百度指数显示该词每天被搜索两千次左右，其中不少是来源于相关关键词的搜索，如"网络营销方式""网络营销方案""网络营销实战宝典""网络营销优势""网络营销培训"等。由此可见，用户对同一关键词有不同的需求，这也将影响用户最终的点击。在这里我们要学会判断该词的真实搜索次数。

想要确定适当的关键词，就要确认用户搜索次数达到一定数量。如果在这方面做出错误的选择，对网站的影响将会是灾难性的。

（2）降低优化难度。找到有搜索量的关键词，并不意味着一定要把关键词定在最热门、搜索次数最多的词上。例如，虽然搜索"新闻""租房""机票""旅游"等词的用户很多，但对中小型企业和个人来说，要将这些词优化到前几位，难度非常高。因此，中小型企业在选择关键词的时候要考虑被搜索次数较多，同时竞争不是很激烈的关键词。

（3）寻找有效流量。对于搜索引擎营销来说，排名和流量不是最终目的，有效流量带来的转化才是最终目标。假设某网站提供电子商务解决方案和服务，将关键词定为"电子商务"，这并不是很好的选择，因为搜索"电子商务"的用户的动机和目的很难判定。

如果把核心关键词定为"西安电子商务"，针对性就要强很多，用户已经透露出一定的购买意向。再进一步，如果目标关键词定为"西安电子商务运营"，则购买意向或商业价值更高，几乎可以肯定这个用户是在寻找本地专业的电子商务服务，这样的搜索用户来到相关网站，转化为客户的可能性将大大提高。

（4）搜索多样性。随着搜索经验越来越丰富，用户已经知道搜索较短的、一般性的词，往往找不到自己想要的内容，而搜索更为具体的、较长的词效果会更好。做过网站的人都会从流量分析中发现，很多用户现在不仅仅搜索关键词，甚至搜索完整的句子。

作为"搜索引擎优化者"，无论是从用户意图和商业价值来看，还是从搜索词长度来看，更为具体的、较长的搜索词都有非常重要的意义。作为"搜索引擎优化者"要充分分析这些词，这样才能确定网站的核心关键词。

（5）发现新机会。企业可以通过关键词工具的推荐，挖掘相关关键词，找到大量自己不会去搜索但有用户在搜索的词汇。找到共通性或者趋势明显的词，将这些关键词融入网站，甚至增加新栏目，这也是一种发现新机会、扩展内容来源的方式之一。

2. 关键词的选择

关键词的选择应注意以下几点。

（1）内容相关。即目标关键词必须与网站内容有相关性。

（2）搜索次数多，竞争小。合适的关键词是搜索次数多、竞争程度小的词。在同样投入的情况下，效能高的关键词获得好排名的可能性较高，可以带来更多流量。

（3）商业价值。不同的关键词具有不同的商业价值，就算长度相同，也会导致不同的转化率。例如检索"鲜花花语""鲜花图片""鲜花价格""鲜花速递/鲜花配送"等关键词的用户行为大不相同，因而这些关键词的商业价值也不同。

（4）地域性限制。部分关键词可配合地名，尤其是线上和线下与企业结合的关键词，如"鲜花"——"西安鲜花""上海鲜花"；"酒店"——"北京酒店""三亚酒店"。

3. 选择关键词的方法

选择关键词的第一步是确定网站的核心关键词。网站的核心关键词通常是网站首页的目标关键词。选择核心关键词的方法有以下几种。

（1）头脑风暴法。确定核心关键词的第一步，是列出与网站产品相关的、比较热门的搜索词，可以通过头脑风暴法列出待选词。使用头脑风暴法确定关键词时，建议列出以下几个问题。

- 你的网站能为用户解决什么问题?
- 用户遇到这些问题时,会搜索什么样的关键词?
- 如果你是用户,在寻找这些问题的答案时会怎么搜索?
- 用户在寻找你的产品时会搜索什么关键词?

(2)询问亲朋好友。询问亲朋好友在寻找公司产品或服务时会使用的关键词。

(3)参考竞争对手。查看竞争对手首页的源代码,在"keywords"中列出的关键词也可以列为待选词。

(4)参考关键词优化的目标指标,主要体现在以下两个方面。

- 以流量作为目标:根据网站的相关性选择关键词,选择能为网站带来流量的关键词。
- 以转化率作为目标:选择转化率高的关键词,转化率比流量更重要。

4.选择关键词的工具

(1)搜索建议。在百度等搜索引擎的搜索框中输入核心关键词时,搜索框会自动显示与此相关的搜索提示,如图3-4所示。

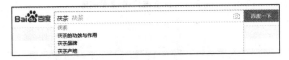

图3-4 百度搜索提示

(2)相关搜索。检索结果页面的最下方是百度搜索引擎给出的相关搜索,如图3-5所示。

图3-5 百度相关搜索

(3)百度指数。百度指数是以百度用户行为数据为基础的数据分享平台,可以研究关键词搜索趋势、洞察用户的兴趣和需求、监测舆情动向、定位受众特征等。用户可以通过百度指数分析关键词在百度中的搜索规模、涨跌态势以及相关的新闻趋势等来为企业选择关键词提供参考,如图3-6所示。

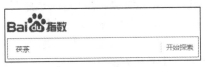

图3-6 百度指数热门搜索提示

(4)百度推广。百度推广的关键词推荐与百度指数类似,但其功能更为强大。在这里可看到展现理由、日均搜索量和竞争激烈程度等。这些参考数据对选择关键词有更好的辅助功能,如图3-7所示。

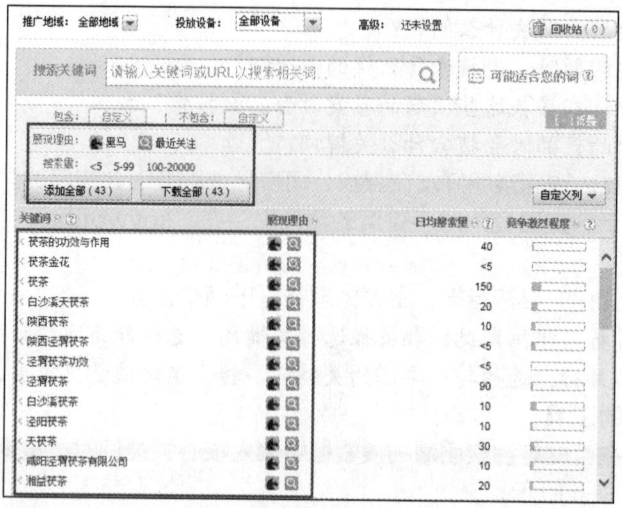

图 3-7　百度推广关键词词库

做一做

　　使用上述选择关键词的方法和工具，帮助你所在学校官方网站确定 3~5 个核心关键词，确定20 个长尾关键词。

（二）网站结构优化

1. 清晰的导航

　　网站导航是对引导用户访问网站的栏目、菜单、在线帮助、布局结构等形式的统称。

　　从用户体验角度来讲，导航的主要功能在于引导用户方便地访问网站内容，是评价网站专业度、可用度的重要指标。

　　那么从搜索引擎抓取的角度，网站导航系统应该注意以下 7 个方面。

　　（1）文字导航。网站的建设过程中，很多人为了增强视觉效果，采用图片导航、Flash 导航或者 JavaScript 生成的导航系统。而这些都会构成"蜘蛛陷阱"，因为搜索引擎无法读取 Flash 文件中的文字内容和链接，也无法解析 JavaScript 脚本，所以我们应该尽可能地让搜索引擎跟踪爬行链接的工作简单容易。最普通的文字导航对搜索引擎来说是阻力最小的爬行抓取通道。导航系统作为网站收录中最重要的内部链接，尽量做到不给搜索引擎设置任何的障碍。

　　如果采用了图片导航，可以在给图片的 img 中添加 alt 属性，这便于搜索引擎在抓取时可读取其内容。

　　如果采用了 Flash 或者 JS 导航，则建议添加底部文字辅助导航，避免搜索引擎抓取不到网站的信息。图 3-8 中宁波真和电器股份有限公司的网站就是用 Flash 制作的，搜索引擎除了能够获取网站底部的版权信息之外，获取不到网站的其他信息。

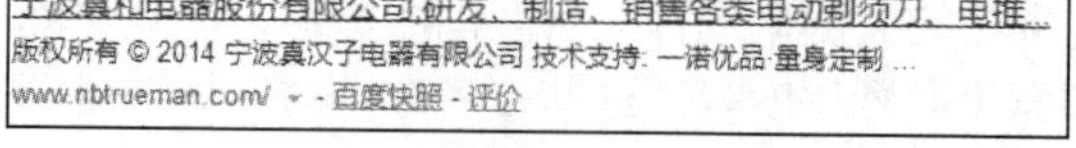

小资料：SEO 中图片添加 alt 属性的示例

图 3-8　宁波真和电器在百度搜索结果的展示

网络营销：推广与策划（第 2 版 视频指导版）

40

（2）点击距离扁平化。"3次点击"原则可让网站链接结构扁平化，让页面与首页点击距离越近越好。尤其是权重普通的网站，更要注意这个问题，这样能够让尽可能多的网页进入搜索引擎收录的门槛。

（3）面包屑导航。面包屑导航（Breadcrumb Navigation）概念来自童话故事《汉赛尔和格莱特》。故事中，当汉赛尔和格莱特穿过森林时，不小心迷路了，但是他们在沿途走过的地方都撒下了面包屑，这些面包屑帮助他们找到了回家的路。所以，面包屑是用来比喻用户通过主导航到目标网页的访问过程中的路径提示，使用户能了解所处网站中的位置，并方便回到上级页面和起点，如图3-9所示。

目前您在：　首页 ＞ 消费类产品 ＞ 冰箱冷柜 ＞ 多门冰箱列表

图3-9　面包屑导航

（4）避免页脚堆积。近些年很多网站在页脚堆积大量富含关键词的分类页面链接，但是容易受到搜索引擎的处罚。

（5）网站地图。网站地图（Website Map）是一个网站所有链接的页面，是根据网站的结构、框架、内容，生成的导航网页文件。网站地图一方面可以提高用户体验，为网站访问者指明方面，并帮助"迷失"的访问者找到想看的页面；另一方面可以帮助搜索引擎蜘蛛浏览整个网站的链接。

网站地图最好制作两套，一套方便客户快速查找站点信息（HTML格式），另一套方便搜索引擎得知网站的更新频率、更新时间、页面权重（XML格式）。所建立的网站地图要和企业网站的实际情况相符合。

（6）锚文字包含关键词。锚文字是指在网页上或者其他有链接的幻灯片等页面上，含有超链接、能指向其他页面或其他内容的文字链接。此类文字在文本中出现时，常常含有超链接。

在网站建设上面，锚文字的出现是伴随着锚点一起的。锚文字也是个链接，但它是跳转到特定的锚点（锚点是网页制作中超级链接的一种，又叫命名锚记。命名锚记如同一个迅速定位器，是一种页面内的超级链接）的。

在导航中，锚文字链接的数量巨大，而且锚文字对目标页面相关性有很大的影响，在锚文字中应尽量使用目标关键词。

（7）Logo优化。网站Logo优化要考虑加入指向首页的链接，同时在Logo图片的img中添加alt属性，且内容为网站名称，最好加上关键字。这样的做法利于用户体验，同时也便于搜索引擎抓取。

做一做

根据上述导航中优化的方法，判断你所在学校官方网站导航设计的情况。

2．主导航及推荐内容的布局

（1）主导航醒目清晰

主导航一般为一级目录，用户通过主导航可以层层深入访问到网站所有重要内容。因此主栏目必须在网站首页第一屏的醒目位置体现，并最好采用文字链接。考虑到用户的阅读习惯从上到下、从左到右，搜索引擎抓取重点内容也应按照用户的阅读习惯，采用从上到下、从左到右的顺序，越靠上和靠左的位置越重要。所以在设计网站主导航时，越重要的内容越靠上且居左，图3-10所示为海尔官网导航。

图 3-10 海尔官网导航

（2）推荐内容布局

除了主导航外，网站还应该将次级目录中的重要内容以链接的方式在首页或其他子页中多次呈现，以突出重点。搜索引擎会对这种一站内多次出现的链接给予充分重视，这对网页级别提高有很大的帮助，也是每个网站首页的网页级别一般高于其他页面级别的重要因素，因为每个子页都对首页进行了链接。

（三）页面优化

1. 页面中关键词优化

（1）head 标签优化

① 页面标题（title）。页面标题是包含在 title 标签中的文字，是页面优化最重要的内容之一。以京东商城为例，标题标签的 HTML 代码格式介绍如下。

<title>京东（JD.COM）-正品低价、品质保障、配送及时、轻松购物！</title>

用户访问京东商城时，页面标题显示在浏览器窗口左上方，图 3-11 所示为浏览器窗口的京东商城页面标题。

用户在搜索引擎中检索京东商城时，页面标题显示在检索结果列表第一行，用户第一眼就能看到。图 3-12 所示为检索结果列表中京东商城的页面标题。

图 3-11 浏览器窗口的京东商城页面标题 　　　**图 3-12 检索结果列表中京东商城的页面标题**

由此可见页面标题的重要性。在优化页面标题的时候应该注意以下几个方面。

第一，保证每个网页都有独立的、概括描述网页主题内容的网页标题。

最常见的是忘记写标题标签，使用了编辑软件新建文件的默认标题。在中文页面上常常表现为"未命名文件"，在英文中显示为"Unititled Document"。还有很多企业虽然写了标题标签，但是标题都是一样的。海尔网站的重复标题如图 3-13 所示。不同页面使用重复标题对用户体验不好，搜索引擎也无法从页面标题中看到这个页面的内容。小型网站经常需要人工撰写合适的页面标题。大型网站页面数量众多，不可能人工撰写，需要通过程序调用页面上特有的内容生成标题，但是首页还是要人工来撰写。

第二，网页标题字数不宜过短也不宜过长。

网页标题字数一般不要超过 30 个汉字。因为搜索结果列表页面标题部分能显示的字数有一定的限制，百度最多显示 30 个中文字符。页面标签中超过这个字数限制的部分将无法显示，通常在搜索列表标题结尾处以省略号代替。

第三，标题中大量关键词堆砌。

有些初学搜索引擎优化的人，为了提高相关性，标题中大量堆砌关键词，图 3-14 所示为浏览器窗口"中国服装网"页面标题，这样的效果并不是很理想。

<title>中国服装网 - 服装，服饰，服装品牌，服装招商，服装代理加盟，女装，男装，童装，休闲装，服装媒体，服装设计，服装资讯</title>

图 3-13 海尔网站的重复标题

图 3-14 浏览器窗口"中国服装网"页面标题

第四，关键词出现在网页标题中的最前面。

关键词在标题中出现的位置与排名有比较大的相关性，位置越靠前，通常排名就越好。对于网站内页而言，一般常见的网页标题可以按照"产品名称/文章标题—子分类名称—分类名称—网站名称"的顺序来撰写，也可以利用面包屑导航来生成页面标题。如果页面所在位置的面包屑导航如图 3-15 所示，那么页面的标题就可以写为"多门冰箱—冰箱冷柜—消费类产品—海尔生活家电"；如果考虑到字数的限制和突出目标关键词，可缩减为"多门冰箱—海尔生活家电"。

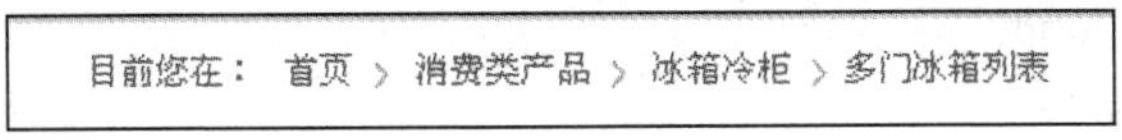

目前您在： 首页 〉 消费类产品 〉 冰箱冷柜 〉 多门冰箱列表

图 3-15 面包屑导航

② 关键词标签（keywords）。京东商城关键词标签代码如下：

<meta name="Keywords" content="网上购物，网上商城，家电，手机，电脑，服装，居家，母婴，美妆，个护，食品，生鲜，京东" />

关键词不显示在页面内容中，只有在查看源代码和搜索结果列表中才能看到其中的文字。对于企业和商家而言，核心关键词就是经营的范围，如产品/服务名称、行业定位，以及企业名称或者品牌名称等。每个网页的关键词以不超过 3 个为佳，搜索引擎也会认为该页主题明确，如果确实有大量的关键词，可以分散到不同页面并进行有针对性的优化。

③ 描述标签（description）。描述标签用于说明页面的主题内容。京东购物商城描述标签代码如下：

<meta name="description" content="京东 JD.COM-专业的综合网上购物商城，为您提供正品低价的购物选择、优质便捷的服务体验。商品来自全球数十万品牌商家，囊括家电、手机、电脑、服装、居家、母婴、美妆、个护、食品、生鲜等丰富品类，满足各种购物需求。" />

京东商城不同页面的描述标签会显示在搜索结果中，对用户的点击有一定的影响力，所以要从用户的角度来考虑优化问题。图 3-16 所示为京东商城搜索结果中描述标签被展示的内容。

描述标签也不显示在页面内容中，只有在查看源代码和搜索结果列表中才能看到其中的文字。描述标签的书写要注意以下问题。

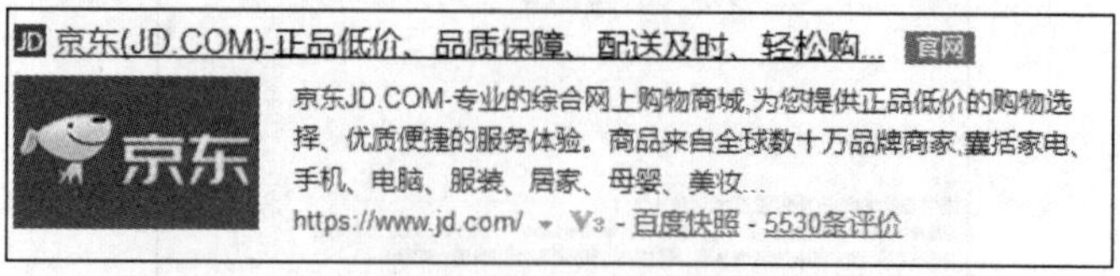

图 3-16　京东商城搜索结果中描述标签被展示的内容

第一，描述中有关键词，并与正文内容相关。

第二，描述标签不要超过 70 个汉字，搜索结果列表说明文字部分通常会显示 77 个中文字符。

第三，描述最好是一段具体、通顺的句子。描述所在页面的主要内容，能够便于引导用户点击并访问网站。

（2）正文中的关键词

页面正文中出现关键词并均匀分布是非常重要的。关键词在网页中出现的频次（关键词密度）是在一个页面中关键词占所有该页面中总文字的比例，一般关键词密度在 1%～7% 比较合适。一般关键词的分布原则是：无所不在，有所侧重。"侧重"的分布点有以下几个。

① 网页代码中的 title、meta 标签（关键词 keywords 和描述标签 description）。

② 网页正文中最吸引注意力的地方，包括页面靠顶部、左侧、标题、正文前 200 字以内。在这些地方出现关键词对排名很有帮助。这样做的好处是让用户和蜘蛛能以最快速度了解该网站的内容。

③ 锚文字（超链接文本）。在除导航、网站地图、锚文本中有意识地使用关键词外，还可以人为增加锚文字。

④ header 标签，即正文标题<H1><H1/>中的文字，搜索引擎比较重视标题行的文字。

⑤ 图片 alt 属性，搜索引擎不能抓取图片的内容，在网页制作过程给图片属性 alt 加入关键词是对搜索引擎比较友好的做法。

2. 黑体及斜体的设计

黑体、斜体是页面中很早就使用的格式，搜索引擎给予黑体、斜体文字的权重比普通文字的权重多一些。不过一般情况下，中文斜体对用户不友好，不易辨认。在适当的情况下可以使用黑体，有助于搜索引擎抓取正文中的核心关键词。

黑体有时有助于帮助分词。例如，为了避免搜索引擎把"搜索引擎优化"分成"搜索""引擎""优化" 3 个词，可以把"搜索引擎优化"全部设为黑体，有助于搜索引擎理解为一个词。

3. 页面更新

对具有时效性的网站来说，页面更新能提高排名，如新闻网站。页面的更新频率也很重要，企业网站应至少一周更新一次，但很多企业网站长期不更新，甚至发布的信息都是一年以前的信息，这样的网站对用户来说不友好，搜索引擎也对这样的网站抓取更少。

4. 优质内容

① 优质内容是搜索引擎判断网页质量的重要标准，尤其是优质原创内容，它是搜索引擎最喜欢抓取的内容。百度对不同类型网页的内容质量判断具体如下。

- 首页：导航链接和推荐内容是否清晰、有效。
- 文章页：是否能够提供清晰完整的内容且图文并茂。
- 商品页：是否提供了完整真实的商品信息和有效的购买入口。
- 问答页：是否提供了有参考价值的答案。
- 下载页：是否提供了下载入口，是否有权限限制，资源是否有效。

- 文档页：是否可供用户阅读，是否有权限限制。
- 搜索结果页：搜索出来的结果是否与标题相关。

② 复制内容也可称为重复内容，多指两个或者多个 URL 内容相同或者相似。

搜索引擎不会因为一个网站有少量复制内容就来惩罚这个网站，但是如果一个网站出现大量的复制内容，可能会使搜索引擎对该网站质量产生怀疑，导致惩罚。搜索引擎对复制内容所做的工作主要是从多个页面中尽量挑选出真正的原创版本并给予应有的排名，其他的复制版本不在搜索结果中返回或排在比较靠后的位置。

5. 排版优化

排版优化要求版式美观，且易于阅读，用户所需要的内容在网页最重要的位置，能够通过页面布局清楚区分广告位置，而且广告不抢占主题内容位置，不妨碍用户对内容的获取。这其中就包括正文内容的换行和分段、字体与背景颜色区分、首屏广告的位置与尺寸大小、弹窗广告、浮动广告等优化。如果字体颜色与背景颜色比较相近甚至同色，对用户不友好，搜索引擎也会认为是垃圾内容，在搜索结果中排名靠后甚至不会出现在搜索结果中。

6. 正常访问及访问权限

访问速度越快，用户体验越好；无权限访问比有权限访问的用户体验好；提供优质正版内容比盗版内容用户体验好；无安装插件比有插件的用户体验好。

> **做一做**
>
> 　　在站长之家网站上查询上述页面优化内容，诊断你所在学校官方网站存在的问题，并提出相应的解决办法。

（四）外链优化

1. 外链的作用

外部链接，简称为外链，是指从别的网站导入自己网站的链接。搜索引擎蜘蛛也可以沿着外链，进入企业网站，来实现网站的信息抓取。对于搜索引擎尤其是百度、Google 来说，决定一个网站自然排名的关键是外部有多少高质量的链接指向这个网站。这就是外部链接或者反向链接，也称为导入链接。简而言之，外链主要从数量和质量两方面来影响排名。

2. 外链对 SEO 的影响

外部链接对 SEO 有以下几个方面的影响。

（1）相关性。相关性是搜索结果质量的最重要指标。例如，一个减肥网站中的一个频道为"疾速减肥"，在做内部锚文字时，把"疾速减肥"设为超链接，间接指向这个频道。外部链接内容相关性及锚文字是判断相关性最重要的因素之一，尤其是来自其他网站的导入链接。

小资料：外链的作用
就像人际关系网络

（2）权重及信任度。外部链接能使页面及整个域名权重提高，信任度增加。外部链接越多，网站本身权重就越高。投向一个页面的权重和信任度，也会累计在整个域名上。

权重和信任度与特定关键词和主题没有直接关系。如果你的网站来自百度、华尔街、央视等这种权重高的网站链接，你的网站权重会有质的提升，不管网站目标关键词是什么，对排名都会有帮助。

（3）收录。页面收录是排名的基础，不能进入索引库就谈不上排名。外部链接数量及质量对一个域名所能带动收录的总页数有至关重要的影响。没有强有力的外链，仅靠内部结构和原创内容，很难使大型网站收录充分。

3. 高质量外部链接分析

高质量外部链接包含以下几类。

（1）搜索引擎目录中的链接以及已加入目录的网站链接。

（2）与主题相关或者互补的网站。

（3）网页级别值不低于4的网站。

（4）流量大、知名度高、频繁更新的重要网站（如搜索引擎新闻源）。

（5）具有很少外部链接的网站。

（6）关键词在搜索结果中排名前三页的网站。

（7）内容质量高的网站。

小资料：获得高质量
外链的小技巧

（五）URL 优化和主机优化

1. URL 优化

统一资源定位符（Uniform / Universal Resource Locator，URL）也被称为网页地址，是互联网上标准资源的地址。

URL 优化主要考虑以下几方面内容。

（1）URL 设计。

① URL 越短越好。简单直观的 URL 一方面比较容易被搜索引擎收录，另一方面也便于用户的复制和传播。

② 避免过多的参数。一般情况下使用静态 URL，如果必须使用动态 URL，则应该减少参数的使用，一方面搜索引擎读不懂参数，另一方面也容易造成用户使用的困难。

③ 文件及目录名具有描述性。尤其是英文网站，目录及文件名应具备一定的描述性，使用户通过 URL 就能大概看懂网页的主要内容。例如，http://www.example.com/shoes/men/ 就比 http://www.examle.com/part1/001/ 更容易理解。

④ URL 中包含关键词。URL 中包含关键词可以提高页面的相关度，在排名的时候具有一定的优势，但是切不可为了出现关键词而堆积，这样会引起搜索引擎的反感。

⑤ URL 中所有字母都小写。一方面易于用户输入，不会因为大小写掺杂而出错；另一方面有的服务器是区分大小写的。

（2）动态 URL 静态化。URL 静态化一直都是最基本的 SEO 要求之一。动态 URL 静态化可以让搜索引擎更容易抓取，而且也容易被用户理解并记忆，在传递 URL 信息时更容易。

2. 主机优化

所有的网站都依附于服务器硬件。服务器（或者说主机）性能会影响 SEO 效果。主机优化主要考虑以下几方面内容。

（1）避免 IP 及整个服务器被惩罚。一个 IP 地址或者整个服务器被搜索引擎惩罚是很少见的情况，除非这个 IP 地址上的大部分网站都因为作弊被惩罚，这种情况下没有作弊的网站可能会受到连累。

（2）稳定性。如果服务器经常死机，必然会影响搜索引擎爬行和收录。优化的主机稳定性非常直观，经常打不开网站则说明稳定性很差。

（3）主机速度越快越好。除了影响网站用户体验和转化率外，主机速度也会严重影响网站收录。对一个稳定的网站来说，搜索引擎有一个固定的权重，会分配一个与权重匹配的相对固定的爬行总时间。网站权重越高，分配的总爬行时间越长。如果网站速度比较慢，搜索引擎抓取一个页面就需要更长的时间，这样就会影响总收录页面数。

（六）SEO 工具介绍

借助一些小工具或网站系统，可以高效、即时地检测、分析网站优化和运营情况，从而指导运营维护工作的深入开展。

（1）搜索引擎及目录免费登录入口：百度、搜狗搜索、360搜索。

（2）SEO工具：站长之家——站长工具。

（3）关键字工具：查询特定关键词的扩展匹配及查询热度等。

三、移动端搜索引擎优化的内容

移动端搜索引擎优化是现在的新潮流，移动网站的优化自然是不容小觑的。好的移动端网站排名可以为PC端排名加分。互联网经过多年的发展，移动端网站的索引已经开始优先于PC端网站的索引，移动端的优质流量开始远远多于PC端。SEO优化的重点也从原来的PC端网站的SEO，进入移动网站的SEO优化的竞争。随着各类自媒体的快速发展，移动端SEO优化变得更加重要了。现在通过移动端搜索网页的互联网用户日渐增多，如图3-17所示。

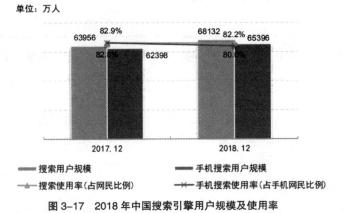

图3-17　2018年中国搜索引擎用户规模及使用率

在这种市场的大背景之下更加展示了移动端SEO的重要性，那么应该如何做好移动端SEO，争取带来更大的效益呢？

（一）移动端网站的定位及页面设计

一般移动端与PC端相比，除了页面大小、展示形式、页面样式有细微不同之外，其他的基本上可以直接引用。但是，为了增加移动端营销效果，非常有必要专门设计移动端网站。

1．网站定位

网站定位应该结合网站行业性质，PC端与移动端网站应紧密结合，相辅相成。

2．网站页面设计

（1）移动端网站页面的设计要做到简洁、大方，不易放入过多参数，影响用户对于自己需求内容的寻求速度，影响体验。

（2）移动端网站整体页面尽量使用HTML+CSS代码，避免使用Flash或者JS，否则会影响移动端手机页面打开速度。

（3）若网站存在注册用户或支付环节，应尽量简化操作流程。

（二）避免用户流量耗费

用户使用手机上网时最紧张、最关心的就是流量。假如网站一打开就是视频、Flash、弹窗等，就会大量消费用户的手机流量，用户如果需要多次进入，就不会选择这个网站了。手机端网站建设应尽量避免使用视频、动画、弹窗等。

（三）对域名 URL 进行优化

尽量保持 PC 端域名特点，简单、清晰、容易记忆。现在很多企业将手机站设计为二级域名，习惯放在传统 PC 端网站的顶级域名之下。如果是单独为移动用户建设的网站，最好选择一个简单易记的顶级域名。

（四）代码优化

在代码上能简洁就简洁，相比于美观，网站能在最短的时间让用户找到需求的内容更为重要。

（五）标题字数优化

移动端网页标题和 PC 端网页标题有所区别，PC 端优化网页标题一般都选择不超过 30 个汉字，基本控制在 25 个汉字左右；而移动端网页标题则一般只能显示 15 个左右的中文字符，也就是 8~10 个汉字，所以建议用精短词做关键字。

> **做一做**
>
> 记录京东商城的 PC 端和移动端首页标题，并根据标题优化的相关内容对其进行评价。

（六）细节优化

网站的 PC 端不可缺失 keywords、description 等小细节的优化，移动端也是如此。移动网站优化也非常在乎死链接等处理，尽量做好 404 错误和 403 错误的处理。最后外部链接也是移动端搜索引擎优化比较重要的因素。

（七）移动 SEO 优化关键词的选择

因移动端与 PC 端的显示媒介不同，所以在选择目标关键词时会有差异，移动端上操作复杂，用户更偏向于短语提示。因此，在为移动端网站布局关键词时，择优布局核心关键词的搜索下拉词/相关搜索词作为关键词。当然，这也得根据实际的竞争难度及网站本身竞争力而决定。另外，移动端用户更偏重于本地化搜索，如本地美食、地图、旅游等一些基于自己的位置而进行的搜索，因此，可以增加"地域词+搜索词"等精准定位的词。这也是移动端搜索的特点：本地化搜索优先。

（八）站点地图优化

无论是手机端还是 PC 端，站点地图都是比较重要的话题，作为一个蜘蛛的入口，如果网站的目录比较深，或者想让蜘蛛爬行到我们网站的每一个页面，那么它就会起到很大的作用。

四、应用商店优化

应用商店优化（App Store Optimization，ASO）是提升用户的 App 在各类 App 应用商店/市场排行榜和搜索结果排名的过程。类似普通网站针对搜索引擎的优化，即 SEO，ASO 则是利用应用商店的搜索规则和排名规则，让 App 更容易被用户搜索或看到。我们通常所说的 ASO 就是应用商店中的关键词优化排名，类似移动 App 的 SEO。

ASO 首先必须明确三个目的：促成更多品牌曝光；覆盖热词，获得更多自然优质用户；提升自身关键词的搜索结果排名，增加下载量比重。

（一）安卓商店的 ASO

国内安卓商店比较多，各家的标准不一，各家的关键词、搜索结果往往是部分由运营控制，部分是销售售卖，需要具体到每个市场具体分析，总体思路可以表述为"热词优化+下载量优化+评论优化+产品等级优化+活动曝光+专题曝光+榜单曝光"。

（1）热词优化主要在后台提交覆盖更多的热词，主要考虑产品名称、产品简介、关键词，当然覆盖时要避免热词冲突风险，具体可以参考各热词覆盖库及其他专业团队建议。

（2）下载量优化主要通过内部活动导流或者其他运营方式，按照安全值优化下载量，以在应用商店飙升榜等榜单体现。

（3）评论优化主要通过内部用户导评，提升评论评级。

（4）产品等级优化需要和商店的运营者多多联系，如参与策划的活动等。

（5）活动曝光：主要目的是占据好的曝光位置。活动页面、专题页面、榜单等曝光量较大的位置，需要企业和应用商店时时保持沟通，争取更多曝光位置。

（二）苹果商店的 ASO

苹果商店的 ASO 由于其渠道单一，主要针对 AppStore 进行优化。优化的主要思路是"热词覆盖+榜单优化+搜索排名优化+评论优化"，具体介绍如下。

（1）热词覆盖：苹果商店的 ASO 允许进行 100 个汉字内的热词覆盖，建议覆盖更多产品相关热词及热度高的热词，需要主要避免热词冲突风险，避免被竞品投诉。

（2）榜单优化：优化在免费总榜、畅销总榜、分类榜单的位置。

（3）搜索排名优化：提升产品在热词搜索结果中的排名位置，思路是提升搜索排名，增大曝光量，主要通过下载、激活等动作完成。

（4）评论优化：通过引导用户留下积极的评论。

五、搜索引擎优化的效果监测与评估

（一）网站优化效果评估（以百度为例）

1．关键词排名

关键词排名可以直接在搜索框中输入关键词进行查询。一般而言，出现在搜索引擎前 3 页的关键词排名都是不错的，出现在 3 页之后的关键词则需要加大推广力度。

2．网站页面收录量

网站刚完成建设时一般不会立刻被搜索引擎收录，因为搜索引擎会对新创建的网站有一个审核期。审核时间依据网站优化质量而定，可能几天就会被收录，也可能需要一星期或则半个月左右才能被收录。一般而言，新站审核时间在 20 天之内都是正常的。

网站被收录后，并不是每一个页面都能出现在搜索结果页上，百度只会收录它认为具有价值的网页。网站页面再多，内部优化没有做好，百度也只会收录其中一小部分页面甚至不收录。

收录查询方式：直接在搜索框中输入"site：想要查询的网址链接"，即可在返回结果中查看网站收录量。

3．网站反链数量

网站反链数量相当于是其他网站给你的网站的推荐和投票，在搜索引擎优化中也有着极其重要的作用。反链的收录数量越多，就说明他人对你的投票越多，那么你的网站权重就会越高，排名自然会越高。

百度反链的查询方式是：直接在搜索引擎搜索框中输入"domain：+网址"。

4．PR 值

目前主流的 PR 值有百度 PR、搜狗 PR 等。

PR 起源于谷歌公司，是谷歌衡量网站权重的重要标准之一。就像酒店评星级一样，从三星级到五星级不等。PR 值处于 0～10。PR 值为 3 表示达到一般企业网站基础水平；PR 值达到 5，则网站权重已经比较高了；PR 值达到 5 以上，则表示网站权重非常高了。PR 值是搜索引擎对于网站优化情况的一个评分，是搜索引擎结合网站综合优化效果给出的分值。

5. 网站流量

关键词优化排名的最终目的是为了借助高曝光率带来高流量。那么怎么查询网站流量呢？流量的查询可借助流量统计工具。目前互联网上有很多免费的流量统计工具，中文一般采用百度统计、51Yes 站、"友盟+"等。

6. 流量转化

流量不是企业搜索引擎优化营销的最终目的，高转化率的流量才能为企业带来切实的效益。很多企业网站的流量很高，但是转换成实际询盘的流量却很少，这就是优化不足的表现。

那么流量高，转换率低的原因是什么呢？

（1）由行业性质决定。流量转换率的高低并无统一的标准，不同的行业，其转换率是不同的，因此一些特殊冷门行业的转换率低并不一定是优化不足造成的。

（2）无效流量较多导致转换率低。有些网站为了吸引人气会添加一些比较热门的却又与网站主题无关的内容，这可以吸引很多流量，却转换不了实际效益。因此在转换率低的情况下，我们不妨看看关键词是不是不够精准，添加的文章是不是无关内容过多。

（3）企业的产品服务无竞争优势。最终用户购买的还是企业自身的产品价值和服务质量，企业要想获得效益，除了网站的推广外，自身产品和服务的跟进也是至关重要的因素。

（二）统计工具中的各项数据分析（以 51Yes 统计为例）

1. 统计数据

统计工具可以统计 IP、PV、回访率、来路域名统计、受访页面统计、来源关键词统计、地理位置分析等。

2. 统计数据比较

数据比较是在不同的时间段内对优化效果进行一个涨跌起落的比较，包括流量比较、来路域名比较、来访关键词比较等。它能帮企业仔细监控不同时间段的优化效果，如果流量突然下降，也可以通过来路域名和来访关键词比较进行分析。

任务实训

搜索引擎营销优化诊断训练

1. 实训目的

本次实训可以使学生掌握网站优化的内容及优化技巧，掌握网站评价的方法，能够针对诊断中出现的问题提出整改建议。

2. 实训内容及步骤

选择一个网站，考察网站规划与网站栏目结构。

在自己选择的网站上诊断以下内容。

（1）网站建设的基本情况

① 网站建设的目标是什么？

② 网站布局是否符合用户的阅读习惯？图片是否适当？有无利用声频、视频手段？

③ 网站导航（网站导航分为图片导航、文字导航、JS 导航、Flash 导航等）是否合理？通

过任何一个页面是否能方便地返回上级页面或者首页?

④ 各网站的栏目之间链接是否正确?

⑤ 从网站首页到达任何一个内容页面需要几次?（不超过 3 次为合格，包括利用网站地图）是否可以通过任何一个页面到达站内其他任何一个网页?

⑥ 网站是否有一个简单清晰的网站地图?

（2）网站内容及网站可信度

① 网站为用户提供内容详细情况如何?

② 网站内容是否更新及时? 过期信息是否及时清理?

③ 网站首页、各栏目首页以及各个内容页面是否有能反映网页核心内容的网页标题?

④ 公司介绍是否详细，是否有合法的证明文件（如网站备案许可）?

（3）网站功能和服务

① 打开网页的速度怎样?

② 网站为用户提供了哪些在线服务手段?

③ 用户真正关心的信息是什么? 能否在网站首页上直接找到?

④ 网站是否提供了在线订购、支付业务电子商务功能等?

（4）网站优化及运营

① 网站被百度、谷歌搜索引擎收录的网页数量是多少?（在搜索引擎搜索框中输入"site：网址"，就可以知道有多少网页被收录。）

② 在搜索引擎中排名情况（利用某关键词搜索）如何?

③ 网站的 PR 值（利用站长工具查询）是多少? 如果首页 PR 值低于 3，你认为是什么原因造成的?

④ 网站访问量的增长状况如何? 网站访问量是否很低?（利用站长工具 Alexa 排名查询）

3. 实训成果

完成搜索引擎优化诊断和整改建议的实训报告。

任务三　搜索引擎付费营销

任务引入

李雪坚持搜索引擎优化两个月之后，虽然有部分网页已经被收录，但是网站排名并不是很理想，在网站前 10 页基本找不到其信息。李雪分析主要原因是一个同名的竞争对手是演员，在搜索结果中有大量关于该演员的内容。此时，她想是不是可以通过付费的方式来提高自己网站的排名呢?

知识指南

一、搜索引擎付费营销基础

（一）搜索引擎付费营销定义

1. 定义

搜索引擎付费营销是通过付费使信息在搜索引擎上排名突出，对潜在客户进行营销的活动，这种形式的营销的载体为客户关键字搜索的结果页面。

2. 搜索引擎付费广告分类

以百度为例，目前主要的搜索引擎付费广告分为搜索广告、信息流广告、聚屏广告、开屏广告、百意广告等。

（1）搜索广告

搜索推广是通过用户搜索关键词，随推广结果出现在自然排名结果的上面或者右侧，来影响用户信息获取过程而开展的付费推广方式。

① 标准推广。操作简单、效果快速，支持多个显著位置展现，按点击收费，展示免费，如图 3-18 所示。

图 3-18　标准推广

② 图片凤巢。一图胜千言，图文更具吸引力；图片智能匹配，推广效果更佳，如图 3-19 所示。

图 3-19　图片凤巢搜索推广

③ 线索通。线索通能直接在搜索结果页上通过电话、表单等组件直接展现服务功能，使需求明确的用户减少跳转，直接联系，留下销售线索，如图 3-20 所示。

（2）信息流广告

信息流广告是在百度 App、百度首页、贴吧、百度手机浏览器等平台的资讯流中穿插展现的原生广告，如图 3-21 所示，广告即内容。

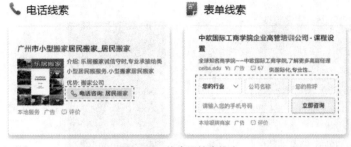

图 3-20　线索通搜索推广

图 3-21　百度 App 信息流广告

（3）聚屏广告

百度聚屏广告通过聚合多类屏幕，触达客户生活，实现线上线下广告整合和精准程序化投放。依托百度大数据及 AI 优势，百度聚屏广告致力于解决当前客户广告投放多种痛点，打造全新的品牌推广体验，为客户收入增长带来新的动力。

百度聚屏广告屏幕多达 30 万个，全面辐射如影院、楼宇、出行、家庭、生活服务等日常生活场景，如图 3-22 所示。

图 3-22　百度聚屏广告

（4）开屏广告

百度开屏广告整合百度优质品牌广告流量，以 App 开屏广告的样式进行强势品牌曝光，如图 3-23 所示。

图 3-23　百度开屏广告

（5）百意广告

百意广告囊括 60 万家网站、App 联盟资源，PC 端、移动端、交通、电视多屏呈现。客户可一站完成线上线下主流黄金流量购买。其主要有以下几种展示形式。

① 移动端推广广告。移动端覆盖 4.5 亿用户，每日流量可达 100 亿，并提供多种广告形式，如横幅广告、插屏广告、开屏广告等，以满足不同的推广需求，如图 3-24 所示。

图 3-24　百度移动端推广广告

② PC 端推广广告。PC 端覆盖 5.5 亿用户，每日流量可达 100 亿，囊括 60 万家网站，如图 3-25 所示。

图 3-25　百度 PC 端推广广告

③ 视频推广广告。视频流量覆盖主流视频网站及 App，如图 3-26 所示。

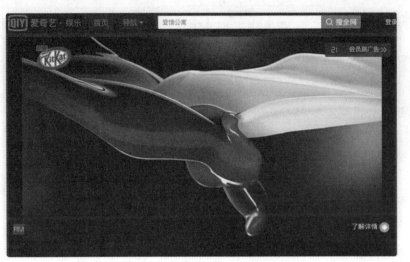

图 3-26 百度视频推广广告

（6）百度品牌推广

百度品牌推广位于搜索结果首页最上方，并整合文字、图片、视频等多种展现方式，如图 3-27 所示。

图 3-27 百度品牌推广

（二）搜索引擎付费营销影响因素及营销效果

1. 搜索营销效果转化漏洞

搜索营销效果转化漏洞对应企业搜索营销的各个环节，反映从展现、点击、访问、咨询，直到生成订单过程中的客户数量及流失。从最大的展现量到最小的订单量，这个逐层缩小的过程表示不断有客户因为各种原因离开，对企业失去兴趣或放弃购买，如图 3-28 所示。

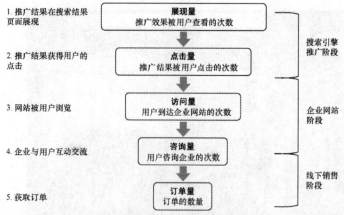

图3-28 搜索营销效果转化漏洞营销过程

2. 搜索营销效果转化漏洞的影响因素（见表3-1）

表 3-1 搜索营销效果转化漏洞的影响因素及应对策略

三阶段	五环节	影响因素	应对策略
搜索引擎推广阶段	展现量	（1）关键词方面：关键词数量和质量、关键词检索量、关键词匹配方式、关键词排名 （2）账户方面：地域、预算、时长、账户结构	（1）多提词、提好词 （2）设置合理的匹配方式 （3）优化排名 （4）设置合理的账户结构 （5）地域、预算及时长设置合理
	点击量	（1）关键词方面：关键词排名 （2）账户方面：账户结构 （3）创意方面：创意质量	（1）优化排名 （2）设置合理账户结构 （3）有好创意
企业网站阶段	访问量	网站打开速度	提升网站访问速度
	咨询量	（1）网站质量 （2）网站内容相关性 （3）网站互动方便性	（1）导引：研究浏览者兴趣、行为和习惯 （2）解答：从用户角度提供信息，解除其疑问 （3）工具：有效利用丰富的网络营销工具
销售阶段	订单量	销售能力	（1）在线：确保在线咨询时间及反应速度 （2）专业：针对用户问题提供专业解答

3. 搜索引擎付费推广效果

搜索引擎付费推广效果主要表现在搜索引擎推广带来企业网站的流量和网站的二次销售能力的提高。企业网站流量可以通过百度统计、CNZZ 等流量统计工具来查看，主要可以查看点击量、页面浏览量、新访客数、访问页数、平均访问页数、平均访问时长、平均停留时长、转化次数等。网站的二次销售能力主要查看在线客服的咨询量、转化率及电话客服的接听量、转化率。

二、百度付费推广

（一）百度搜索推广

1. 百度搜索推广平台

百度搜索推广平台是管理推广的系统，可以帮助客服制作推广方案、查看推广效果、修改/优化账户、查看账户及财务信息等，如图 3-29 所示。

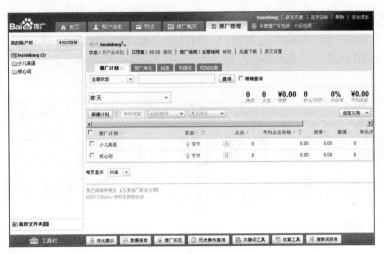

图 3-29　百度搜索推广平台

2. 登录百度搜索推广平台

（1）打开并登录百度搜索推广平台首页。

（2）可以根据需要制订推广方案、查看推广效果、优化账户、查看其他信息等。登录百度搜索推广平台的步骤如图 3-30 所示。

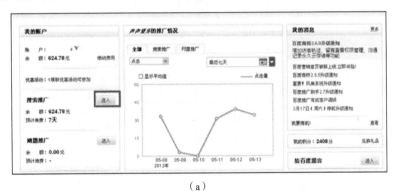

（a）

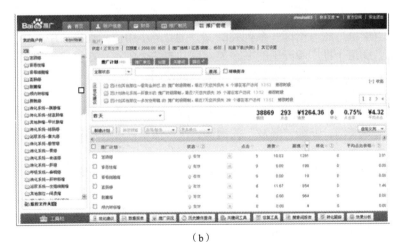

（b）

图 3-30　百度搜索推广平台的登录步骤

3．账户结构及状态

账户结构是企业在推广平台中对关键词、创意的分类管理。账户结构由账户、推广计划、推广单元以及关键词和创意4个层级构成。同一个单元的关键词和创意是多对多的关系，如图3-31所示。

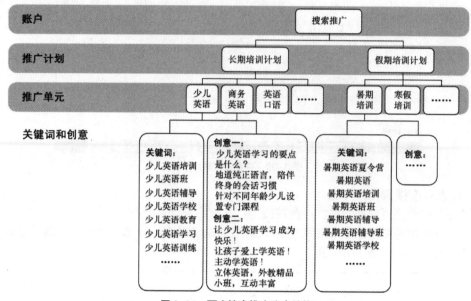

图 3-31　百度搜索推广账户结构

账户状态反映当前账户的推广状况。百度搜索推广是否能正常推广，由账户状态决定；推广信息能否正常上线展现，由账户、推广计划、推广单元、关键词及创意等各层级的状态共同决定。

4．推广计划

推广计划是百度推广账号管理一系列关键词、创意的大单位。建立推广计划是设计账户结构的第一步。每一个推广计划拥有单独的投放预算和投放时间，如果投放预算为零，则该推广计划失效。

5．推广单元

推广单元是百度推广账号管理一系列关键词、创意的小单位。在推广单元中，关键词和创意是多对多的关系，即每个推广单元里的多个关键词共享多个创意；在推广结果展现时，同一关键词可对应多个创意，同一创意也可能会被多个关键词使用。

6．关键词

关键词是在百度推广中选择的、具有商业价值的、用来迎合潜在搜索需求的词。当用户的搜索词与关键词足够相关时，就能"触发"关键词，推广信息就能在用户面前展现。

7．创意

创意是指展现给用户的推广内容，包括标题、描述、显示 URL 及访问 URL。

8．出价

出价就是推广信息被点击一次，你最多愿意出的价格。出价不是最终花的钱，只是心理价格上限，可以理解为封顶价，花费再高也不会高出出价。

在账户中，你可以为推广单元内所有关键词设定统一的出价，也可以为关键词单独设定出价。在两种出价同时设定的情况下，以关键词的出价优先。

9. 地域及时间管理

推广地域管理可选择推广投放的地域范围。只有当该地域的客户搜索时，推广结果才会出现。不同的推广计划可以面向不同的地域推广，从地理位置角度精准定位潜在客户。

推广时间管理即预先规定好推广信息在一天之内"哪些时段可以展现，哪些时段暂停推广"。设置推广时间管理能获得"精确锁定潜在客户+用更低出价获得更好位置"的效果。

（1）可以在时间上精准定位潜在客户。例如，做教育培训的公司，上午开始推广的时间可以设定早一些，因为潜在客户搜索的高峰时段在上午；同时周末往往是家长集中咨询的时间，所以周末也应该做推广。而做网游的公司，晚上在线推广的时间应该持续得更长，因为网游玩家通常在晚上上网。

（2）可以分散竞争激烈程度。由于搜索页面上的推广位置是有限的，如果所有的广告都集中在同一时段推广，必然会使大部分广告无法得到展现机会。所以根据自己的情况设置推广时段，可以增加更多的展现机会。

（3）除去高峰时段，其他时间的推广竞争激烈程度会下降，用较低的价格就能排在更好的位置上。灵活利用推广时间管理，可以赢得更高的性价比。

小资料：百度关键词
搜索推广排名流程

（二）百度品牌推广

百度品牌推广是指在百度搜索结果首页，以文字、图片、视频等多种广告形式全方位推广展示企业品牌信息，用户也可以以更便捷的方式了解品牌官网信息，更方便地获取所需的企业资讯。百度品牌推广是提高企业品牌推广效能的推广模式。百度品牌推广分为 PC 端百度品牌推广和移动端百度品牌推广。

1. 百度品牌推广营销效果

通过图 3-32 可对比有品牌专区的页面和无品牌专区的页面，用户视觉停留的位置有较大差异。无品牌专区的 10 个搜索结果展示页面上，用户视觉主要停留在第 2、3、4、8、9 等几个搜索链接上；有品牌专区的搜索结果展示页面上，用户视觉重点停留在品牌推广专区的位置。

59

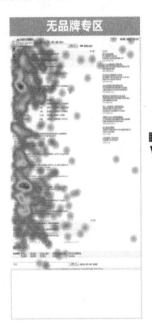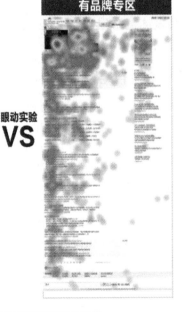

图 3-32　百度品牌推广的视觉影响

2．百度品牌推广购买方式

（1）价格规则。按月购买（CPT 方式），结合样式及所购买品牌词的数量和 PV 量具体报价，通用规则为：PC 端品牌专区月刊例价 10 万元/月起，移动端品牌专区月刊例价 2 万元/月起。

（2）投放地域。为全国展示，不分地域（省、直辖市）投放。

（3）投放时长。每次投放最短 1 个月，最长 12 个月。

（三）百度网盟推广

百度网盟推广是在用户搜索行为后和浏览行为中实施影响的。当用户使用百度时，网盟推广将企业的推广信息展示在搜索结果页面，而当用户进入互联网海量的网站时，网盟推广可以将企业的推广信息展现在用户浏览的网页上。

百度网盟推广平台主要包括"网盟推广首页""推广管理""受众分析""报告""我的网盟"5 个模块，如图 3-33 所示。

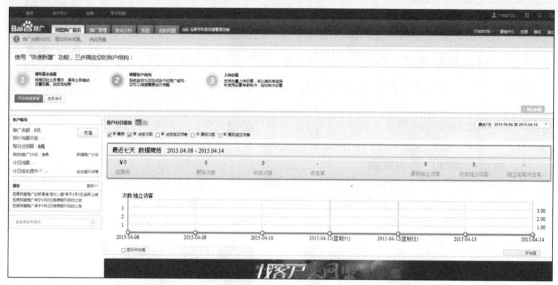

图 3-33　网盟推广首页

三、百度付费广告营销效果监测

百度付费营销效果可以通过百度统计来跟踪和监测。

企业可以查看百度推广给网站带来的流量及转化情况，及时了解百度各类推广方式的效果以及这些效果是否达到企业预期的业务目标，从而帮助企业更有针对性地改善百度推广方案。

首先选择希望查看的时间段，然后最多选择 3 个希望查看的指标，页面中部的柱状图上会以不同颜色显示出不同推广计划给企业带来的流量。页面下方的表格是所有指标在此段时间的数据，通过点击进入推广计划，可以看到推广单元的流量情况，再点击进入推广单元，可看到各关键词的流量。

一般来说，如果来访者对于网页提供的信息感兴趣，他们就停留更长的时间，查看更多的网页，这就会使追踪数据里的"平均访问时长"和"平均访问页数"上升。如果"平均访问时长"仅有几秒，"跳出率"高达百分之九十几，这说明来访者在网页看不到他们想看的内容。

任务实训

百度付费推广创意设计

1. 实训目的

本次实训的目的是使学生掌握百度付费推广的几种形式及创意设计。

2. 实训内容及步骤

（1）百度搜索推广创意设计：根据所在学校情况为学校设计搜索推广创意设计方案。

① 注册百度推广账号，设计推广计划、推广单元、关键词及创意。

② 设计引导页。

（2）百度品牌推广创意设计：根据所在学校情况为学校设计品牌推广创意设计方案。
根据百度品牌推广所需素材及模板，设计品牌推广创意设计方案。

3. 实训成果

完成百度搜索推广创意设计方案与百度品牌推广创意设计方案。

 思考与练习

一、不定项选择题

1. 竞价排名的服务模式是（　　　）。

    A. 按照为客户带来的访问量付费

    B. 联合众多知名网站，共同提供服务

    C. 限制用户注册的产品关键字数量

    D. 让用户注册属于自己的产品关键字

2. 下面属于百度搜索信息流广告的是（　　　）。

    A. 图片凤巢　　　　　　　　　　　　B. 百度贴吧中穿插展现的原生广告

    C. 开屏广告　　　　　　　　　　　　D. 品牌广告

二、简答题

1. 搜索引擎按其工作方式可分为哪几类？

2. 搜索引擎营销的原理是什么？搜索引擎营销的内容和层次有哪些？

3. 搜索引擎营销的方法有哪些？

4. 什么是搜索引擎优化？搜索引擎优化要考虑哪些方面？

素质拓展问题

04 项目四 社会化媒体营销

 项目简介

互联网诞生后，人们的部分社交活动从线下转移到线上。针对人们的社交需求而推出的社会化媒体应用也较多，主要包括微博、微信、QQ、今日头条、百科、知乎、小红书等。社会化媒体应用作为大流量集中地，具有可观的用户覆盖率以及活跃度。与此同时，社会化媒体应用的开放性与包容性使得企业营销主体更加泛化，参与者更多，内容形式更加丰富。在营销模式上，社会化媒体应用基于"关系"的营销方式更容易为用户所接受，而基于"关系"的裂变也更容易扩大营销覆盖面和提升影响力。

社会化媒体的传播影响力显著提升，已成为互联网媒体中最为流行的媒体类型之一，其凭借用户基数大、信息传播快、互动功能强等特点，成为信息传播的重要途径。一方面，传统媒体积极拥抱社交网络，开通官方微博、微信公众号来发布权威信息，扩大传播范围，强调舆论声势；另一方面，自媒体的影响力逐渐放大，截至 2021 年第三季度，新浪微博月活跃用户数达到 5.73 亿，微博实名认证用户、网络红人等对网络话题的影响力较大。

本项目主要由微博营销、微信营销、自媒体营销和社群营销 4 个任务组成。对于百科营销、问答营销、IM 营销等可以通过下载本书的配套资源进行学习。通过对本项目的学习，学生可对社会化媒体营销产生兴趣，从而掌握社会化媒体营销的方法和技巧。

 **项目目标**

知识目标：掌握微博营销、微信营销、自媒体营销和社群营销的运营方法与技巧，熟悉当前主流的社会化媒体应用。

技能目标：能够结合企业现状申请社会化媒体账号，开展社会化媒体账号认证、内容营销和粉丝营销，能设计适合企业经营现状的社会化媒体整合营销方案。

素质目标：在实施社会化媒体营销的教学中，以爱国主义为核心，指导学生在实施网络营销时做到爱国、敬业、诚信、友善；具备良好的职业道德，养成良好的沟通协作能力。

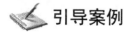 **引导案例**

海尔新媒体为什么那么火？

火遍大江南北的海尔新媒体早已成为很多企业新媒体运营者的新标杆，其风趣、幽默的运营风格获得了广泛好评。

在众多的企业新媒体运营团队中，海尔新媒体似乎显得"与众不同"，其吉祥物"海尔兄弟"被戏称为"80万蓝V总教头"。在大部分企业的新媒体还在挣扎的大环境下，海尔新媒体为什么能够从众多企业新媒体中脱颖而出？

1. 海尔官微通过用户交互做出了洗鞋机

在这条微博下面，粉丝纷纷留言献策。既有天马行空的无限"畅想派"，又有脚踏实地的"创意实用派"，如下图所示。

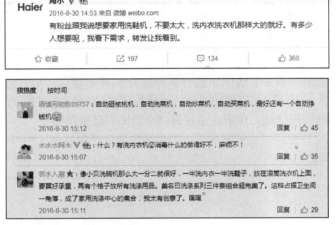

粉丝在海尔官微上的热情交互导致了海尔洗鞋机的问世（见下图）。从用户交互到产品研发，再到用户交易、交付，这条路海尔官微可谓轻车熟路。

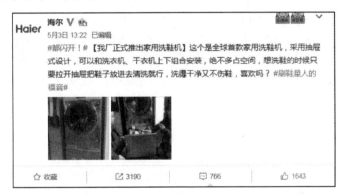

两年前，从"冷宫"冰箱用户需求的提出，到海尔官微24小时之内紧急大数据汇总分析，然后提报冰箱产品研发部门，再到产品问世，只用了7天时间。

2. 海尔新媒体独立，成立新公司

个性十足的海尔又做出了一件让人意想不到的事：把海尔新媒体团队独立出去，成立新公司，自负盈亏，海尔不再付一分钱工资。

独立以后，海尔新媒体团队怎么养活自己？

"海尔新媒体运营期间，我们积累了一些行业内的资源，同时我们也有做传播的经验，面向海尔集团内外做生意，如海尔冰箱、海尔洗衣机都可以委托我们做社会化的传播；如魔镜、智慧烤箱这些明星产品都有我们的参与；同时，魅族手机、东风汽车，都和我们合作，在我们的新媒体上做广告。"海尔新媒体总监沈方俊这样说。

在大多数官微沦落为企业的新闻宣传平台之时，海尔新媒体团队自我革新、不断挑战自己的做法值得每个新媒体从业者学习。

思考：
1. 你常用的社会化媒体营销工具有哪些？
2. 你认为海尔微博营销成功的主要原因是什么？

任务一　微博营销

任务引入

小李在网上看到这样一段话：传统企业开展网络营销需要建立"新五官"，即官网（官方网站）、官博（官方微博）、官号（官方微信公众号+小程序）、官抖（官方抖音号加头条号）、官P（官方App）。"新五官"已经成为传统企业开展网络营销的必备条件。

小李看到家中的特产已经快到成熟季节，但是销售渠道还未找到。小李想：是否可以通过微博开展特产营销活动呢？

知识指南

一、微博营销认知

国内新媒体传播与营销领域的知名学者陈永东率先给出了微博的定义：微博是一种通过关注机制分享简短实时信息的广播式社交网络平台。我国微博的发展在 2009 年之后进入了快速成长期，其中新浪微博、腾讯微博、搜狐微博、网易微博等占据了主要的市场。到了 2014 年，腾讯微博、网易微博和搜狐微博等纷纷退出市场，在中国微博领域一枝独秀的新浪微博宣布改名为"微博"，并推出了新的标识，新浪色彩逐步淡化。目前，如果没有特殊说明，微博就是新浪微博。

微博分为个人微博和企业微博两种。通过个人微博，我们可以关注行业信息，打造个人品牌，结识行业领军人物和建立人脉，展示个人技能。而企业微博具备了企业官方的特性，企业微博可实现信息发布、与消费者建立情感，并具有危机公关、预警、快速公关等功能。

微博营销是指通过微博平台为商家、个人等创造价值的一种营销方式。该营销方式注重价值的传递、内容的互动、系统的布局、准确的定位，微博的火热发展使其营销效果尤为显著。微博营销涉及的范围包括认证、有效粉丝、话题、名博、开放平台、整体运营等。当然，微博营销也有其缺点，如有效粉丝数不足、微博内容更新过快等。个人微博营销与企业微博营销非常相似，而企业微博涉及更多的内容。下面主要以企业微博营销为主进行讲解。

想一想

请关注海尔、小米、故宫淘宝等微博，想一想这些企业是如何通过微博达到营销目的的。

微博发挥了"碎片时间资源集合"的价值，用户可以利用计算机、手机等多种终端便捷地获取信息。正是因为碎片化信息以及碎片化时间，用户通常不会立即做出某种购买决策或其他转化行为，因此硬性推广只能适得其反。

传统企业微博营销思考

假设小 A 是一个大型矿山机械制造企业的网络营销人员，企业看到微博营销的作用后，想建立一个企业微博，并把建立和维护微博的任务交给小 A。

小 A 发现微博上的大多数用户都不是企业的目标受众群体，在这样的情况下，小 A 该怎样将信息传播给潜在目标受众呢？如何通过企业微博，让不是目标受众群的人记住企业品牌呢？

二、企业微博营销运营

（一）企业微博营销定位

企业要明确想通过微博达到什么效果，即微博的功能定位。这一定位的确定限制了企业微博发布的内容。例如，星巴克官方微博的形象定位是一个有点小资、有亲和力、懂生活的"服务员"。星巴克微博的思路是塑造亲和力，营造轻松融洽的氛围，让粉丝感觉自己正在一家咖啡馆里与服务员闲聊。又如，故宫博物院有着厚重、庄严的历史感，但"故宫淘宝"通过创意产品、有趣的文案、呆萌的画风形成了呆萌、有趣的品牌形象，这样的反差立马激起了很多年轻人的兴趣，为它点赞，为它转发，甚至购买其产品，如图 4-1 所示。

图 4-1　故宫淘宝微博定位

（二）企业微博营销架构

1. 企业微博成员的身份认定

（1）企业官方微博

企业官方微博是以企业在工商行政管理部门核准注册的字号为昵称关键词而建立的微博账号。它主要以企业名义向社会公众、消费者传递与企业的思想文化、经营理念、品牌、产品和服务等紧密相关的微博资讯。

（2）企业产品官方微博

当企业旗下品牌众多、各具特色、很难统一到一个微博上时，企业可以根据产品的特色开设企业产品官方微博。图4-2所示为海尔的产品官方微博。

图4-2 海尔的产品官方微博

（3）企业中高层管理人员个人微博

企业中高层管理人员个人微博表面上看是个人微博、名人微博，但实质上是企业重要的文化和品牌资产，不仅是中高层个人形象的展示窗口，更是企业整体形象的代言频道。

企业中高层管理人员个人微博既有个人微博的属性，又兼具组织官方微博的属性。图4-3所示为奇虎360高管微博汇总。

图4-3 奇虎360高管微博汇总

（4）员工微博

员工微博主要依靠员工的意愿，可以发布工作中的烦恼和生活中的所见所闻，并为用户互动创造条件。大量的员工微博形成"众星拱卫"之势，可以在很大程度上弥补官方微博的不足。例如东方航空公司的员工微博营销，成功地将企业与个性化趣味结合在一起，推出以"凌燕"为名称内容的个人微博，集中呈现东航空姐的形象，而隐藏在背后的则是东方航空的企业整体形象。

想一想

东航凌燕召集最能代表航空公司形象的空姐，每位空姐都姓名确凿，前面加上凌燕二字。微博的主要内容多是空姐们在世界各地拍摄的风景照片，或者平时旅客们看不到的飞机驾驶舱等。这种微博营销有什么作用呢？

2. 企业微博矩阵营销

微博矩阵是指在一个大的企业品牌之下，开设多个不同功能定位的微博，与各个层次的网友进行沟通，达到 360 度塑造企业品牌的目的。

企业可以根据企业的规模、品牌及营销人员等架构开展微博矩阵营销。例如，大型企业微博矩阵：企业官方微博、企业产品官方微博、企业中高层管理人员个人微博及若干企业员工微博（视员工意愿而定）；中小型企业微博矩阵：企业官方微博、中高层管理人员个人微博及若干企业员工微博（视员工意愿而定）。

3. 账号认证

账号认证即实名"加 V"，这是微博针对企业微博账号、企业中高层管理人员微博账号、行业内有影响力人物的账号及员工微博账号的官方认证。获得认证的优势是：形成较权威的良好形象，微博信息可被外部搜索引擎收录，更易于传播，也容易进入推荐微博名单，获得大量的粉丝，快速提高影响力和传播力；同时还可以预防假冒伪劣，认证的企业发布的产品或活动信息有了公信力，用户也敢于和乐于参与。

（三）企业微博内容营销

在进行微博营销时，撰写高质量的微博内容要注意以下几点。

1. 图文结合

微博的内容信息要尽量多样化，尽量每篇文字都带有图片、视频等多媒体信息，以具有较好的浏览体验；微博内容要尽量包含合适的话题或标签，以利于微博搜索；发布的内容要有实用价值。

2. 发布时机

企业官方微博每天发布的条数为 5～10 条。可以合理利用发布者和用户的空闲时间，如上班之前、午休时间、下班之后及晚上休息之前这几个时段。

3. 内容策划

在微博营销中，内容是非常重要的。微博内容要吸引人，在找准用户的基础上，"有用的内容/有趣的内容"更容易让用户参与其中。"有用的内容"可以从与用户关联或用户专业性需求的角度策划；"有趣的内容"可以从趣味、幽默和易懂等角度策划。在内容策划方面，策划者可紧跟热点话题，参与讨论，吸引粉丝并得到转发。图 4-4 所示为海尔微博的内容营销。

图 4-4　海尔微博的内容营销

（四）企业微博的互动

1. 互动交流创造营销机会

很多企业微博上有大量的"僵尸粉"，也有大量的"僵尸博"。"僵尸粉"就是没有几条微博发布，也基本不对他人的微博做任何转发和回复的粉丝微博，这样的微博没有任何生气和影响力。"僵尸博"则存在于名人和企业微博中，它们几乎不关注任何人，形成一种完全单向的交流通道，完全没有发挥微博的推广作用，使微博成为通告器。这样的微博无人理睬，也激发不了用户的热情。

微博的价值在于粉丝圈子的存在，以及活跃粉丝的互动。为了形成良好的互动交流，企业微博应关注更多的用户，并积极参与回复讨论，将弱关系转化为强关系，在回复和转发中创造营销机会。

2．通过微博的搜索功能实现精准互动营销

通过微博的搜索功能，每天及时在微博上的搜索框中检索与企业相关的关键词，与微博用户互动，实现精准互动营销。图4-5所示为内联升微博的精准营销，通过微博精准营销，内联升的微博转发率达到89%。

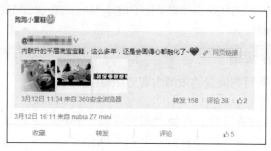

图4-5　内联升微博的精准营销

（五）企业微博的传播

1．优质内容置顶

如果发布的优质微博没有及时出现在订阅者和粉丝面前，微博内容可以通过其他的微博账号每隔一小时转发或者评论一次，让微博内容重新出现在前列，获得更多的曝光机会。

2．巧用@和私信

（1）@。@可以让粉丝在打开微博的第一时间被提示有微博@了他，无论这条微博发布了多久。@的使用技巧如下。

- 选择@互粉的粉丝回复率会提高。如果他没有关注企业微博，尽可能不要@他。
- 选择@平时经常转发微博的朋友，可以进一步提高转发率。
- @粉丝中被关注人数最多的几位，因为这些粉丝的转发能够产生更大范围的辐射。
- 对于多次@而没有任何转发的粉丝，应从@名单中去掉。

（2）私信。私信只能由关注的人发给粉丝，并且只能让发件人和收件人看到。通过私信可以进行点对点精准营销。通过私信收集用户信息，寄送一些免费产品或私下交流感情，可以实现精准营销。

（六）增加微博粉丝的方法

（1）内容。微博的核心是内容。内容的定位与质量，决定了用户群的类型与规模。例如，@互联网的那点事的内容受到许多互联网公司高层的关注和认可，主要原因是其每天坚持分享与互联网相关的优质内容。

（2）勤更新。微博需要勤更新，如果更新太慢，关注度就会降低。

（3）标签。通过设置标签的方式增加曝光度。一般来说可以设置10个最符合自己特征的标签。

（4）主动关注。通过主动出击，关注粉丝多、活跃度高的用户，以增加粉丝。

（5）参与热门/超级话题。通过参与热门/超级话题，增加曝光度。例如@海尔经常活跃在热门微博、著名艺人微博和超级话题的评论中，赢得了大量粉丝的追捧，形成了自己的微博风格。

（七）微博营销的其他技巧

微博是一个需要长期耕耘和积累的阵地，唯有用心才能让用户留下来。

（1）学习其他企业的微博运营做法。可以多关注竞争对手或相同领域的优秀账号，学习其微博运营的方法及技巧。

（2）每日坚持更新。每天坚持发布原创微博；如果很难有新鲜事件发布，也可以注意平时积累行业动态及趋势的资讯，分享一些对用户有价值的信息。

（3）主动互粉核心用户。企业微博要多关注经常转发自己微博的人，转发在5次以上又积极参与讨论的就是企业的核心粉丝。关注这些核心粉丝会让他们有荣誉感，为口碑营销奠定基础。

（4）随时做好微博营销。微博的引爆点几乎是随时的，很多来自网民的主动创意，出现的时间可能在下班之后。这就要求营销人员随时搜索，把与网民的沟通作为工作，及时做好与企业话题相关的回复。

做一做

如果你是你们学校的官方微博运营人员，你该如何规划你们学校的官方微博运营呢？

三、微博营销效果监控

微博营销可以通过微博后台进行分析。具体可以统计关注数、粉丝数、微博数，以及微博的转发量、评论量和收藏量等数据。

因为有些企业的目标客户网民较少，如果用转发量、评论量等数据判定营销效果就不太恰当，如内联升等品牌。此时可以通过与精准客户互动营销来衡量营销的效果。

任务实训

微博营销——建立个人品牌之路

1. 实训目的

了解微博的基本功能，掌握微博营销的方法和技巧，深入研究微博品牌营销的过程，设计并实施个人微博品牌营销。

2. 实训内容及步骤

（1）实训对象：以媒体微博、企业微博及个人微博这3种微博为对象，开展实训。

媒体微博：人民日报、央视新闻……

企业微博：小米公司微博（小米、小米公司、小米手机、小米电视、小米盒子、小米平板……）、东方航空微博（东方航空、东航官网、东航凌燕……）

个人微博：秋叶、陕西魏延安……

（2）浏览上述不同类型的微博，总结不同微博类型的特点及微博营销技巧。

（3）结合上述微博营销技巧，根据个人爱好设计个人微博营销的定位及微博营销思路。

（4）在2~3个月的时间内，执行上述微博营销方案。

3．实训成果

提交实训周期报告。

第一阶段报告：个人微博营销思路。

第二阶段报告：微博营销实施周期性报告（约 1 个月提交一次）。

第三阶段报告：个人微博营销执行情况的总结报告。

任务二　微信营销

任务引入

小李通过前一段时间的微博营销，取得了一些营销效果，小李还希望通过微信来销售家乡特产。小李要想实现自己的目标，到底该选择个人微信还是微信公众号？怎么开展特产的微信营销呢？如何设计一个农产品的 H5 页面呢？

知识指南

一、微信营销认知

（一）微信基础知识

1．微信

微信（WeChat）是腾讯公司于 2011 年 1 月 21 日推出的一个为智能终端提供即时通信服务的免费应用程序，由张小龙带领的腾讯广州研发中心产品团队打造。为了便于沟通，腾讯公司在手机微信的基础上开发了微信网页版和微信 PC 版。微信手机版和 PC 端打通之后，就可以直接在网页浏览器里收发信息，甚至可以在 PC 端和手机端之间传输文件、图片。

2．微信公众平台

微信公众平台曾命名为官号平台、媒体平台、微信公众号，最终定为公众平台。当前的微信公众平台主要分为服务号、订阅号、企业微信。

服务号：主要偏重于服务交互（类似银行、114，提供服务查询），认证前后都是每个月可群发 4 条消息。

订阅号：主要偏重于为用户传达资讯（类似报纸杂志），认证前后都是每天可以群发一条消息。

企业微信：是一款用于基础办公沟通的即时通信产品，适用于各种类型的企业和机构用户，拥有贴近办公场景的特色功能和办公自动化工具，如请假、报销、考勤等，让员工可以在手机上处理办公事宜，后台管理员可以添加自定义应用。企业微信主要用于公司内部通信，需要先通过验证才可以成功关注企业号。

做一做

1．微信公众平台与个人微信、企业微信、微博之间有什么区别？

（1）关注一个企业的微信公众号，如海尔集团，查看其子菜单和发布的内容。

（2）查看一个企业/名人的微博，如@海尔，查看发布的内容、话题和发布的时间等。

（3）查看微信公众平台登录页面关于微信公众号和企业微信的简介。

（4）查看你的微信中微商的基本设置、朋友圈发布的内容以及与你的互动交流情况。

2. 如果你是企业的网络推广人员，面对下面的推广任务，你会优先选择微信还是微博？建议从内容、互动、传播等方面来考虑。

（1）企业上市的信息需要大范围传播。

（2）企业有负面的信息需要发布公关声明。

（3）用户随时可查阅一些常见问题。

（4）企业有一场活动需要推广，让更多的用户来参加。

（二）微信营销

微信营销是网络经济时代企业或个人营销模式的一种，也是伴随着微信的盛行而兴起的一种网络营销方式。微信不存在距离的限制，用户注册微信后，可与周围同样注册的"朋友"形成一种联系，订阅自己所需的信息。商家通过提供用户需要的信息，推广自己的产品，从而实现点对点的营销。目前，微信营销主要通过个人微信、微信公众号、小程序来开展。因 QQ 与个人微信均属于即时通信软件，两者在营销方面非常接近，故对 QQ 营销的内容本节不再介绍。

小资料：微信营销
的魅力

二、个人微信营销

（一）个人微信营销设计

个人微信相当于一张名片，其他人可通过观察微信头像、昵称、个性签名及朋友圈来判断你是一个怎样的人，从而增加对方愿意与你接触的可能性。

个人微信设计包括头像、昵称、微信号、个性签名、地区、朋友圈等方面。

1. 头像

头像代表品位、信任度，是客户对你的第一印象。个人微信是对外沟通的品牌形象，不传递浓厚的商业信息，而是要表达个人魅力，因此建议使用积极阳光、有亲和力的个人形象照片。

微信头像设置需要注意：辨识度高、清晰自然；真实可靠、信任安全；贴近职业、匹配风格；个性鲜明、有话题性。

2. 昵称

昵称是互联网里的个人商标，是与客户微信互动时客户第一时间接触到的内容。一个恰到好处的昵称会降低沟通成本。

做一做

打开手机微信通讯录，查看微信好友的昵称和头像，你认为恰到好处的昵称有哪些特征？从营销角度来分析，合适的昵称和头像能够起到什么样的作用？

优秀的个人头像和昵称具有这些特点：品牌一致，重复刺激；字数简短，搜索便捷；拼写简单，便于输入；提供标签，对号入座；长期不变，保持记忆；忘掉技巧，拿出真诚。个人微信头像及昵称如图 4-6 所示，优秀的账号一目了然。

3. 微信号

微信号是微信生态中的身份 ID，是微信中的唯一识别号，我们可以通过微信号搜索用户。为了便于记忆及传播，微信号要好记、好识、好输入，尽量使用名称全拼，最好与手机号码关联，便于被搜索。我们还可以采用微信号系列化命名的方式进行矩阵营销。

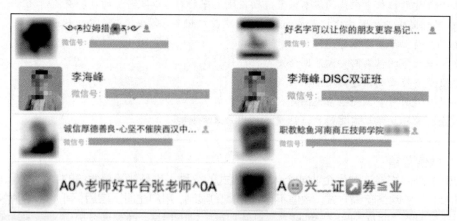

图 4-6　个人微信头像及昵称示例

4．个性签名

个性签名是好友相互了解的一个重要方式，尤其是在新加好友的时候。我们在设计个性签名时忌空、忌硬，即避免空白和纯广告，尤其是在添加好友时，若个性签名全是广告，通过率特别低。个性签名最多可以设置 30 个字，风格可以严肃也可以幽默，关键要展示个性及特点，同时还需要考虑手机屏幕的尺寸。例如个性签名为"电商数据分析师，欢迎交流"。

5．地区

添加好友时，个人信息中的地区也是一个影响通过率的因素。尤其是在营销活动中，地区设置得很远会让用户觉得不踏实。

6．朋友圈

朋友圈中发布的状态是关于一个人的各种信息碎片，很多用户通过查看朋友圈发布的内容来判断一个人。

朋友圈装修包括朋友圈封面和朋友圈行为。朋友圈封面的图片可以通过软营销的方式展示业务或需求信息。如果个人微信号定义为营销号，可以做一张（软）广告图作为封面，把营销的产品放在图片上。

朋友圈行为有发布、转发、评论和点赞等。用户在朋友圈发布图片、文字、视频、链接等内容，而我们通过了解用户在朋友圈发布的内容、数量和时间，就会了解这个用户。转发的内容可以看出这个人的价值观和世界观倾向。评论和点赞是微信朋友圈的礼仪，评论和点赞多的人在人际交往中有更多的发言权，而且善于与他人交流。

做一做

打开你的个人微信，查看 5 个微信好友，从头像、昵称、微信号、个性签名、地区和朋友圈等方面来评估这 5 个微信好友的朋友圈装修是否合格，并提出改进建议。

（二）添加微信好友的方法

（1）手机通讯录导入。直接导入手机通讯录，将原有的好友圈和人脉圈导入微信。

（2）二维码扫一扫。扫一扫二维码，可以用于线下添加好友、线下实体店铺引流和线下活动引流等。

（3）主流社群平台引流。主流的社群平台可以用于个人微信导流。例如，你在微博、QQ、知乎、抖音、人人网等平台上留下微信号，分享目标用户关注的内容，此时目标用户就会通过搜索微信号来添加你为好友。

（4）利用精准化社群添加好友。利用精准化社群（如微信群、QQ群）来添加好友，主要因为大多数社群都是基于某一个共同的兴趣、关系、特征而聚集在一起的，如小童英语启蒙群、陕西互联网圈等。所以，有针对性地进群，可以找到精准的目标用户。

（5）软文引流。通过写软文或者引用优秀文章加入个人微信号/二维码，发布到微信公众平台、博客、论坛和百度系的相关产品（知道、贴吧、经验、文库）中，吸引用户添加。

（6）公众号引流。在公众号中加入个人微信。例如，可以在公众号的关注自动回复、文章末尾等环节留下个人微信来引流。

（7）奖品推荐引流。奖品推荐引流可以直接利用奖品激发用户做推荐，如"发布到朋友圈，加好友3人即可得礼品"，或者开展朋友圈集赞活动等。

（8）巧用微信的添加好友功能。灵活使用微信的添加好友功能，如微信的面对面建群功能，可以高效快速地将线下用户拉入微信群中，开展对应的营销活动。

做一做

尝试上述方法，给自己添加30个微信好友并比较上述方法的优劣。

（三）个人微信运营

"建信任 软营销"是开展个人微信营销的核心。

小资料

软营销

软营销理论是针对工业经济时代以大规模生产为主要特征的"强势营销"而提出的，它强调企业在进行营销活动时必须尊重消费者的感受与体验，让消费者主动接受企业的营销活动。在网络经济环境下，消费者个性消费回归，消费者购买商品不仅要满足生理需求，还要满足心理和精神需求。软营销理论认为，在网络经济环境下消费者会主动、有选择地与企业沟通，对于不遵守"网络礼仪"的信息会感到反感。

1．整体运营思路

第一步：添加微信好友、建立良好的信任并对好友进行管理，此时不建议直接发广告。

第二步：根据前期沟通和互动的情况，选择目标产品或服务，或者根据目标产品寻找需要这种产品的好友。

第三步：通过个性签名、位置、朋友圈内容等展示产品，并找到产品所针对的圈子。

第四步：多与好友互动并融入其圈子，建立专业形象。

第五步：将产品植入故事、植入情感、植入差异化，开展有针对性的营销活动。

第六步：系统规划朋友圈营销活动，每周发1～2条活动或口碑传播文案。

2．建信任

添加微信好友是营销的开始，要实现交易转化，不是依靠好友数量多发硬广告（也称"硬广"），而是做一个让好友喜欢、信任的人。建立信任需要1～3个月的时间，主要通过互动建立信任感。

（1）通过好友申请

为了提高好友通过率，一般除了个人微信号设计需要注意，还要认真填写好友申请，让对方了解你是谁、找对方做什么等，让对方放心通过好友申请。

好友申请语有3个思路：①找到桥梁，即通过一个中间人介绍，拉近距离；②表明身份，用自己企业或品牌为自己增加印象分；③说清目的，开门见山，直接说明添加好友的目的。

（2）好友备注及分组管理

微信好友备注及分组管理可以更好地积累人脉，开展高效沟通，进行客户管理。

① 好友备注。好友备注可以添加或修改备注名、标签、电话号码、描述和图片，防止用户更换头像、昵称等带来的不便。

小资料

巧记用户

对于做业务、需要大量维护人际关系的人来说，可以将用户照片或与用户的合影设置为当前聊天背景和备注中的图片，反复出现，加强记忆，以免认错名字而影响双方的合作。

② 好友分组管理。微信提供的好友分组管理包括备注分组法、标签分组法、重点星标法及VIP置顶法。备注分组法可以为同一个组别的人添加同一个备注前缀，自然成一组。标签分组法可以将好友放在同一个标签下，打开通讯录的标签即可看到不同的分类。重点星标法是将一些需要高频率联系的用户设为星标用户，点开通讯录就可以快速找到。VIP置顶法是设置"置顶聊天"，一般是对超级重要的好友及用户进行设置。

（3）私聊

① 自我介绍。私聊的第一个环节就是自我介绍。把握好友通过后的这几分钟，是互相认识的最佳时间。

小资料

自我介绍的小技巧

1. 简明扼要，不卑不亢。面对陌生人，需要一个得体的自我介绍，以100字左右阐明重点。最基本的自我简介结构：我是谁+我能提供什么价值+一些礼节性的寒暄。

2. 通过朋友圈了解对方。为了让自己的自我介绍更加出彩，可以快速翻阅对方的朋友圈，查看其兴趣、爱好和特征，以共同的交集为出发点，结合自己的特长作为开场，有利于双方更快进入熟悉状态。

3. 储存几条常用的话术。可以在手机备忘录中储存几条自我简介的备忘录，需要的时候直接复制，局部修改即可。

② 得体互动。与微信好友互动时要得体。有些人在加了微信好友后平时没有互动和交流，只有发广告的时候才想起来，这样迟早会被拉黑或者删除。那如何进行互动呢？

- 不要群发。一般情况下，尽量少用或者干脆不用群发。因为每次群发都是对自己信誉和好感度的透支。如果需要群发，可以先写好一个小文案，局部修改后带着对方的称谓单独发给对方。
- 杜绝骚扰。群发虚假广告、纯粹的硬广等行为，肯定会让对方反感，导致被删除或举报。
- 红包先行。红包社交中，几元的小红包就可以让对方惊喜了。因此，在表达谢意、节日问候、生日祝福和咨询问题时，不妨随手发个红包，可以给对方留下深刻的印象。

（4）朋友圈内容

在人际交往中，人们通过朋友圈发布的内容展示个人形象，所以朋友圈是进行形象管理的重要场所。维护好朋友圈的个人形象，对于建立用户信任起着至关重要的作用。

① 不要长期发硬广。如果朋友圈只剩下硬广就很可能被用户拉黑，所以建议穿插一些其他类型的内容，如用户体验、个人生活状态等，将生活化的信息与产品无缝对接，让生活中真实的、有趣的内容成为个人微信运营中的亮点，如图 4-7 所示。

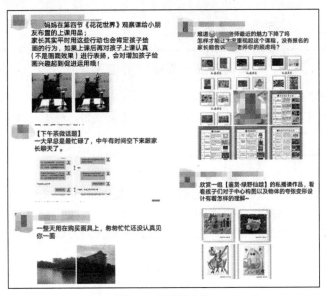

图 4-7　朋友圈内容

② 不要刷屏。朋友圈刷屏不仅会对用户造成骚扰，还会消耗自己的流量，营销效果也会越来越差。

③ 碎片化阅读。朋友圈阅读属于小屏阅读，阅读的速度非常快，用户往往会在碎片化的时间打开朋友圈翻看，所以就需要发布简短有趣的内容，以吸引用户与你互动。

④ 精准发布。我们可以根据用户分组发布朋友圈，选择指定的用户查看，方便对意向用户进行推广和宣传；也可以根据用户活跃的时间段进行发布，如学生群体、上班族、家庭主妇等，其朋友圈活跃的时间不同，可以进行分类管理，分别在其活跃的时间段内发布其感兴趣的内容。图 4-8 所示为上班族的一天，可以根据其刷微信的时间段来发送。

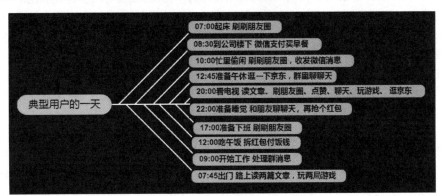

图 4-8　上班族的一天

⑤ 少发负面内容。不要将负面内容尤其是消极心态发布到朋友圈，否则容易给他人留下负面印象。特别是持续的负能量会降低他人对你的信任度。

跟风传播网络谣言也会让他人对你的判断力产生怀疑，进而影响你的形象，专业度和信任度也会有所下降。

（5）朋友圈互动

朋友圈互动是一种重要的互动交流方式。通过朋友圈的点赞和交流，时间长了就会与用户慢慢熟悉并成为朋友。

做一做

如何快速查看朋友圈信息？

如何快速查看朋友圈信息？可以点击"搜索"，然后选择"朋友圈"，直接搜索你想看的微信名称，即可查看其发布的所有朋友圈内容；也可以搜索关键词，检索与该关键词有关的朋友圈内容。

（6）微信礼仪

随着移动互联网的普及，微信在日常沟通中占据着越来越重要的地位。微信礼仪不仅让我们的沟通更加有效，也让他人对我们更加信任。

① 及时回复。如果未能及时回复，也要在方便的时候向对方解释原因，并表示歉意。

② 能打字的情况下尽量不发语音。

③ 不要以"在吗"开头。

④ 注意发送时间。

⑤ 不要随便推送别人的微信名片。

想一想

在平时的微信聊天中，除了"在吗"，你还反感哪些词和表情？

3. 软营销

软营销主要通过在内容中植入广告来吸引粉丝，内容包括文章、话题、活动等。

（1）内容形式

① 文章。朋友圈的文章需要长期持续地提供价值，内容的形式可以多样化，包括优质资源的分享、福利分享、行业见解分享及有趣内容的分享，这些内容的分享都会给用户带来价值。

② 话题。朋友圈的话题主要是吸引用户关注，使用户慢慢对发布者产生信任并做出购买决策。话题可以围绕行业领域或者专业知识，也可以是用户反馈等，这些内容可以让用户更深入地了解产品。图 4-9 所示为朋友圈话题示例。

③ 活动。朋友圈的活动主要包括转发、集赞、试用、引流。活动的内容可以以产品介绍、品牌介绍、优惠活动等为主。

（2）内容格式

朋友圈的内容格式多种多样，根据效果排出优先级："1 句话+1 张图片"＞"1 段话+1 张图片"＞"1 段话+多张图片"＞"1 张图片"＝"一句话"＞"大段话+多张图片"＞"1 句话+转发"＞"转发"。

朋友圈的内容还要求精简，一条动态的字数不宜过长。如果内容少，尽量保证在 1～2 行字；

如果内容较多，也尽量在 4 行以内，6 行以上就会被折叠，部分内容也可以放到评论中。

图 4-9　朋友圈话题

动态的配图可以到 Pixabay、Gratisography、IM Free 等图片网站寻找一些优美清晰的图片，这些图片也可商用。广告配图，主题一定要清晰明确，如朋友圈的宣传海报，一定要保证用户在不点开大图的情况下一眼就能获取到图片的主题。

（3）数据分析及应用

为了了解朋友圈的运营现状，可以通过数据记录和分析来判断运营现状并进行改善。例如统计每一条朋友圈信息，把朋友圈的内容、配图类型、发送时间、点赞数、评论数、转发数都记录在 Excel 表格中，通过对这些数据进行分析来逐步优化发布的内容及发布的时间。图 4-10 所示为学生辅导微信朋友圈数据分析及应用。

内容			发送时间			回应数			
简介	配图	图片数量	日期	周	时间	浏览量	点赞数	评论数	转发数
化学中常见物质的颜色	无	0	5.04	周三	22:57	104	54	3	3
中考物理常用公式：热学篇	橙子便签：公式长图（Logo）	1	5.04	周三	19:20	97	63	10	8
化学中二十种鉴别物质的方法	无	0	5.05	周四	19:23	69	44	3	3
同学们瞩目的大次奋，老师只能通过瞰哪来体现存在感	教室截图	1	5.05	周四	19:01	115	19	0	0
中考物理二十条易错知识点	无	0	5.06	周五	20:20	74	28	3	3
关于刷屏的行为，我只需说做好自己，问心无愧	杀气腾腾的图0.0	1	5.07	周日	17:20	104	21	6	0
物理实验的特点及解题技巧	无	0	5.08	周日	22:28	74	31	2	3
迷路是一种什么体验？转个弯就是一个新世界	动漫+文字	9	5.10	周二	14:29	57	27	0	6
初中化学方程式大全	无	0	5.12	周四	10:00	38	25	0	2
高中考越来越近，你慌吗？想不想周末和名师有个之约会	课程预告+课程截图	2	5.13	周五	21:49	69	15	0	0
初中化学复习25个精华知识点	无	0	5.14	周六	21:04	47	25	0	5

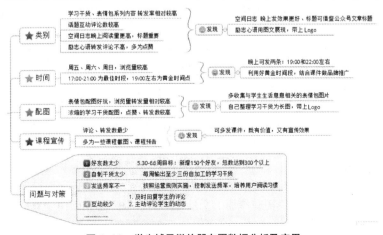

图 4-10　学生辅导微信朋友圈数据分析及应用

三、微信公众号营销

企业开展微信营销主要通过微信公众号来进行。微信公众号营销的内容包括微信公众号基础操作、微信公众号规划策略、微信公众号运营及微信公众号数据分析。

（一）微信公众号基础操作

1. 微信公众号的选择

企业在选择订阅号和服务号时需要考虑企业的商业模式及客户数量。如果企业公众号的专业性强或者需要实现在线销售，如房地产、金融证券或连锁餐饮企业，需要处理很多咨询服务和订单，则可以选择服务号；如果需要通过信息资讯传播企业的特色、文化和理念，引导客户阅读，则可以选择订阅号。

2. 微信公众号申请

（1）申请流程

登录"微信公众平台"官网，单击"立即注册"超链接，在打开的页面中选择注册的账号类型，依次设置"基本信息""选择类型""信息登记""公众号信息"。因为用户主体类型不同，填写"信息登记"的内容也有所不同。用户的主体类型包括企业、媒体、政府、其他组织和个人。

（2）基础设置

微信公众号的基础设置包括账号详情设置、功能设置、授权管理设置、运营者管理设置（人员设置）和安全中心设置。

3. 微信公众号认证

微信公众号认证后，搜索时排名更靠前，用户关注的机会更大；还可以获得更丰富的高级接口，为用户提供更有价值的个性化服务。用户会在微信中看到认证特有的标志，也可查看认证详情，这可以提高公众号的公信度，如图4-11所示。

小资料：微信公众号的基础设置

78

图4-11　微信公众号认证信息

做一做

登录微信公众平台网站，查看微信公众号认证的相关页面，总结认证需要的材料及认证流程。

4.微信公众号后台功能

一个刚注册成功的订阅号的后台功能包括群发功能、自动回复、自定义菜单、投票管理、页面模板、赞赏功能和原创管理7个基础功能。

（1）群发功能

群发功能目前主要支持图文、文字、图片、语音和视频5种形式；同时支持从素材库中选择已设计好的素材，也可重新新建图文，还可转载其他公众号的原创文章，如图4-12所示。

图4-12　群发功能

订阅号每天可以群发1条消息，服务号每月可以群发4条消息。群发时默认发送给全部用户，也可对群发对象、性别、地区进行选择，只有选中的粉丝才能接收到群发消息。

（2）自动回复

微信公众号自动回复分为被关注回复、收到消息回复和关键词回复3种形式，如图 4-13

所示。"被关注回复"和"收到消息回复"可以回复文字、图片、语音和视频;"关键词回复"可以回复图文、文字、图片、语音和视频。企业通过以上 3 种自动回复,可以告知用户有哪些内容/服务/产品及相关使用方法说明,引导用户回复关键词、查看历史消息、单击菜单,为网站引流,推广 App 及推广相关账号等。

① 被关注回复。被关注回复是用户关注一个公众号后的自动回复,这是公众号与用户的第一次互动,所以自动回复的内容要尽可能体现企业的宗旨和理念,又不失个性化,让用户能一目了然。

② 收到消息回复。收到消息回复是用户给公众号发送消息后,公众号的自动回复,让用户可以借此更深入地了解微信公众号并自主操作。

③ 关键词回复。关键词回复是用户发送公众号设定的关键词后,公众号有针对性地回复。相比前两种自动回复,关键词回复的设置规则更加复杂,具体需要设置规则名称、关键词、回复内容和回复方式,如图 4-14 所示。

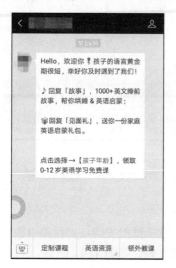
被关注回复

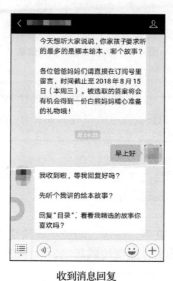
收到消息回复

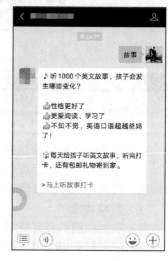
关键词回复

图 4-13 自动回复

图 4-14 关键词回复设置

（3）自定义菜单

公众号底部可以自定义菜单，如图 4-15 所示。从实现的功能来说，自定义菜单与关键词回复的作用是一样的。自定义菜单最多可以创建 3 个一级菜单，每一个一级菜单下最多可以创建 5 个子菜单，详情如图 4-16 所示。子菜单可以发送消息、跳转网页、跳转小程序，其中跳转网页只有认证过的微信公众号才可实现。

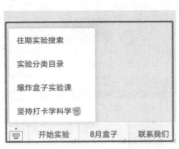

图 4-15　公众号自定义菜单

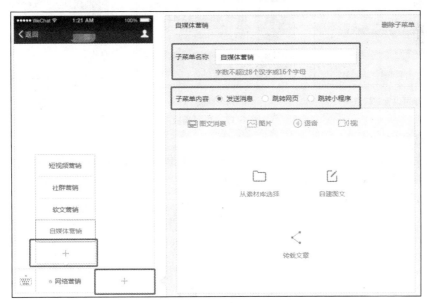

图 4-16　自定义菜单设置

想一想

1. 你会打开微信公众号里的所有菜单吗？
2. 微信公众号的菜单设计越多越好吗？为什么？
3. 如何设计微信公众号的菜单？

（4）投票管理

投票管理功能可用于比赛、活动、选举等，进行粉丝意见的收集。投票设置后，必须插入图文消息中才可生效。投票将统计该投票在各个渠道的综合结果，包括群发消息、自动回复、自定义菜单等。

（5）页面模板

微信公众号二级菜单如何设置跳转链接，或者发送多图文消息呢？页面模板可以实现这个功能。页面模板是给公众号创建行业网页的功能插件。公众号可选择行业模板，导入控件和素材生成网页，对外发布。页面模板为了保护原创用户，暂时只有开通了原创声明功能的公众号才可以申请开通，如图 4-17 所示。

二级菜单可设置跳转链接　　　　　列表模板　　　　　封面模板

图 4-17　页面模板

（6）赞赏功能

所有类型的公众号使用同一作者名发表 3 篇以上的原创文章，可以创建一个赞赏账户。赞赏账户用于原创文章的赞赏收款，如图 4-18 所示。

图 4-18　公众号赞赏功能

（7）原创管理

原创管理分为原创文章管理和长期转载账号管理。原创文章管理是腾讯作为网络服务提供者，允许微信公众号用户自愿就发布的作品进行原创声明的管理。系统会将作品与公众平台内已经成功进行了原创声明的作品进行智能比对，如无相似作品，系统会自动为作品添加"原创"标识。原创管理与赞赏功能、页面模板有直接关系，目前只有开通了原创声明的微信公众号才可开通页面模板和赞赏功能。

5．微信公众号后台管理

一个刚注册成功的订阅号的后台管理有三大功能，即消息管理、用户管理和素材管理。

（1）消息管理

微信公众平台"消息管理"页面内展示的是粉丝发送过来的即时消息。运营者可以在此页面查看粉丝发送过来的即时消息，直接回复粉丝。文字消息最多可以保存5天，图片和语音消息只可以保存3天，如果你想将消息长时间保存以方便查阅，可以点击收藏，已收藏的消息会被永久保存。

一个订阅用户48小时内未与公众号互动，那么运营者无法主动发消息给用户，直至用户下次主动发消息才可对其进行回复。

（2）用户管理

用户管理可以对公众号的粉丝进行搜索、备注、打标签、加入黑名单等管理。搜索只能搜索用户昵称，且关注24小时后才可快速搜索。为了方便对微信公众号里的一些特别重要的用户进行记忆，我们可通过修改备注来记忆。如果微信公众号粉丝较多，最好的管理办法就是对用户打标签，单击新建标签，输入标签名称，并确定保存；或者单击选中需要添加的用户到该标签。一个公众号，最多可以创建100个标签，标签功能目前支持公众号为用户最多打上3个标签。通过添加不同的标签，对用户进行细分和肖像描写，有利于针对目标用户设计有针对性的展示。

如果遇到恶意用户，可以把该用户加入黑名单，其将不会收到公众号发送的消息，更不能评论和点赞等。

（3）素材管理

素材管理是用来管理公众号的图片、声音、视频和图文消息的。素材管理中使用频率最高、操作最复杂的是图文管理。单击"新建图文消息"，即可打开图文消息编辑页面（见图4-19），输入标题、作者、正文、原文链接、留言、原创申明、样式编辑等，单击"保存"按钮即可成功新建一个图文消息素材。微信公众号后台的素材编辑页面可以进行简易排版，但要实现比较复杂的效果则需要借助一些第三方编辑器。

图4-19　图文素材编辑页面

6. 移动端管理

公众号的操作后台是PC端网页，但运营者经常需要回复消息、群发推送，不能时刻保持在PC端，因此微信官方提供了"公众平台安全助手"。运营者可在移动端查收消息、评论、赞赏、群发和查看群发历史，如图4-20所示。

图 4-20 移动端管理

7. 微信公众号推广

微信公众号文章底部经常会有一个广告位，主要为公众号、应用、活动等进行推广，如图 4-21 所示。

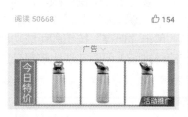

图 4-21 微信公众号文章底部广告位

广告功能是通过微信公众号的推广功能实现的，包括广告主和流量主两种形式。广告主即投放广告的一方。微信认证的公众号可申请开通投放服务，成为广告主。流量主自愿将公众号内指定位置分享给广告主进行广告展示，按月获得收入。

8. 微信公众平台数据统计分析

微信公众平台的数据统计分析功能提供了用户分析、图文分析、菜单分析、消息分析、接口分析和网页分析 6 个模块。

（1）用户分析

用户分析用来分析用户增长情况及用户属性。用户增长关键指标包括新增人数、取消关注人数、净增人数、累计关注人数等，以相应的曲线图和数据表来显示数据发展趋势。运营者可以通过选择不同时间段和来源进行进一步分析，可以查看搜一搜、扫描二维码、图文页右上角菜单、图文页内公众号名称、名片分享、支付后关注、其他合计的用户新增人数，来分析公众号推广方法及策略；通过分析用户的增减来分析公众号的整体运营质量。

用户属性中可以看到用户的性别、语言、省份、城市、终端、机型等分布。通过分析用户属性，运营者可以查看其与自己品牌、产品、服务的目标人群画像是否相符，再根据用户的特征进行有针对性的运营。

（2）图文分析

图文分析分为单篇图文分析和全部图文分析。

单篇图文分析包含转化率、趋势图、用户分布、阅读来源及阅读趋势。转化率是衡量一篇微信文章价值的重要因素，它直观地展现用户是否乐于为文章买单，文章是否获得良好的传播效果。转化率使用百分比表示，但没有限制，可以超过100%，转化率越高，说明文章的传播效果越好。图文转化率=图文阅读人数/送达人数，如果图文转化率大于100%，说明图文的阅读量超过了推送的受众个数，这是一次较为成功的传播，吸引了许多非关注受众的目光。

全部图文分析可以选择日报和小时报两种统计方式。"日报"就是以"天"为单位进行的数据统计，包括阅读来源、阅读次数趋势图、详细阅读情况表格。"小时报"就是统计文章在一天内不同时间段被用户阅读的情况。

（3）菜单分析

菜单分析统计数据包括菜单点击次数、菜单点击人数和人均点击次数。菜单分析只针对开设自定义菜单栏的公众号进行分析。通过菜单栏的点击率，可了解用户关心的内容，并做出对应的调整规划。在设置菜单栏的时候，可以将子菜单的内容同级分类，以便于了解哪一种品类的产品更受用户欢迎。

（4）消息分析

消息分析统计数据包括消息分析和消息关键词。消息分析有小时报、日报、周报和月报。公众号属于服务类，如金融、投资理财类，企业可以通过小时报来找到用户的集中访问时间，从而更好地分配客服人员。消息关键词可通过分析关键词，找出用户的主要疑惑点，做好常见问题解答（Frequently Asked Questions，FAQ），高效地完成客服工作。

（5）接口分析

接口分析主要是为企业管理者尤其是开发者提供清晰便利的接口数据使用情况。接口分析指标主要包括调用次数、失败率、平均耗时、最大耗时等关键性数据指标。

其中，调用次数指接口被调用总次数；失败率指接口被调用失败的次数除以接口被调用总次数；平均耗时指接口被调用的总时长除以接口被调用成功总次数，表示微信公众号每一次成功调用接口的平均总耗时长；最大耗时指接口调用耗时的最大值。

通过这些关键性指标数据，企业管理者特别是后台开发者能够对接口被调用情况进行合理评估，以便未来对接口进行有效改进。

（6）网页分析

网页分析的页面由两部分的数据组成，即页面访问量和 JSSDK 调用统计。页面访问量中包含了所有后台接口的名称，点击相应的名称可以看到每个接口每天被调用的数据。JSSDK 调用统计将每个接口被调用的次数和调用人数清晰明了地展现出来，点击接口后面的"详情"可以看到具体的页面明细。

网页分析功能可方便拥有后台接口来源的公众号及时查看每个接口被调用的情况；也可以根据这些数据对细节进一步优化，如分析在哪个接口的调用量较高，就可以在该接口对文章标题、图片等进行优化，提高用户体验与曝光度。

做一做

在之前申请的公众号基础上做以下练习。

1. 利用关键词自动回复功能，设置3种自动回复。
2. 请在微信公众号中设计一个投票，收集同学们对住宿条件的满意度情况。
3. 请对公众号的粉丝进行打标签分组管理。
4. 请为你的公众号设计一组菜单。
5. 连续一个月运营自己的微信公众号，分析公众号后台数据，提交一个简单的数据分析报告。

（二）微信公众号规划策略

企业要想做大做强自己的微信公众号，就要找准微信公众号的定位。微信公众号必须制订出适合自身发展、符合自身形象的定位，才好确定辐射受众面，有利于形成品牌效应，实现运营目标，如微信公众号 Michael 钱儿频道，准确对其公众号进行定位，围绕其目标客户运营公众号，如图 4-22 所示。该微信公众号的成功运作首先得益于准确的定位，紧紧围绕儿童中英文故诗启蒙、育儿理念分享、家庭周边产品销售，最终在众多微信公众号中脱颖而出。

公众号介绍　　　　　　　　公众号推文浏览量　　　　　　　　微店回头率

图 4-22　微信公众号 Michael 钱儿频道运营数据

那么企业的微信公众号该如何规划呢？

1．用户画像——你的公众号想吸引哪些人

微信公众号定位是为了更好地服务于目标群体，因此定位的思路是针对目标群体，选择公众号类型，设计公众号功能特色、服务模式、推送风格等，实现运营目标。

要做好定位，必须要熟悉用户群体，即做好用户画像，这样运营者才知道用户在哪里，用户喜欢什么，什么内容可以打动用户。

用户画像可以从显性画像和隐性画像两个维度入手。显性画像，即用户群体的可视化特征描述，包括目标用户的年龄、性别、职业、地域、兴趣爱好等特征；隐性画像，即用户内在的深层次特征描述，包括目标用户的产品使用目的、用户偏好、用户需求、产品的使用场景、产品的使用频次等。图 4-23 所示为微信公众号 Michael 钱儿的用户画像。

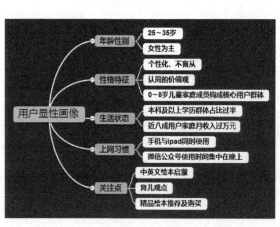 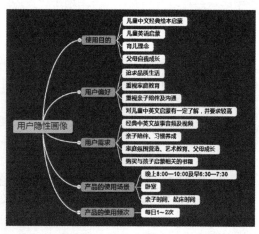

图 4-23　微信公众号 Michael 钱儿的用户画像

找一个你最熟悉的微信公众号，绘制其用户画像。

2. 留存策略——如何吸引并留住用户

能让一个用户被吸引并留下，有 5 个要求：内容、服务、活动、渠道和社群。

（1）内容——给用户推送什么内容

很多公众号都是靠内容来巩固定位并吸引同质、高精准的粉丝。例如，微信公众号 Michael 钱儿，持续输出经典绘本故事、英文启蒙故事、亲子陪伴、育儿理念、父母成长等内容，吸引了一批具备一定经济实力的宝妈，于是公众号在原来基础上，开始通过微店销售绘本、婴幼儿用品、年轻时尚女性用品及家庭用品，最终找到了适合自己的商业模式。

（2）服务——用户需要哪些功能

有些微信公众号是因为其提供的功能满足了用户需求而被长期关注。例如，餐饮企业的公众号，可以提供在线订餐、连接 Wi-Fi 服务；校园公众号提供成绩查询、课表查询服务；中国电信公众号提供话费、套餐使用情况、积分等查询，以及充话费、充流量等服务；杂志铺提供杂志订阅、订单查询、物流查询等服务。

服务设置的关键就是场景应用，就是公众号的运营者通过对自身业务场景的分析，将原本需要通过线下或线上的其他渠道才能实现的业务，部分转移到微信，通过对微信公众号功能的二次开发和特殊设置，更加便捷地满足用户需求，从而保证微信公众号的用户黏性和忠诚度。目前，很多做微信开发的第三方平台都有各种应用插件，只要在后台进行相关设置，就可使用相关功能，如设置快递查询、天气快递等功能。

请思考"招商银行信用卡"与"招商银行"两个公众号的应用场景相同吗？为什么？

（3）活动——给用户设计什么活动

活动是微信公众号运营者为了增加新用户或刺激活跃用户而使用的一些激励、互动手段。"中国银行北京分行"微信公众号于 2017 年 6 月正式上线以来，每个月都策划并运营了大型的主题活动，如 6～7 月的"招兵买马"、8～9 月的"壁纸点点来"、10 月的"幸福满墙"、11 月的"中行伴我游"、12 月的"欢乐砸金蛋"……这些活动都是在微信公众号的基础上进行的策划、开发和运营，从数据上可以看到，做活动比没做活动增加的用户数量要多得多。

（4）渠道——用户聚焦区域在哪里

目前网络营销渠道越来越多，用户已经被大量的 App 分散到不同的渠道，多渠道覆盖是营销必经之路。在众多的渠道中，究竟哪些渠道投入产出比较高，需要进行进一步的统计分析。例如 PPT 专家秋叶老师以 PPT 为切入点，分别在博客、微博、微信、抖音、网盘、贴吧、知乎、豆瓣、纸质书等渠道布局，这些渠道源源不断地为其带来粉丝，这些粉丝通过搜索课程最终转化为学员和用户。

（5）社群——承载用户的终极容器

微信公众号可以通过社群的方式将目标用户聚集在一起，形成质量极高的种子用户，更加了解用户的需求。目标用户在社群里反馈产品和运营的不足之处，也会提供一些活动或运营的创意，还能帮助传播信息。

3．周期规划——用户的转化周期

一般微信公众号的真实粉丝数量是最近 3 个月新增的粉丝数量。因为经过一定周期后，原来的很多粉丝由于审美疲劳或者内容趋同等原因，大部分已经不看这个微信公众号了。所以微信公众号运营者需要统计和观察用户的周期，设计一个在每个周期结束前就能完成的商业变现方式，以利于公众号的长期运营。

小资料：微信
公众号运营

四、微信小程序认知

随着智能手机的普及和移动互联网的发展，我国网民的上网方式几乎已全面移动化，越来越多的 App 占据了用户的手机。2017 年 1 月 9 日，小程序正式上线后，得到了快速的发展，培养了大量用户。企业的官方平台发展随着移动互联网的和用户设备的变化，经历了 4 个阶段：PC 站——PC 站+移动站——PC 站+移动站+App——PC 站+移动站+App+小程序。

小案例

小程序助力摩拜单车积累用户

1．基于小程序的特性，只保留核心功能

作为首批上线小程序的原生 App，摩拜单车的成功有目共睹。据摩拜单车首席执行官王晓峰称，目前摩拜的新增注册用户超过 50％，都来自于微信小程序，如图 4-24 所示。

图 4-24　摩拜单车小程序

相对于其他 App 重线上的产品思路，摩拜聚焦的热点则是在线下。摩拜单车原生 App 的功能本就不多。小程序的功能更是做了最大限度的瘦身——仅提供定位、登录、开锁等基本功能，着力于满足用户的基本功能需求，这也是为了契合小程序"用完即走"的理念。

2．善于利用小程序规则，打造营销活动

早期小程序只有搜索、扫码、微信群分享这几个入口的时候，摩拜单车小程序针对微信群分享机制，开展了以"转发微信群获取 30 天免费骑行机会"为主题的营销活动，结果非常成功，用户注册转化率比一般的 H5 活动高数倍。

看看以往的 App 活动，最终结果都是需要引导用户下载安装 App，而安装一个 App 的成本显然太高，大部分用户被拦在这个门槛之外。而小程序完全不需要下载安装，注册成功后可以直接登录使用，降低了用户的使用门槛，最大限度地转化了用户。

App、H5 页面和小程序的对比如下图所示。

	App	H5 页面	小程序
开发成本	高	低	低
用户获取成本	高	低	低
用户体验	高	低	高
用户留存	高	低	高

微信小程序因无须安装和卸载、用完即走、内存小运行快、操作便捷、容易部署、具有丰富的延展性等特点，越来越多的企业倾向于开发小程序，如肯德基的小程序成为“点餐免排队”的首选而大受欢迎，猫眼电影等用户低频需求的服务类小程序通过便捷的操作吸引了大批用户。

想一想

你认为以下哪些场景更适合用小程序？

1. 你每天上班，公司距离地铁站 1 000 米，需要用自行车代步。
2. 临时被安排帮忙寄送快递。
3. 组织校园晚会需要购买演出服。
4. 英语考级前需要背单词，同学推荐了一个软件学习。

课堂讨论

1. 在小程序中搜索“肯德基”“扫描全能王”“万达广场”“WPS 文档”等，查看上述小程序实现的功能。

2. 思考除了“手机淘宝”外，还有哪些 App 不会被小程序替代？请列举 3 个。

五、H5 营销

（一）H5 营销简介

1. H5 营销

H5 是 HTML5 的简称，是一种制作万维网页面的标准计算机语言。H5 营销是指利用 H5 技术，在页面上融入文字动效、音频、视频、图片、图表、音乐、互动调查等各种媒体表现方式，将品牌核心观点重点突出，使页面形式更加适合阅读、展示、互动，方便用户体验及用户与用户之间分享。

2. H5 营销传播原则

（1）主题：要有创意的新鲜感，少抄袭，多原创。

（2）内容：要做优质内容，创建具有分享价值的内容，再由微信达人（好友多的个人号、自媒体号）进行分享。

（3）传播：集中传播，H5 上线的前 5 天是黄金传播期。

（4）形式：内容展示尽量使信息视觉化。

分享一个你印象最深的 H5，并说出印象深刻的原因。

（二）H5 营销的流程

策划一个成功的 H5，应按照以下 5 个步骤进行操作。

第一步，确定活动的目的。我们需要了解做这个 H5 的目的是什么，例如是增加公众号的关注数，还是宣传产品。

第二步，确定目标群体。这个 H5 面向的是现有用户还是潜在用户？

第三步，确定活动形式。该 H5 是采用主动传播的形式还是被动传播的形式？

第四步，确定奖励。奖励是使用虚拟道具奖励，还是实物道具奖励，抑或找一些公司做商务合作，如与滴滴、大众点评等合作，提供代金券。

第五步，确定推广渠道。H5 做好后，有哪些资源可以推广，如公众号、微信群等，是否有营销费用支持。

（三）H5 营销的技巧

（1）只通过微信推送的情况下，手机页面访问热度最多只能持续 2～3 天。

（2）H5 页面层级越深，流失率越大，单个 H5 建议是 6～8 页。

（3）奖励最好选择大众礼品，如购物券、电影票，其吸引力远大于细分领域的礼品。

（4）按照手机操作习惯，新窗口打开链接要比滑屏流失率更高。

（5）结合实时热点、节日以及大众感兴趣的话题，能带来更多的关注。

（6）最佳推送时间是 19:00—22:00 点，这个时间段内的流量是最高的。

（四）H5 页面制作工具

目前 H5 制作网站较多，常见的如易企秀、MAKA、秀米，如图 4-25 所示。

易企秀 H5 界面

MAKA H5 界面

秀米 H5 界面

图 4-25　主流 H5 制作网站

做一做

结合 H5 营销的流程、技巧和制作工具，帮助你所在学校制作一个迎新晚会 H5，并找同学和老师进行点评。

任务实训

微信营销——诊断本校官方微信公众号运营

1．实训目的

熟悉微信公众号的基础操作，掌握微信公众号营销的方法和技巧，诊断你所在学校官方微信公众号运营的现状，分析其运营的优缺点，并提出相应的解决方案。

2．实训内容及步骤

（1）分析微信公众号：六神磊磊读金庸（dujinyong6）、十点读书（duhaoshu）、丁香医生（DingXiangYiSheng）、海底捞（haidilaohotpot）、Michael 钱儿频道（Michael_Fm）等。

（2）浏览上述不同类型的微信公众号，分析公众号功能介绍、公众号欢迎语设计、公众号内容特色、与粉丝互动的方法、菜单设计等内容。

（3）结合上述微信公众号的运营分析，判断你所在学校官方微信公众号运营的现状，分析其运营的优缺点，并提出相应的解决方案。

3．实训成果

根据上述实训内容，提交一份微信公众号运营分析报告。

任务三　自媒体营销

任务引入

小李发现周围很多人每日都读今日头条的新闻，那能不能通过今日头条等自媒体平台来推广家乡特产呢？小李推广家乡的特产该选择哪些自媒体平台呢？这些平台如何运营呢？

知识指南

一、自媒体营销认知

（一）自媒体定义

人们用以发布自己亲眼所见、亲耳所闻事件的载体，如早期的博客及论坛/BBS，2009 年之后的微博、微信，2012 年之后的今日头条、企鹅号、百家号、大鱼号等平台以及喜马拉雅、荔枝FM 等音频平台，2016 年之后的快手、抖音等短视频平台，均属于自媒体。自媒体的主要特点是内容大多由用户自愿提供，而用户与站点不存在直接的雇佣关系。本项目已经分别介绍了微博营销、微信营销、H5 营销等，这里主要以今日头条等自媒体平台为主来介绍自媒体营销。

91

（二）主流自媒体平台认知

小资料：主流自媒体平台有哪些呢

自 2012 年开始，各大新闻资讯分发平台为拉拢、稳固亿级用户，纷纷推出自媒体平台。

其中，因为今日头条、企鹅号及趣头条没有新手期，新手可以优先考虑这 3 个平台的注册及运营。

做一做

下载今日头条及趣头条两个 App，分别尝试注册账号，掌握自媒体注册流程及注册所需资料。

二、自媒体营销与运营

自媒体营销代表着一种新的媒体形态、传播平台和发展格局。企业和个人利用自媒体平台，利用自身价值去吸引粉丝，不断进行营销和宣传，最终创造经济利益，达到营销的终极目的。

相对于传统媒体，自媒体营销有着自己独特的传播优势，极大地改变了信息的传播方式，使信息由传统的单向信息传递转变为双向传递，不仅改变了人们的沟通和交流方式，同时也改变了现代企业的运营模式和营销策略。现在，自媒体营销更是维护企业形象以及开拓客户的一种重要方式。

自媒体营销与运营包括自媒体领域选择、自媒体账号注册、自媒体审核机制、自媒体推荐机制及自媒体运营技巧五大模块，下面分别进行介绍。

（一）自媒体领域选择

在每一个自媒体平台上注册时，都要选择领域，并且一旦选择就不允许修改了。如果发布其他的领域内容就会影响自媒体账号的相关指数等，尤其是对百家号、大鱼号及网易号在新手考核期的影响比较严重。所以一般来说自媒体选对了领域，相当于成功了一半。

自媒体领域范围非常广泛，包括娱乐、搞笑、科技、历史、情感、社会、汽车、游戏、动漫、军事、美食、文化、生活小贴士、生活、时尚、家居、育儿、母婴、体育、健康、职场、宠物、美女、财经、时政等多个领域。自媒体领域一方面是自媒体创作的方向，另一方面是为了用户导读。用户选择领域，只看相关资讯即可，平台也可推荐该领域较热门热议的话题，有效地解决了信息的拥堵和泛滥。

领域选择一般从喜好、特长、能力及职业 4 个方向入手进行选择。尤其是热门领域的流量较大，如果盲目选择，无法产生优质内容，最终也就无法保证自媒体的成功。

自媒体在选择领域时，社会、军事、时政 3 个领域的审核十分严格，而且会查证其真实性，相对其他领域，难度较高；健康及财经领域需要相关的资质认证，门槛也相对较高。

（二）自媒体账号注册

这里以今日头条为例讲解自媒体账号注册过程。自媒体账号注册需要提前设计头像、用户名、介绍等内容。这些都可以参考微信公众号的设计原则，一般可以从头像和用户名中看出发布的主要内容，如"××小学老师""××空间设计"等。头条号认证后的效果类似于微博认证，官方通过审核后，头条号的专业度和信任度将大大提高，账号内容也会被优先推荐观看。头条号认证分为个人认证和机构认证两种类型，个人认证可分为身份认证和兴趣认证。

（三）自媒体审核机制

目前主流的自媒体都采用"机器+人工"双重审核机制，其中机器审核是审核中的重点，这里以今日头条为例说明自媒体审核机制。今日头条中的一篇文章从发布出来到用户共分为5个过程，即消重、文章审核、特征识别、文章推荐、人工干预，每一步对阅读量的影响都是至关重要的，如图4-26所示。

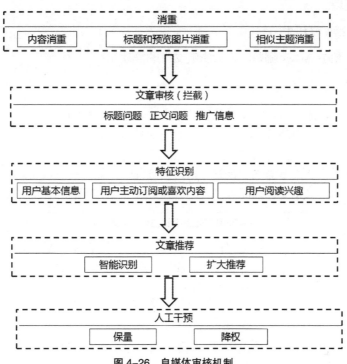

图 4-26 自媒体审核机制

1. 消重

消重的主要工作为相似内容的消重，也包括相似标题和预览图片的消重以及相似主题的消重，同一主题中一般只推荐一篇，其他类似的文章推荐度就降低了。

2. 文章审核

文章审核主要指拦截敏感内容、低质内容和低俗内容。一般为了快速通过头条号的审核，可以从三个方面入手：一是制作规范的标题；二是提供优质、原创的文章；三是抵制推广信息。

3. 特征识别

今日头条中的文章之所以能被精准推荐，主要是因为智能推荐系统，它既能"读懂"文章，又能"猜出"用户的阅读兴趣，还能把文章和用户的兴趣对应起来。

用户特征识别主要包括以下内容。

（1）用户的基本信息：地理位置、手机机型、性别、年龄、职业等。

（2）用户主动订阅或喜欢的内容：如订阅、搜索、关注的小频道等。

（3）机器通过计算得出的用户阅读兴趣：用户每一次行为都是一次轻微的主动表达，包括点击、阅读深度、评论、收藏、转发等行为，以及对不喜欢的文章有不感兴趣的操作等，这一系列行为都会影响个人兴趣模型。

4. 文章推荐

文章与用户兴趣的匹配过程不是一步到位的，而是一步步探索完成的。首先机器会把文章推荐给最可能感兴趣的用户，根据这些用户的行为，然后再决定要不要扩大范围，推荐给其他相似用户。随着推荐范围逐渐扩大，不断触发推荐的直接因素就是用户的有效阅读完成的点击率。

5. 人工干预

平台主要通过人工干预的方式来规避算法的缺陷。人工干预有两个方向，即保量和降权，保量主要是保证优质头条号文章获得足够多的展示量/推荐量；降权主要是通过干预展示量，限制低质内容在频道中呈现。

（四）自媒体推荐机制

自媒体推荐机制中具体有哪些因素会影响文章的推荐呢?

1. 标签识别

（1）平台标签

平台标签就是自媒体平台给账号打的标签。申请账号时选择的"领域"是平台给自媒体账号打的第一标签。因此，在申请领域的时候，必须要提前做好规划，确定自媒体账号的领域。

（2）文章标签

自媒体平台机器会在文章里提取标签，进行关键词的抓取。关键词可以分为用户搜索的关键词和热点关键词两种。文章标签如图4-27所示，上面为文章标题，下面为对应的文章标签。

图4-27　文章标签

（3）用户标签

自媒体平台会给每个用户都打上标签，根据兴趣特征，如用户选择、平常的阅读爱好，身份特征如性别、工作、娱乐方式，行为特征如时间、地点，消费特征如购买力等因素绘制用户画像，将文章和用户进行智能匹配。

做一做

在今日头条平台上更改"我的频道"，查看更改前后内容的变化。

---

2. 自媒体平台推荐特征

文章是否被推荐的主要决定因素有文章的相关度、用户阅读属性和文章匹配度、文章发布的地域及发布时间、用户的地域及时间匹配度、热度（全局热度、分类热度、主题热度以及关键词热度）、用户需求及阅读需求的匹配度。

3. 账号权重

平台在推荐的时候也会考虑账号的权重。今日头条主要是头条指数，包括健康度、原创度、传播度、垂直度和关注度。头条指数提升后，传播度也会更广。

（五）自媒体运营技巧

各自媒体平台各有优势，但总结其运营的技巧可归纳为：结合热点，专精垂直领域，配图美观、优质原创内容、持续更新。可以看出，任何自媒体号的运营关键是"内容为王"，因为只有好的内容，才能长久留住用户。

小案例：农村自媒体
"巧妇9妹"

结合自媒体营销与运营的相关方法和技巧，思考农产品的自媒体营销如何开展，帮助小李将家乡的特产推广出去。

任务实训

自媒体营销

1．实训目的

熟悉主流自媒体平台，通过自媒体营销与运营，掌握自媒体领域选择、账号注册、自媒体审核机制、自媒体推荐机制及自媒体运营技巧等相关内容。结合个人的兴趣爱好，发布文章，分析相关数据，并调整自媒体运营技巧。

2．实训内容及步骤

（1）在今日头条上注册一个自媒体账号，并尝试申请认证。

（2）结合你的兴趣爱好，利用自媒体营销与运营的方法及技巧，连续一周每天发布一篇文章。

（3）统计粉丝量，文章的阅读量、点赞量、评论量、转发量等数据，及时调整账号的运营。

3．实训成果

根据上述实训内容，提交一份自媒体运营分析报告。

任务四　社群营销

任务引入

小李已经通过微信群、QQ 群等开展家乡特产营销。但是经过一段时间后，小李很快发现他建立的社群活跃度下降了很多，而且很多人不再发言了，那到底该如何运营社群呢？农产品的社群营销技巧有哪些呢？

知识指南

一、认知社群营销

（一）社群营销定义

1．社群

（1）定义

社群就是一群志趣相同的人集合在一起，基于共同的目标一路同行。社群的作用就是通过线上线下的高频互动把本来跟企业没有任何关系的用户转化成弱关系用户，把本来是弱关系的用户转化成强关系、强链接的用户。

（2）社群的五大构成元素

社群由 5 个要素构成：同好、结构、输出、运营、复制，简称为 ISOOC。

同好（Interest）——决定了社群的成立（产品、行为、标签、空间、情感、三观）。

结构（Structure）——决定了社群的存活（优质成员、自愿加入、平等互动、规范管理）。

输出（Output）——决定了社群的价值（知识干货、咨询答疑、信息咨询、利益回报）。

运营（Operate）——决定了社群的寿命（组织感、仪式感、归属感、参与感）。

复制（Copy）——决定了社群的规模（自组织、核心群、亚文化）。

（3）常见群类型

① 按照需求分类。常见群可以分为 6 种类型：联络的需要——与同事、老乡、同学、家长保持互相联系；工作的需要——对内信息通报，对外客户服务；交友的需要——找到同行、同好、同城等；学习的需要——寻求比自己更专业的人的帮助；宣传的需要——加入群是为了宣传自己公司的产品或服务；生活的需求——吃饭、聚会、旅游需要临时有一个圈子。

这 6 种群中，基于联络的需要的群是维系时间最长的群，但这种群未必能保持活跃度。能够长期保持活跃度的群要么是有共同兴趣的交友群，要么是共同成长的学习群。

② 按照建群前群友关系分类。可以分为两大类：兴趣群——针对人、事、物，如著名艺人的后援团、驴友群、小米发烧友群等；关系群——亲人群、朋友群、同事群、同学群、同乡群等。

2. 社群营销

社群营销就是基于相同或相似的兴趣爱好，通过某种载体聚集人气，通过产品或服务满足群体需求而产生的商业形态。社群营销的载体不局限于微信等各种平台，甚至线下的平台和社区都可以做社群营销。

小资料：社群营销的价值

（二）社群营销模式

社群营销模式为"IP+社群+场景+电商"。首先确定目标人群，根据目标人群确定产品的使用场景，根据场景链接 IP 圈层，然后由 IP 联合超级用户共同组建社群，影响更多潜在目标用户。其商业逻辑是 IP 用来抢占认知高地，解决流量问题；场景用来强化体验，挖掘用户延伸需求；社群用来催化强关系，解决信任问题；电商形成商业闭环，完成商业变现。社群营销的核心是企业与用户一体化的关系，关键是通过社群赋能个体，实现个体自我，最终用户与社群相互赋能，形成良性循环。

二、社群营销与运营

社群运营的具体步骤为：第一步，确立社群愿景；第二步，设置社群门槛；第三步，制订社群规则；第四步，组织社群活动；第五步，发放社群福利。

（一）确立社群愿景

社群运营者建立一个社群的时候，一定要想明白一件事情：这个群搭建起来是做什么的？因为要把大家聚集到一起做一件事情，一定是需要一个理由的，没有这个理由，人不会来；没有这个理由，就算人来了心也不会齐。

确立社群愿景就是确立群内成员一起做事的理由。这个理由必须是所有群员都知晓的，以保证群的整体发展。

（二）设置社群门槛

建群的时候，要设置初始的入群门槛。

一个群在入群阶段设置的筛选门槛越高，这个群加入后流失率反而越低。如果不设任何门槛，当新成员不断涌入群内时，单个成员的质量就无法保证了，最终将会导致"劣币驱逐良币"的现象出现，高质量的成员大量流失。而当社群发展到一定程度之后，可以视运营的节奏，再进行二次的调整。

常见的初始门槛设置方法：①特殊邀请制：群主或者管理员邀约，如采用邀请码；②付费入群制：这是最直接的一种方式，交纳一定金额之后方可入会；③身份条件制：实行严格审核机制，如必须要求企业董事长和总经理同意才可加入；④高额资产制：拍照或者实名验证；⑤产品购买制：购买一定额度的产品才可加入，如考拉海购。

（三）制订社群规则

社群规则是指群员的日常操行法则。群规的建立需要群策群力，初期运营时可由群主建立规则，后期再根据运营的情况逐渐丰富，但是切忌群主"一言堂"。

群规的形成，最好是经过群员的讨论，并达成一致后再去执行，这样比较容易遵守；如果推出来的群规，大家都不遵守，将会使群主失去威信力，不便于社群的管理和维护。

如果一个群的人数过多，要选择一定的禁言措施，如工作时间群内不聊天，晚上和节假日随意，这样就会改善很多。

下面列举一些常见的社群规则类型。

命名规则：所有新的入群成员，按照规则命名自己的昵称，如"城市+真实姓名+从事行业。"

言行规则：群成员应该积极参与本群内的话题讨论，发表观点，拒绝一些形式的人身攻击。

任务规则：所有成员需要在特定的时间内完成特定的任务，未如期完成的将接受惩罚，如一个内容分享的社群，要求每个群员在每节课后一周内，写一篇新的体会发布在群内，如果超期需要发 10 元红包。

惩罚规则：所有成员均不可以越界的规定，如发布恶意广告者将被群主直接从群内清退。

俗话说"没有规矩不成方圆"，规则的目的就是让社群朝着既定方向前进，而不会发生偏移。

（四）组织社群活动

社群活动是群内活跃气氛的重要方式，也是群员的权益所在，如果一个群内长期没有活动和交流，群内成员之间会变得陌生，没有归属感。下面介绍几种常见的活动方式。

1. 内容分享会

一种常见的组织方式就是由群主提前协调群员，规划每周 1～2 个主题，邀请不同群员或者外来大咖分享，在约定的时间邀请群员一起交流讨论，这样就有了"集体创作"的感觉，同时固定的分享会让群员产生身份认同感，找到自我存在的价值。

2. 红包接龙赛

由群主发送一个随机红包，接下来抢到红包金额最高的人，继续发红包，连续三轮之后终止，这样可以增加群员间的乐趣，活跃氛围，同时还有一个好处是可以把一些潜水的群员找出来。

3．签到打卡

例如一个健身的社群，大家每天互相监督是否认真完成训练，要求每个群员在晚上9点之前上传3张自己今天的健身照片，如流汗的照片、举哑铃的照片等，然后群员一起评论交流，一方面可以增加群员的归属感，另一方面可以增加群员互相的认同感和自身的存在感。

4．征集有奖

例如，征集社区 Logo、征集广告语、征集征文、征集宣传语等，就是让群员的智慧为我所用，配上奖品更加如虎添翼，同时增加群员的参与感。

（五）发放社群福利

在社群的运营过程中需要思考群员的长期收益和短期收益，根据群目标和群员入群动机，设定好群内各个时期的福利，和群员一同成长。

这些福利可能是让他们分享获得的收益，也可能是让他们觉得学习到很多知识，获得了持续性的成长，甚至是认识了好朋友，找到同类人的归属感。

做一做

结合社群运营步骤，创建一个50人的社群并对其进行运营。

三、社群运营技巧

（一）社群角色及运营技巧

1．社群中的角色

（1）组织者。打造社群规则的人，即群主、管理员等人。

（2）关键意见领袖。社群内的关键意见领袖（Key Opinion Leader，KOL）可以是经常发言的群友，这样的人越多，社群就会越活跃。

（3）挑战者。挑战者就是为话题制造"势能"的人。他们通常会表达一些非常规的看法，尤其是反对的想法。这些看法往往会制造冲突，并引发剧烈的讨论甚至争论。很多社群运营者很讨厌这样的群友，觉得应该移除。但是事实上，挑战者的出现通常是社群的高潮。如果挑战者的挑战控制不好，也会导致社群失控。所以如何控制得有度，这是对组织者很大的挑战，控制得好更能体现组织者的组织纪律。挑战者是社群运营中的一把"双刃剑"，激发其活力的同时还需要保证群内秩序的稳定。

（4）围观者和潜水者。围观者和潜水者占一个社群的80%，吸收着群内20%的思考者创造的价值，他们是社群的重要组成部分。这些群友对社群用户原创内容有很高的要求。

（5）求助者。求助者以索取为主，不提供价值，"警惕求助者"对社群运营来说是必要的。

2．运营技巧

运营者的工作就是填补角色的缺失。例如，社群刚开始的时候，没有组织者，运营者就是组织者；后来没人发言，运营者就是 KOL；群内发言人多了，但是总围绕一个观点，运营者就可以担任"挑战者"提出反对意见；发现讨论很热烈，各种观点意见均有，运营者只要做做围观者即可。

（二）提高社群活跃度的技巧

1．初始成员的严格筛选

社群在建立初期，就要严格筛选初始会员，争取找到的第一批种子用户就有共同的连接点，而不是找到一群人之后，再去培养群友的共同爱好。这样不仅费时费力，往往效果也不太好，最终导致社群的活跃度大大降低。

2．强大和富有责任心的管理团

一个活跃而有价值的社群，离不开持续运营。而持续运营的输出，背后往往是一批强大和富有责任心的管理团队在支撑。这个管理团队，既包括一个强大的核心领袖，也包括富有责任心的助手团队。

3．合理的活动安排与产出

一个群如果需要保持足够的活跃度，需要官方安排各项活动，充分调动群友的积极性，增强成员的参与感。除此之外，活动的安排，最好有一定的价值产出。这种价值产出，就是这个社群的沉淀，会影响群内更多成员。

4．社群文化的建设

俗话说："一流的企业管理靠文化，二流的企业管理靠制度，三流的企业管理靠人。"对应到社群的管理中也是一样的。单独靠个别人的维护，或社群规则的约束，这样的社群是维护不好的。社群管理的最佳状态是社群内部产生了独有的文化，所有的成员都会在文化框架下，做出最合适的选择。而社群文化也促进了社群成员的凝聚力和向心力，让整个社群的活跃度和团结度更高。

5．线上线下的打通

由于移动互联网的普及，社交更加方便。如果要增进成员之间的亲近感与认同感，线下活动是必不可少的环节。例如小米的米粉社区，虽然大家平时大多数时间都在论坛内进行交流互动，但是官方也会适时举办一些"小米爆米花"等线下活动，增强粉丝参与感。

组织线下活动的好处也非常多，能够丰富群成员的体验，加深群内社交关系链沉淀，让许多平时畅聊的"网友"，变成生活中的朋友。常见的线下活动，可以是娱乐交流类活动，如聚餐、团建等，也可以是学习分享类活动，如培训、讲座等。

（三）巧用工具提高运营效率

1．小U管家

小U管家是一个综合性的社群管理工具，功能包括引流、新人入群及时欢迎、群签到、关键词自动回复、查询群内成员发言数、保存群内聊天内容、多样化群游戏设计、群数据统计，以及快速清除群内广告户、潜水者、僵尸粉等上百种功能。

2．微信的快速定位功能

微信群里有大量未读消息，如果期间群里有人分享了一些有价值的内容，如何快速定位到这些内容呢？可以使用微信的搜索功能，快速找到相应的内容。例如，让群主在内容开始分享之前发条暗号"#爬楼20180201201#"，只要群成员在微信群"查找内容中"输入这个"暗号"，就可快速定位到分享内容的位置。

微信也支持按群成员查找和按日期查找。在"聊天文件"中打开某个图片长按也能定位到该图片的聊天位置。

3．群分享工具

社群中做群分享，除了直接在微信群语音分享，也可借助千聊这种第三方直播工具，或者用喜马拉雅的转播功能。

任务实训

社群活动组织

1. 实训目的
熟悉社群营销工具，掌握提高社群活跃度的方法及技巧。

2. 实训内容及步骤
（1）实训内容

组织一次社群分享，请一位优秀的学长在自己班级群中分享求职的经验。

（2）实训步骤

① 提前准备环节：分享人预约、内容质量沟通与审核。

② 反复通知：确定分享时间、群中通知的语言、分享通知时间段。

③ 强调规则：分享规则设计、规则提示语、小助手分工。

④ 提前暖场：暖场语、话题诱导。

⑤ 介绍嘉宾：介绍嘉宾的资历、头衔和作品等，嘉宾的照片或海报，嘉宾具有代表性的文章或视频链接。

⑥ 诱导互动：热场语言，小助手的配合。

⑦ 随时控场：私聊提醒或警告，禁言或清除。

⑧ 收尾总结：本次分享总结，在朋友圈、微博进行扩散。

⑨ 提供福利：福利活动设计。

⑩ 打造品牌：将本次分享整理成文字或音频，在相应平台扩散和传播，分享系列化，稳固品牌。

3. 实训成果
根据上述实训内容，提交一份社群活动组织计划书。

思考与练习

一、不定项选择题

1. 企业微博具备（　　　）功能。

　　A. 信息发布　　　　　　　　　　　　　B. 与消费者建立情感

　　C. 前沿客服　　　　　　　　　　　　　D. 危机公关、预警、快速公关

　　E. 在线销售

2. 大型企业的微博营销矩阵可采用（　　　）。

　　A. 企业官方微博+企业产品官方微博+若干企业员工微博

　　B. 企业官方微博+中高层管理人员个人微博+若干企业员工微博

　　C. 企业官方微博+企业产品官方微博+中高层管理人员个人微博+若干企业员工微博

　　D. 企业品牌微博+企业产品官方微博+中高层管理人员个人微博+若干企业员工微博

3. 企业的微信公众号包括（　　　）。

　　A. 服务号　　　　　　B. 订阅号　　　　　　C. 企业号　　　　　　D. 小程序

4. 下面哪个不属于主流自媒体平台？（　　）

  A. 头条号   B. 企鹅号   C. 大鱼号   D. 百度文库

5. 以下哪些属于常见社群？（　　）

  A. 著名艺人的后援团   B. 驴友群

  C. 亲人群   D. 朋友群

  E. 同事群   F. 同学群

二、简答题

1. 企业如何定位自己的官方微博？企业微博如何开展微博矩阵营销？

2. 如何开展个人微信营销活动？

3. 微信公众平台的功能是什么？企业如何定位自己的微信公众号？

4. 主流的自媒体平台有哪些？如何开展自媒体营销活动？

5. 请列举你常用的社群，社群营销的技巧有哪些？

素质拓展问题

05 项目五
网络视频营销

 项目简介

《第 48 次中国互联网络发展状况统计报告》数据显示：截至 2021 年 6 月，我国网络视频（含短视频）用户规模达 9.44 亿，较 2020 年 12 月增长 1707 万，占网民整体的 93.4%。其中短视频用户规模为 8.88 亿，较 2020 年 12 月增长 1440 万，占网民整体的 87.8%；我国网络直播用户规模达 6.38 亿，同比增长 7539 万，占网民整体的 63.1%，电商直播用户规模为 3.84 亿，同比增长 7524 万，占网民整体的 38.0%。2021 年上半年，短视频作为基础的用户表达和内容消费形式，贡献了移动互联网的主要时长和流量增量，成为互联网的基础应用；短视频与直播、电商相互加成，快手、抖音等平台成为重要的电商阵地。快手、抖音两大平台根据自身特色，分别朝着信任电商、兴趣电商两种不同路径发展。快手的信任电商生态以用户、电商内容创作者为核心，依靠创作者持续的内容产出与用户建立强信任关系，从而积累私域流量，提升电商转化率。2021 年第一季度，快手电商的商品交易总额达到 1186 亿元。抖音的兴趣电商生态则通过生动、真实、多元的内容，配合算法推荐技术，让用户在"逛"的同时，发现优价好物、激发消费兴趣，创造消费动机，从而实现"兴趣推荐+海量转化"。

本项目主要由认识网络视频营销、网络直播营销和短视频营销 3 个任务组成。通过对本项目的学习，学生对视频营销产生兴趣，并通过视频营销策划、拍摄、推广及数据分析实践，掌握网络视频营销的方法和技巧。

 项目目标

知识目标：了解网络视频、网络视频营销、网络直播营销和短视频营销，熟悉网络视频的类型、网络直播营销的应用场景及短视频平台，掌握网络视频营销、网络直播营销和短视频营销的方法和技巧。

技能目标：能够选择合适的网络视频营销平台、网络直播平台和短视频平台，选择适合的网络视频营销、网络直播营销及短视频营销方法和策略。

素质目标：引导学生关注各大短视频平台的内容倾向，知晓积极正能力的优质内容更容易获得推荐；将社会主义核心价值观融入网络视频营销教学中；培养学生的创新能力，制作优质内容。

 引导案例

抖音×长隆：日常性持续传播，保持用户长效沟通

头条指数发布的《抖音企业蓝 V 白皮书》相关数据显示，抖音国内日活跃用户数量已达 1.5 亿，日均播放量超过 200 亿。随着抖音用户数的快速增长，抖音已经成为中国活跃度和规模相对较高的超

级社交平台之一。

1. 营销背景

长隆度假区在抖音短视频平台上开通官方企业账号，意在持续传播品牌和活动信息，保持与用户的日常互动和长期沟通。

2. 营销策略

（1）保持每天发布抖音作品，传播度假区的各个景点、游戏设施等，加深用户对长隆度假区的熟悉度。

（2）定期发起挑战赛等活动，邀请用户参与互动，引发用户对长隆度假区的兴趣。

3. 营销效果

截至 2018 年 10 月，"欢乐长隆"企业号已经积累 26.5 万粉丝，248.4 万的获赞量，其中关注度、互动率最高的作品播放量超过 6 000 万，点赞量高达 170.1 万。

4. 营销活动

2018 年暑期，长隆水上乐园率先玩起了新画风，不仅为游客提供新奇刺激的水上项目，还在抖音上掀起了"#随手拍小姐姐#"的热潮，强势联动线上线下，打造超强企业特色的抖音营销活动。

长隆水上乐园推出的"#随手拍小姐姐#"活动贴近年轻消费群体，选择抖音作为此次活动营销的主阵地。同时通过"官方发声—达人卷入—自媒体大号助阵—全媒体扩散"的路径，配合线上线下的覆盖传播，获得传播效果的最大化，玩转抖音营销的新高度。

思考：

1. 请列举你印象最深刻的视频？视频中最打动你的是什么？

2. 你常用的视频平台有哪些？你为什么喜欢使用这些平台？

 # 任务一　认识网络视频营销

任务引入

小李想帮助家人制作一个家乡特产的视频并上传到视频网站，如果你是小李，你该如何开展工作呢？

知识指南

一、认知网络视频营销

（一）网络视频

网络视频是指由网络视频服务商提供的、以流媒体为播放格式的、可以在线直播或点播的声像文件。网络视频的文件格式以 WMV、RM、RMVB、FLV 以及 MOV 等类型为主，包括各类影视节目、新闻、广告、Flash 动画、自拍 DV、聊天视频、游戏视频、监控视频等。

（二）网络视频营销

1. 网络视频营销定义

网络视频营销是指通过数码技术将产品营销现场实时视频图像信号和企业形象视频信号传输至互联网上，达到一定宣传目的的营销手段。

网络视频营销结合了网络与电视媒体的特点，传播范围广泛，不受时空的限制，可以无时间无地域限制传播；采用了视频流或音频流技术，结合 Flash、Java 等程序，形式多样，具备生动的表现力，具有强烈的视听冲击。视频的交互性可以帮助受众进行网络体验并且自行控制全过程。此外由于网络监管环境的相对宽松，网络视频拥有的创意空间也更为广阔。兼具电视广告和网络广告的双重优点，网络视频营销有着显著的营销优势。

2. 网络视频营销的趋势

网络视频营销的 3 个趋势：品牌视频化、视频网络化、视频广告内容化。

（1）品牌视频化

很多广告客户将品牌广告通过视频展现出来，这个趋势非常明显，如中国工商银行万事达奋斗信用卡与新世相联合推出的《晚安女孩》、雷克萨斯携手《时尚先生》发布的《好戏将至》等均是将视频与品牌文化相融合。在《晚安女孩》营销视频中，讲述了渴望成为职业演员的小北在京打拼的故事，视频中多次铺垫万事达奋斗信用卡的价值理念。

小资料:《晚安女孩》短视频资料

（2）视频网络化

视频网络化已成为一种趋势。"视频"与"互联网"结合，让这种创新营销形式具备了两者的优点：它既具有电视短片的种种特征，如感染力强、形式内容多样等，又具有互联网营销的优势。

网络视频营销具有互动性强、主动传播性、传播速度快、成本低廉等优势。例如，百度《唐伯虎》系列没有花费一分媒介费，没有发过一篇新闻稿，仅依靠一些百度员工发电子邮件给朋友或在一些小网站上挂出链接，只用了一个月，就在网络上实现了至少 10 万个下载或观赏点。

（3）视频广告内容化

视频广告内容化已成为一种新的营销趋势。视频营销的关键在于视频的内容，内容决定了其传播的广度。优秀的视频能够不依赖传统媒介渠道，通过自身魅力俘获无数网友作为传播的中转站。

如何找到合适的品牌诉求，并且和视频结合是企业需要重点思考的问题。

百事可乐的《把乐带回家》系列微电影经历数年，已经成功升级为百事可乐的春节内容 IP。每一年，百事可乐都会以一支新年微电影力图唤醒人们的情感记忆，其《把乐带回家》系列微电影正是视频广告内容化的典型案例。2019 年，百事可乐的贺岁巨制微电影《2019 把乐带回家之摘星者》强势来袭，由多名著名艺人共同主演。微电影交织出几位主演背后隐藏的多条故事线，紧张惊险又温馨感人，不仅向观众诉说了航天工作者鲜为人知的辛苦，更以此致敬那些为梦远行的"摘星者"们。该微电影在故事中植入了百事可乐和把乐带回家的理念，如图 5-1 所示。

3. 网络视频营销分类

网络视频营销包括电视广告、网络视频广告、宣传片、微电影等方式。网络视频营销归根结底就是营销活动，因此成功的视频营销不仅要有高水准的视频内容，更要发掘营销的亮点。

（1）电视广告

电视广告是一种由电视传播的广告形式，通常用来宣传商品、服务、组织、概念等。电视广告的长度从数秒至数分钟（也有长达 10 分钟的广告杂志及长达整个节目时段的"资讯型广告"，又称电视购物）。

图 5-1 百事可乐的《2019 把乐带回家之摘星者》微电影

（2）网络视频广告

网络视频广告的形式类似于电视视频短片，平台却在互联网上。"视频"与"互联网"的结合，让这种创新营销形式具备了两者的优点。

（3）宣传片

宣传片是制作电视、电影的表现手法。经过有重点、有针对性、有秩序地进行策划、拍摄、录音、剪辑、配音、配乐、合成、输出制作成片，能声色并茂地展示企业、产品或服务。宣传片按其目的和宣传方式不同来划分，可以分为企业宣传片、产品宣传片、公益宣传片、电视宣传片、招商宣传片。

（4）微电影

微电影（microfilm）即微型电影，又称微影，是指专门运用在各种新媒体平台上播放的，适合在移动状态和短时休闲状态下观看的，具有完整策划和系统制作体系支持的，具有完整故事情节的"微（超短）时（30～300 秒）放映""微（超短）周期制作（1～7 天或数周）"和"微（超小）规模投资"的视频短片，内容可融合幽默搞笑、时尚潮流、公益教育、商业定制等主题，可以单独成篇，也可系列成剧。目前，许多企业为了塑造品牌形象，纷纷投资拍摄微电影，其中不乏佳作，代表有《老男孩》《66 号公路》等。通过这些作品，企业的品牌形象得到有效提升。

想一想

思考电视广告、网络视频广告、宣传片、微电影这 4 种视频营销的特点。

二、网络视频营销实施

（一）网络视频策划

1. 设定企业视频营销目标

制作视频的创意可以从以下 3 个层面思考和入手。

（1）产品层面，即产品有哪些优点和特点。

（2）消费者层面，即消费者在消费这类产品时，有哪些尚未满足的需求（包括生理的、心理的、情感的和社会的），他们所关注、所偏爱的是什么，在消费时遇到了哪些困惑和问题。

（3）市场层面，也称为竞争环境层面，即市场有哪些空白点，竞争对手在做什么、说什么，有什么薄弱点，我们可以做什么。

通过这3个层面的思考和分析，我们就会对视频营销目的有一定的了解。

做一做

从产品层面、消费者层面和竞争者层面3个角度出发，使用"百度脑图"帮助你所在学校制作一个视频营销目标思维导图，可参考下图所示内容进行制作。

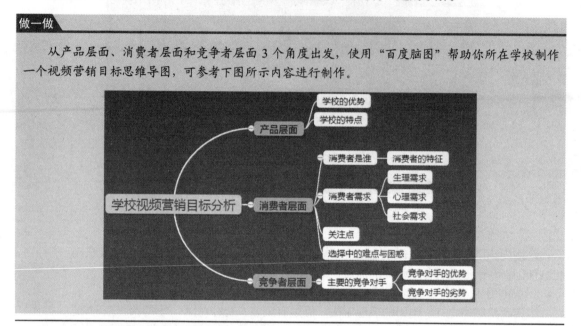

2．分析用户的使用习惯

视频营销有了明确的目标后，则需要分析用户的自然特征、用户喜好、上网习惯、喜欢在什么视频平台观看内容，喜欢通过哪些渠道获取信息（如行业网站、论坛），关注的点和内容有哪些，对企业存在什么样的问题或者想了解的内容具体有什么……

通过上述用户分析的结果，企业就可以知道重点推广和传播的平台，根据用户的问题和困惑组织视频的内容。

3．分析用户喜欢网络视频的原因

企业的网络视频有没有满足用户好奇心？有没有给目标用户带来价值？用户愿意分享吗？

对于网络视频来说，视频的内容是用户是否愿意传播的关键。那究竟什么样的内容容易被传播呢？

（1）新奇元素

好奇是人类与生俱来的心理品质和思维形式。相对于报刊、电视、电影的"限制性"，互联网的"自由"为人们的好奇心提供了更多的释放与满足的空间。因此，一些网络视频广告因为带有新奇元素，能够满足用户的好奇心，从而被疯狂地传播。例如，阿里巴巴集团的《空付》产品网络视频、百度集团的《神灯搜索》网络视频等，都是因为新奇元素让用户大量传播，如图5-2所示。

（2）焦点元素

在网络视频中出现公众焦点，可以是著名艺人，或者知名的公司等。只要公众焦点具有极高的关注度，那么包含这个焦点元素的网络视频就会很快被传播。例如"卫龙"辣条将零食卖出高端"苹果风"后，2018年6月又巧借"原力"这个《星球大战》所独有的核心概念，推出《卫龙辣条实验室》的预告片来开展营销活动，如图5-3所示。

图5-2 《空付》产品网络视频

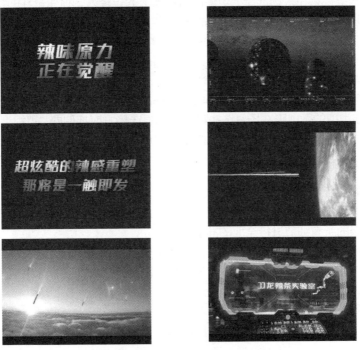

图5-3 《卫龙辣条实验室》的预告片

（3）幽默元素

用户通过互联网不仅可以看到与电视相同的幽默视频，更能看到网友自己创作并上传的搞笑视频，这不仅能够打破用户沉闷的情绪，让其产生轻松愉悦的心情，而且还可以创造出戏剧性、游戏性的视觉沟通效果。例如，2018 年饿了么的《骑士外卖》视频中，通过外卖小哥与雨魔、炎魔、饿魔抗争，以及外卖小哥英雄形象的塑造，采用了动漫风格的叙事方式，风格节奏明快，不仅能亲近用户，传递品牌温度，而且能让受众了解骑手这一行业，传达出一种知难而上的正能量品牌精神。

（4）情感元素

"以情系人，用情动人"也是网络视频中的常用方法。该类视频以亲情、爱情等情感为主，主要表现父母与子女之间，或是情侣、配偶之间的感情故事，而品牌在这些感情中具有重要的意义。情感类型的网络视频是最具有感染力的视频类型，因为每个受众都有自己的情感故事，而在观看网络视频的时候容易产生共鸣，从而达到营销的最佳效果。

2018 年苹果发布了新春广告《三分钟》，这部影片是陈可辛导演用 iPhone X 完成的，影片根据真实的春节团聚故事改编，讲述了一位乘务员母亲在春运期间由于工作原因不能陪在孩子身边，只能在家乡的车站短暂停留并与孩子团聚短短三分钟的感人故事。在春节这样的团圆时刻，感动了无数人。同年，宝马的《神奇爸爸》也将情感与产品巧妙地融合。这部由多名著名世人出演的微电影，讲述了现实中无数人的无奈。孩子眼中的"神奇爸爸"，其实也只不过是亿万人中的普通一员，需要在工作中竭尽全力，但孩子并不理解大人的世界，导致父与子之间常常出现无奈的隔阂。而宝马在影片中成为父与子情感的连接点，每次工作阻碍了父与子互动的时候，宝马都"挺身而出"。

（5）励志元素

这一类型的网络视频在人物选择上更偏向奋发向上的年轻人，抓住奋斗的特点来加入情节，而品牌的特性也是偏向励志方面。其表现手法多以叙事为主，在网络视频风格方面更为自然真实，以真实、感人的故事引起观众的共鸣。《寒冬》《没有伞的孩子》《田埂上的梦》等都是以奋斗励志为话题的网络视频。

（6）反面元素

反面元素一般的表现手法都是以叙事形式插入产品，然后加入幽默搞笑等大量效果元素，增添生趣。另外，该类型的微电影在场景选择和人物形象选择方面都偏向"草根型"，符合大众的生活特点。《七喜广告——"七件最爽的事"》就是采用反面元素成功的网络视频案例。

（二）网络视频的拍摄及处理

1. 拍摄前的准备

视频拍摄之前要对视频脚本、背景音乐、布景方案、演员、演员造型、道具、服装、拍摄地点等有关视频拍摄的所有细节进行全面的准备。

视频脚本包括文案、分镜、素材和标注。文案主要包括视频中的文案及解说词；分镜是文案中每句话对应的画面；素材可以是网上下载的，也可以是自己拍摄的；标注是分镜的时间标注和素材的时间标注，便于剪辑人员进行后期处理。

2. 视频拍摄

手机、相机、DV 等设备均可用来拍摄视频，可以手持拍摄，也可以利用三脚架等辅助工具。

3. 视频剪辑

视频剪辑是指通过视频剪辑软件，对加入的图片、背景音乐、特效、场景等素材与视频进行重混合，对视频源进行切割、合并，通过二次编码，生成具有不同表现力的新视频，如按照视频脚本顺序拼接、加入特效、背景配乐、旁白和对白等。目前的视频剪辑软件众多，常用的剪辑软件主要有会声会影、爱剪辑、VirtualDub 等。

做一做

请设计一个一分钟自我介绍的视频脚本，并通过手机进行拍摄。

（三）网络视频推广

目前，站内分享、微信及朋友圈、QQ 及 QQ 空间、微博已经成为视频主要的分享渠道。互联网促成了人际传播的回归，将视频分享网站、微信、QQ、微博等渠道与受众的口口相传紧密地结合起来，形成了一个以视频分享网站为中心发散开来的交叉传播系统。人、视频分享网站以及即时通信（如 QQ、微信、微博等）等渠道在这个系统中独立而又整体地发挥着媒介在传播过程中的巨大影响力。具体的网络视频推广渠道如图 5-4 所示。

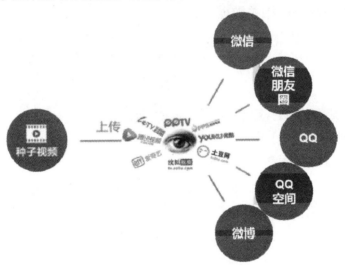

图 5-4　网络视频推广渠道

三、网络视频营销策略

（一）网民自创策略

网民的创造性是无穷的，在视频网站上，网民不再被动接收各类信息，而是自制短片，上传并和他人分享。除了浏览和上传外，网民还可以通过回帖就某个视频发表看法并给予评价。因此，企业完全可以把广告片以及一些有关的品牌元素、新产品信息等放到视频平台上来吸引网民的参与。例如向网友征集视频广告短片，对一些新产品进行评价等，这样不仅可以让网友有参与的机会，同时也是非常好的宣传机会。

（二）病毒营销策略

视频营销的优势在于传播精准。首先用户会产生兴趣并关注视频，然后再由关注用户变为传播分享用户，而被传播用户是与传播用户有着类似兴趣的人，这一系列的过程就是目标用户精准筛选传播的过程。网民看到一些经典的、有趣的、轻松的视频总是愿意主动去传播，通过受众主动自发地传播企业品牌信息，视频就会带着企业的信息像病毒一样在互联网上扩散。病毒营销策略的关键在于企业需要有优秀的、有价值的视频内容，然后找到一些易感人群或者意见领袖帮助传播。

（三）事件营销策略

事件营销一直是线下活动的热点，国内很多品牌都依靠事件营销取得了成功。策划有影响力的事件，创造有意思的故事，将这个事件拍摄成视频，也是一种非常好的方式。而且，有事件内容的视频更容易被网民传播。把事件营销的思路放到视频营销上将会开辟出新的营销渠道。

（四）整合传播策略

由于每一个用户的关注媒介和互联网接触行为习惯不同，这使得单一的视频传播很难产生良好的效果。因此，视频营销首先需要在公司的网站上开辟专区，吸引目标客户的关注；其次，与主流的门户、视频网站合作，提升视频的影响力，还可以整合线下的活动、线下的媒体等进行品牌传播。

四、网络视频营销效果统计

（一）统计网络视频的相关数据

1. 查找播放网络视频后的效果数据

相关数据包括播放的次数，即在近一个月里播放多少次数，网友自发转载播放次数，各大媒体网站上转载播放的次数，视频的回帖率，视频的总播放次数。

2. 统计数据

相关数据包括观看总人数；观看人层次，如文化程度、职业、年龄、性别等；视频被网站转载播放次数；网友转载播放视频的次数。

（二）评估网络视频质量

对网络视频质量的评估，包括持肯定意见的人数；持反对意见的人数；持中间意见的人数；播放后的经济效益，如销售产品利润、片子制作成本等；企业或产品的排位变化情况。

任务实训

网络视频营销

1. 实训目的

了解网络视频营销的相关概念，熟悉网络视频营销的实施过程和营销策略，通过策划拍摄一份网络视频短片，提高学生对网络视频营销的理解。

2. 实训内容及步骤

（1）策划一个介绍你所在学校的网络视频短片的脚本。

（2）使用手机拍摄你所策划的网络视频短片。

（3）视频短片要求：时长 3~5 分钟。

3. 实训成果

提交你的网络视频脚本和网络视频短片。

任务二　网络直播营销

任务引入

在开展视频营销的同时，小李发现有很多网民通过网络直播与网友互动并销售相关的产品，如果小李也想通过网络直播的形式销售家乡特产，那该如何开展营销活动呢？

知识指南

一、网络直播营销概述

（一）网络直播营销

1．网络直播营销定义

网络直播是指在现场随着事件的发生、发展进程同时制作和播出节目的播出方式。网络直播营销以网络直播平台为载体进行营销，达到企业获得品牌影响力的提升或销量增长的目的。

想一想

请列出你所知道的所有直播平台及平台的特点。

2．网络直播营销的发展原因

（1）移动网络提速和智能设备的普及

花椒直播等完全诞生在移动互联网时代的视频直播 App 开始涌现，并受到市场的关注。这得益于移动网络网速的提升，以及流量资费的降低，视频直播能够比以往更加流畅，并且更为重要的是智能手机的普及，让人们可以直接通过智能手机进行拍摄，使视频直播能够有更广阔的场景，也让企业有了全新的营销机会发出企业的声音，而不再仅依靠微博和微信。

（2）企业需要更立体的营销平台

在过去几年，很多企业已经在微博、微信上开通账号，并将其作为企业品牌营销和文化传播的标配。不过，这些传播主要还是以图文为主的，在微信上的传播方式可能要更多一些，如一些 H5 游戏或展示页面，但这远远不够。图文始终不够立体，用户看到的都是静止的，并且在如今这个信息丰富多彩的时代，单纯的文字传播很可能被忽略。而网络直播的兴起，正好弥补了以前企业进行营销时的缺憾，在微博、微信之外，多了一个更为立体生动的营销阵地。

（3）网友看视频玩视频的习惯养成

无论是移动互联网时代的机遇也好，还是企业营销的需求驱动也罢，这一切最重要的根基是用户愿意在直播平台上"玩耍"。越来越多的人愿意在直播平台上花费时间创造内容和浏览内容。

（二）网络直播的发展历程

自从计算机大面积普及，摄像头随后悄然诞生。在聊天室后期出现的房主视频聊天模式，几乎可以看成秀场直播的雏形，而之后的"平民秀场"，正式让网络直播形成一个独立的产业。根据网络直播行业的演进过程，网络直播可以分为 4 个阶段。

1. 直播 1.0——传统秀场/重度秀场

传统 PC 端秀场可以称为重度秀场。商业模式有虚拟物品付费、会员费、网络广告、票务、演出经纪及其他。而用户消费则主要是用于社交关系消费（用户等级体系、白名单特权等）和道具打赏。

2. 直播 2.0——游戏直播和移动直播

这个阶段形成了一种多人同时在线竞技的游戏模式，同时产生了社交需求。观赏、娱乐、社交需求等因素催促了游戏直播平台的诞生。

3. 直播 3.0——泛生活"直播+"

现阶段，直播向"直播+"演进，进入更多细分垂直行业。各行业可以与直播结合，与用户进行互动，增加用户黏性。移动直播使直播更加便捷，发展为全场景直播。商业模式也不只是虚拟道具，其他互联网商业模式均可嫁接。

4. 直播 4.0——VR 直播

VR 直播无可比拟的沉浸感使得观众瞬间穿越时空，进入他人的角色。虽然目前技术条件不够成熟，体验还不够完美，但趋势已经明朗。

（三）网络直播的应用场景

企业、品牌、"网红"纷纷开启"直播+营销"的新营销竞争，借势现有直播平台。直播营销案例基本可划分为六大应用场景，详情如图 5-5 所示。

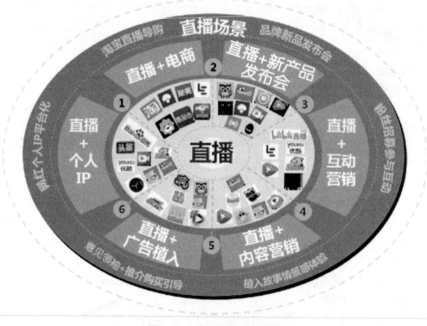

图 5-5　网络直播的应用场景

小资料：网络直播的
应用场景

二、网络直播营销的流程

（一）精确的市场调研

直播营销的前提是我们深刻地了解用户需要什么，我们能够提供什么，同时还要避免同质化的竞争。因此，只有精确地做好市场调研，才能做出真正让大众喜欢的营销方案。

（二）项目自身优缺点分析

精确分析自身的优缺点。大多数公司和企业并没有充足的资金和人脉储备，这时就需要充分地发挥自身的优点来弥补。一个好的项目仅靠人脉、财力的堆积是无法达到预期效果的，只有充分地发挥自身的优点，才能取得意想不到的效果。

（三）直播平台的选择

直播平台种类多样，根据属性可以划分为不同的领域。电子类的产品和衣服、化妆品适合的直播肯定是不同的。所以，选择合适的直播平台也是做好营销的关键。

（四）良好的直播方案设计

做完上述工作后，成功的关键就在于最后呈现给受众的方案。在整个方案设计中需要销售策划及广告策划的共同参与，让产品在营销和视觉效果方面恰到好处。在直播过程中，过分的营销往往会引起用户的反感，所以在设计直播方案时，如何把握视觉效果和营销方式，还需要不断地商酌。

（五）后期的有效反馈

营销最终要落实在转化率上，实时的及后期的反馈要跟上，同时通过数据反馈可以不断地修整方案，不断提高直播营销方案的可实施性。

想一想

请找出一个你最喜欢的主播，结合网络直播的流程，对该主播的直播活动进行分析评价。

任务实训

网络直播营销实操

1. 实训目标

掌握网络直播营销的流程及模式。

2. 实训内容及步骤

（1）根据网络直播营销的流程，围绕你的兴趣爱好，策划一场个人直播。

（2）直播营销效果统计：统计直播营销的相关数据。

3. 实训成果

提交一份网络直播营销的思考与建议。

任务三　短视频营销

任务引入

小李看到"佳帮手"通过短视频分享家庭日用百货的使用场景及技巧，并利用抖音销售短视频中的产品（见图 5-6）。防尘化妆品收纳盒商品有 3.7 万人浏览过，懒人拖布商品有 26.2 万人浏览过。目前，已有众多的企业纷纷开通了抖音账号，如华为、小米、支付宝等，企业通过短视频平台可以进行品牌/产品推广、在线销售等网络营销活动。

图 5-6 "佳帮手"抖音账号及其抖音店铺数据

小李想是否也可以通过短视频的形式销售家乡特产呢？他该如何开展营销活动呢？

知识指南

一、短视频营销认知

（一）短视频营销定义

短视频是指在各种新媒体平台上播放的、适合在移动状态和短时休闲状态下观看的、高频推送的视频内容，时长为几秒到几分钟不等。短视频内容融合了技能分享、幽默搞怪、时尚潮流、社会热点、街头采访、公益教育、广告创意、商业定制等主题。由于内容较短，短视频可以单独成片，也可以成为系列栏目。

短视频营销是指企业或个人通过短视频平台，利用优质的内容吸引粉丝，持续开展营销和宣传的活动，最终达到营销效果的营销活动。

（二）短视频的发展

自 PC 端视频网站主导的拍客短视频模式出现起，短视频开始第一阶段的发展探索。短视频发展如图 5-7 所示。随着 4G 和移动互联网技术的成熟，以快手为代表的短视频厂商开始崛起，并且迅速占领国内大部分市场份额，吸引大量资本关注。目前短视频市场正处于高速发展期的初级阶段，在用户数据、资本吸附力、平台竞争、内容发展、商业变现等核心环节都有不俗表现。但市场要想进一步发展，监管、内容、技术、盈利等多个层面还有大量需要提升的空间。

信息碎片化趋势不断加剧，短视频成为目前的最佳载体，社交、资讯、电商等领域纷纷采用短视频作为内容的展现方式，如图 5-8 所示，短视频迅速成为各个领域的"香饽饽"。它所带来用法的升级，也在提升用户好感度、满足个性化需求、增加内容体验等方面带来不错的效果。

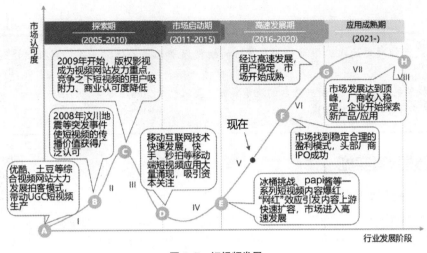

图 5-7　短视频发展

图 5-8　短视频与各平台的结合方式

（三）短视频与传统视频的共同点与区别

1. 共同点

（1）都是以视频为载体的内容传播平台。

（2）视频的形式多为 UGC。

（3）核心内容质量大于技巧，内容为王。

2. 区别

（1）制作时长不同。传统视频无论是电视剧、网络剧，还是微电影等视频形式，时长均较长，在目前碎片化的时代并不十分受欢迎。而短视频时长较短，更适合目前的碎片化时代。

（2）传播渠道不同。传统视频更多通过电视台、视频网站进行传播，而现下流行的短视频更多以手机 App 平台的形式进行传播，用户黏性更大，粉丝更易聚集。

（3）制作成本不同。相对传统视频高昂的制作成本，短视频对特效、设备、专业度等方面要求较低，更适合小型团队或个人制作。

（4）制作团队不同。相对传统视频动辄 10 人以上的制作团队，短视频主要以单人或者二三人团队居多，降低了创作门槛，提升了平台内容的丰富度。

（5）内容量级不同。传统视频不受时长限制，制作人员相对专业，对内容的把控程度更高；而短视频由于时间较短，承载力有限，内容多以创意取胜，对于内容打磨要求不高。

（6）推荐机制不同。传统视频网站的内容基本由专业编辑进行推荐维护；短视频平台主要采用大数据算法推荐机制，系统会根据以往的观看内容自动推荐用户感兴趣的内容，从而与用户的兴趣高度统一，刺激用户持续阅读与观看，这种算法与自媒体平台算法基本类似。

1. 传统视频网站的人工推荐机制与新兴的短视频平台的大数据算法推荐机制分别有哪些优缺点？

2. 查找传统视频网站与新兴平台的流量数据，要求包含优酷、爱奇艺、腾讯视频、抖音、快手等6个视频平台今年的最新数据。

二、短视频营销实施

（一）平台选择及账号设置

小资料：主流短视频平台认知

在选择短视频平台时，我们可以优先考虑各大平台的流量，因为海量流量的聚集对视频的播放量影响非常大，所以尽可能选择比较成熟的平台进行初期发展。目前，快手和抖音两大短视频平台已经占据了整个行业流量的半壁江山，其次是西瓜视频和火山小视频。选择平台的时候也要考虑平台的内容侧重点与制作的内容之间的重合度。

短视频的账号设置与微博、微信类似，不再赘述。企业的短视频营销账号体系可参考企业微博的账号体系。

（二）短视频制作

1. 短视频内容选择

短视频内容可以选择评测类、解说类、创意类、旅游发现类、人生共鸣类、搞笑类、情景剧、街头访谈、日常展示、教学类等方向。

不同的平台，受欢迎的内容不同。例如，抖音比较受欢迎的内容包括人生感悟、干货分享、才艺展示、搞笑、奇物奇人奇景等，如图5-9所示。快手中比较受欢迎的内容包括搞笑类、技能类、心灵鸡汤类、宠物类、热点类等。抖音与快手受欢迎的内容大致一致，但快手与抖音最大的不同是，快手中人比内容重要，快手的粉丝更加注重的是个人的魅力和表象，网红现象更胜抖音。

结合抖音的用户群体，讨论上述类型的视频火爆的原因。

2. 短视频策划

短视频因为时间受限，尤其抖音等以 15 秒视频为主，所以创意非常重要。一个好的创意可以让用户记住你的视频，成为你的粉丝，让你的播放量瞬间提升。可是如今在短视频爆发的时代下，各种创意已经被别人捷足先登，那么如何创造出属于自己的创意呢？

（1）兴趣点挖掘

挖掘目标用户的兴趣点，了解目标用户的喜好，有针对性地对用户的兴趣进行研究，分析用户可能感兴趣的内容范畴。

（2）内容形式

了解用户的喜好和用户喜欢的视频内容形式，分析我们该用何种视频形式呈现？这里可以参考视频营销中的新奇元素、焦点元素、幽默元素、情感元素、励志元素和搞笑元素。

图 5-9　抖音上比较受欢迎的内容

（3）个人风格

形成个人的强烈风格有助于与他人区分，有助于用户成为你的粉丝。当然个人风格的形成没有好坏，因为各种风格都有人喜欢或者不喜欢，只要做好自己擅长的即可。

3．短视频拍摄及处理

（1）短视频的拍摄

短视频的拍摄与处理与网络视频的拍摄与处理有共同点，可以参考。短视频也是采用相机和手机等多种设备进行拍摄的，但短视频平台提供了大量手机拍摄的道具，所以主要以手机拍摄为主，可以多了解一些手机拍摄的技巧。

（2）短视频拍摄流程

① 拍摄短视频时要选择适合的音乐。

② 通过手机进行现场拍摄。拍摄中可以使用抖动、旋转、特写等功能。

③ 添加滤镜和特效功能。

小资料：手机拍摄的技巧

（3）短视频拍摄技巧

① 分身照片拍摄。分身照片的拍摄可以使用手机自带的全景拍照功能。

② 拉高人物高度。人物的脚尽量贴近画框底部，手机倾斜，采用对角线构图法拍摄，使模特的脚踩在对角线上，如图 5-10（a）所示。

③ 倒影拍摄。通过地面洒水、手机镜面或者道具中的水面倒影道具即可完成倒影拍摄，如图 5-10（b）所示。

117

（a） （b）

图5-10 抖音拍摄技巧

④ 剪影拍摄。天气好的情况下，我们可以通过逆光的方式拍摄剪影效果。在拍摄时需要注意：尽量选择比较低的机位，也就是仰拍或者平拍；注意留白，尽量给亮色的背景留出一些空间，如图5-11所示。

图5-11 剪影拍摄

（4）背景音乐

① 选音乐并熟悉音乐节奏。拍短视频时，选择和熟悉配乐很重要。抖音音乐库中的音乐可以将其分为两类：节奏型和情节型。"节奏型"是指节奏感较强的音乐，也就是音乐中鼓点较为明显的音乐，如"舞蹈"和"欧美"中的诸多音乐。"情节型"可分为两种，一种是指歌词或者音乐旋律更加婉转，节奏鼓点不明显，让人容易被旋律和歌词吸引的音乐，如音乐库"民谣"和"洗脑神曲"中的歌曲；第二种是指具有某种情境、情节的对话录音，如音乐库里"搞怪"的诸多音乐。

拍摄短视频之前选好自己想要的音乐后，一定要熟悉音乐的节奏与旋律，然后才可以设计属于我们自己的短视频。

② 寻找人、物和景，设计好场景切换的音乐节点。在熟悉完音乐之后，接下来需要思考场景的选择、物件的摆放以及人的位置等。此时需要打开相机或者直接打开"抖音"拍摄画面，寻找心目中的场景、物件或者人。确认好场景、物件和人之后，还需要判断音乐节点以及场景切换。

③ 根据音乐风格、节奏选择合适的视频速度。大多数短视频软件中都设有视频速度选项，我们在开录之前都可以进行速度的设定。速度的设定也需要按照音乐节奏和情节变换进行。

做一做

通过上述短视频拍摄方法、技巧和流程拍摄一个关于大学生的短视频，要求有特效、配乐。

（三）短视频传播

为了实现营销目标，吸引更多的粉丝，我们在传播的时候要考虑传播途径和路线，争取短视频的曝光度，以吸引更多用户观看。

1．短视频曝光与短视频推荐机制

这些都与前文提到短视频的大数据算法推荐机制有关，那么短视频平台的推荐机制是什么样的呢？下面以抖音为例来介绍。

（1）视频标签

作者上传视频时使用的视频标签、视频介绍、地理位置等信息，推荐系统会提取其中的关键字、位置信息等标签并推荐给用户。

因此我们在发布视频时写好标题、选好封面非常重要。视频的封面通常采用视频中最精彩的画面，或者根据用户群体进行调整。标题、描述、标签、分类等也是推荐的重要依据。

（2）用户观看

用户在观看视频的过程中，推荐系统将持续推荐相关联的视频，促使用户持续观看，以保证用户使用时间。

（3）用户标签

用户每观看一条视频，推荐系统就会为用户贴上一个标签，用户观看的视频越多，身上的标签也会越精准。

（4）作者标签

当大量相同标签的用户都喜欢观看某个作者的视频时，作者将会被打上类似的视频标签，进而当作者上传新视频时，可以做到精准推送。

2．抖音的点赞原则

统计抖音各阶段视频播放量与点赞数之间的关系，得到了表5-1。可见，第一阶段的视频点赞量不到100的占94%。可以推断，想要视频被更多的人看到，那么视频的点赞量至少应该增加到100以上。因此，发布后分享出去让好友帮忙点赞，那些在1小时内点赞量突破100的，播放量在几小时内很快大于1万；而那些点赞量低的视频，则无人问津。

表 5-1　抖音视频各阶段播放量与点赞数之间的关系

阶段	播放数分段	样本数	点赞数分段统计				
			0~99	99~499	499~999	999~9999	大于1万
第一阶段	0~5 000	1 907	1 796	49	13	7	0
第二阶段	5 000~5万	91 105	7 811	26 134	24 964	31 945	240
第三阶段	5万~10万	42 726	1 077	3 031	5 698	32 193	722
第四阶段	10万~50万	67 361	349	949	625	45 045	20 393
第五阶段	50万~100万	22 824	31			3 457	19 336
第六阶段	>100万	35 002	183				34 808

3．高曝光度短视频的特点

碎片化的环境下，所有创作者都面临一个挑战：抢夺用户的每一秒。所以，通过运营技巧提高曝光度就显得尤为重要。

（1）视频封面

视频封面很大程度上影响着视频的播放量，那么应该如何选择视频封面来提高播放量呢？

① 选择猎奇性比较大的图片作为封面。如果选择人物形象作为视频封面，最好选择人物表情、动作比较夸张的图像。

② 选择颜色鲜艳的图片作为封面更醒目。

③ 封面应该采用比较清晰的图像，不应该采用大特写或看不清的内容图像。

（2）视频节奏

在碎片化的阅读环境下，人们的注意力很容易被分散。因此，视频的前几秒应抓住人们的吸引力，不需要铺垫太久。此外，结束前的几秒也应该精心设计。

好的结尾主要有3种。一是反转。反差感带给粉丝的冲击感更强，容易引起粉丝的点赞和转发。二是总结性的结尾。给粉丝一个观点、结论，更容易引起粉丝的共鸣、讨论。三是互动型结尾。创作者可以抛出一个问题让粉丝留言表态，也可以设置有奖互动，通过奖励刺激粉丝关注或评论。

（3）发布时间

很多创作者发布了视频，但播放量很低，很可能是因为发布的时间不恰当。工作日时，通常大家都忙于工作，无暇看手机，只有中午和晚上的空闲时间比较多。所以，一般 12：00—13：00、17：00—20：30 是比较合适的时间段。设定相对合理的发布时间，得到曝光的机会更多，流量也会有所提升。

（4）把握热点

① 重视节日和重要活动。创作者可以根据节日、重要活动来策划一系列的作品，以此来提高曝光量，获得更高的转化。

② 多用话题标签。创作者可以在查找标签页时查看最近的热门话题和挑战，以此来抓住热点，并策划相关视频。通过参与热门活动来获得更好的曝光量。同时，创作者在发布视频时，也可以增加相关的话题标签，来获得最精准的推荐曝光。

③ 了解国家的新闻热点。紧跟国家的脉搏，积极制作有正能量的视频。

（四）粉丝的拓展与维护

粉丝的拓展和维护也是短视频营销的重要工作。

1. 组建社区

可以在视频中适当地加入 QQ 群或者微信群的入群引导，促使用户加入社区，便于在未来发布新作品时进行视频传播。

2. 内容参与

可以尝试与粉丝进行内容互动，在视频中进行提问，以促进粉丝留言，根据粉丝回复尝试不同的方向，以丰富视频素材的来源。

3. 舆论引导

关于评论中不利的留言，可以采用舆论引导的方式，切记不要与粉丝进行争吵。

4. 有奖转发

不定期地举行抽奖活动，促使粉丝的转发，提高内容的曝光度。

5. 人设树立

树立一个人设，可以是舞者、精英、技术流……我们要根据内容树立自己的人设，争取更多的粉丝，如技术流——黑脸 V，如图 5-12 所示。

6. 留言回复

积极与粉丝进行互动，及时回复粉丝评论，一方面可以增加账号的推荐指数，另一方面可以让粉丝感受到被关怀。

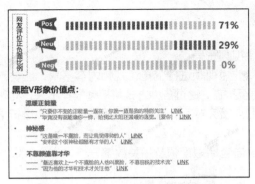

图 5-12 代古拉 k 及黑脸 V 的人设树立

（五）短视频数据分析

短视频数据分析主要分析短视频的推荐量、播放量、完播量与互动量。推荐量是指系统推荐的次数；播放量是用户点击观看的次数；完播量是用户完全播放完毕的数量；互动量是指用户的点赞、评论和转发数量。这些数据都是短视频营销优化的重要数据。

三、短视频的商业模式

目前短视频的商业模式主要分为电商售卖、广告投放、粉丝打赏和产品保护 4 个方面。电商售卖主要是利用账号的人气与粉丝，在视频中植入相应的产品信息进行电商售卖，如图 5-13（a）所示。广告投放主要是与企业进行广告投放合作，收取一定的广告费用，如图 5-13（b）所示。目前短视频平台开通了直播权限，也有粉丝打赏功能。产品保护是产品测评类节目常见的变现方式。

（a）　　　　　　　　　（b）

图 5-13　短视频的商业模式

任务实训

短视频营销

1. 实训目的

了解短视频营销的相关概念，熟悉短视频营销的过程及方法，通过运营短视频账号提高学生对短视频营销的理解和掌握。

2. 实训内容及步骤

（1）在抖音注册一个短视频账号。

（2）制作一条内容精良的短视频进行上传，视频内容不限，题材不限。

（3）将做好的视频上传至抖音，通过各种方式将视频推荐出去，发动身边的亲朋好友进行点赞。

（4）一天后，当朋友们点赞完成后，观察抖音数据变化，并进行数据统计。

3. 实训成果

提交实训报告，实训报告包括短视频及相关数据分析。

 思考与练习

一、不定项选择题

1. 下面哪些内容容易被传播？（　　　）

   A. 焦点元素　　　　　B. 新奇元素　　　　　C. 励志元素

   D. 幽默元素　　　　　E. 情感元素　　　　　F. 恶搞元素

2. 下面哪些不属于网络视频营销策略？（　　　）

   A. 病毒营销　　　　　B. 网民自创　　　　　C. 软文营销　　　　　D. 事件营销

3. 下面属于网络直播 3.0 时代的是（　　　）。

   A. 传统秀场/重度秀场

   B. 泛生活"直播+"

   C. 游戏直播&移动直播

   D. VR+直播：时空穿梭机

4. 下面属于网络直播的应用场景（　　　）。

   A. 直播+电商　　　　　　　　　　B. 直播+新产品发布会

   C. 直播+互动营销　　　　　　　　D. 直播+话题营销

   E. 直播+内容营销　　　　　　　　F. 直播+广告植入

5. 目前短视频的主要商业模式是（　　　）。

   A. 电商售卖　　　　　B. 广告投放　　　　　C. 粉丝打赏　　　　　D. 产品保护

二、简答题

1. 网络视频营销的步骤分别是什么？网络视频营销的策略是什么？

2. 网络直播营销的流程是什么？网络直播营销的模式是什么？

3. 短视频营销的步骤是什么？短视频营销分析的数据有哪些？

素质拓展问题

06 项目六
网络广告营销

 项目简介

网络广告作为一个全新的广告媒体，具有覆盖面广、广告效果持久、互动性强、广告费用相对较低等得天独厚的优势，是企业发展壮大、实施现代营销媒体战略的重要部分。近年来，企业不断优化自身结构、数字化技术广泛普及，以及更加多元的营销形式成熟之后，广告市场进入精细化、高效化的发展阶段。2020年，中国网络广告市场规模达7666亿元，不同形式、不同平台的网络广告类型也呈现蓬勃发展的态势。伴随互联网的深度渗透和广告技术的迭代升级，网络广告应用呈现出以技术为基础，以数据为核心，以场景覆盖与交互体验为关键环节的趋势。在营销数字化的浪潮之下，数据、技术、场景与体验在网络广告策略中的重要性逐渐显现。

本项目主要由认知网络广告、网络广告策划、网络广告效果监测3个任务组成。学生可以通过具体的学习任务，借助互联网资源和教学资源包提供的资料展开自学和同学之间的讨论交流，对网络广告营销产生兴趣，从而掌握网络广告营销过程中的策划和监测问题。

 项目目标

知识目标：了解网络广告的概念和特点，掌握网络广告的基本表现形式，了解网络广告策划的概念和原则，掌握网络广告策划的内容，熟悉网络广告效果的内容，掌握网络广告效果监测和评估标准。

技能目标：能够区分不同类型的网络广告表现形式，能够进行网络广告策划并制定广告方案，能够对网络广告进行监测和评估。

素质目标：引导学生关注相关法律法规，将公平、法制的法律意识融入到网络广告营销的教学中，培养学生公平、正义的诚信意识和法律观念；引导学生关注网络广告新技术，培养学生创新思维。

 引导案例

网络广告发展知多少？

随着互联网获客成本日趋增高，传播渠道更显复杂化与碎片化，营销技术持续迭代升级，广告主一边面对着越来越多样化的营销手段选择，一边也承担着更高的试错与管理成本，如何适应快速变化的网络流量环境和网络市场格局，成为多数企业在市场营销领域制胜的关键。

2020年，电商广告市场规模超3000亿元，占据网络广告整体规模的39.9%，领先于其他形式媒体的广告收入。2020 年，中国搜索引擎企业总营收规模中，关键词广告收入规模为 669.1 亿元，占比为 50.3%；联盟广告收入规模为 69.9 亿元，占比为 5.3%；信息流广告收入规模为 289.8 亿元，占比为 21.8%。

互联网的发展促使新经济形式不断涌现，也使得广告与营销的模式发生着巨大的变化，广告主的偏好转向精细化运营的流量思维，更加看重广告投放的精准度和量化效果。随着广告技术的迭代与升级，广告主转向技术与内容高度融合的广告形式，近来逐渐发力的内容营销策略因承载更加深度与丰富的营销信息，更易结合内容引发受众产生更强的情感共鸣等特点，越来越得到广告主的关注。在广告主的看好度上，社会化媒体平台与短视频平台作为与内容结合最紧密的媒介，得到了最多广告主的青睐。

思考：
1. 你知道网络广告有哪些形式吗？
2. 请列举几个网络广告头部企业。
3. 请列举一个印象深刻的网络广告，并说说这个广告最吸引你的是什么？

任务一 认知网络广告

任务引入

小李发现在使用网络服务时会看到很多网络广告。这些广告丰富多彩、形式各样，而且有些广告设计精美、创意新颖，经常会吸引小李点击关注。那么网络广告常见的形式有哪些呢？不同形式的广告有什么特点？

知识指南

一、网络广告定义

广告是商品经济发展的产物，是一种以推销商品、获得盈利为最终目标的商业行为。广告向目标消费者展示商品的性质、质量、功用、优点，进而打动和说服消费者，影响和改变消费者的观念和行为，最后实现商品被推销出去的目的。

网络广告是指以数字代码为载体，采用多媒体技术设计制作，通过互联网传播，具有交互功能的广告形式。2001 年 4 月，北京市工商局颁布的《北京市网络广告管理暂行办法》第二条规定"本办法所称网络广告，是指互联网信息服务提供者通过互联网在网站或网页上以旗帜、按钮、文字链接、电子邮件等形式发布的广告"。

小资料：网络广告的独特优势

做一做

网络广告与传统广告的差异是什么？

二、网络广告形式

网络广告采用先进的多媒体技术，拥有灵活多样的广告投放形式。我们可以将网络广告分为传统网络广告和移动端网络广告。

（一）传统网络广告形式

1. 横幅广告

横幅广告又称"旗帜广告"，是最常用的广告形式。它通常以 Flash、GIF、JPG 等格式定位在网页中，同时还可使用 Java 等语言使其产生交互性，通过 Shockwave 等插件工具增强其表现力。横幅广告开始是静态的广告，用户可以点击进入广告主的网站，后来逐渐发展为互动广告。图 6-1 所示的中心图片为横幅广告。

图 6-1 横幅广告

2. 按钮广告

按钮广告又称"图标广告"，其制作方法、付费方式、自身属性与横幅广告没有区别，仅在形状和大小上有所不同。按钮广告由于尺寸偏小，表现手法较简单，一般只由一个标志性的图案构成，通常是商标或厂徽等，它的信息量非常有限，吸引力也相对差一些，只能起到一定的提示作用。

图 6-2 文本链接广告

3. 文本链接广告

文本链接广告是以一排文字作为一个广告，点击之后可以进入相应的广告页面，如图 6-2 所示。这是一种对浏览者干扰最少，却较为有效的网络广告形式。有时候，最简单的广告形式效果却最好。

4. 电子邮件广告

电子邮件广告具有针对性强、费用低廉的特点，而且广告内容不受限制。它可以针对目标消费者发送特定的广告，是其他网络广告形式比不上的，如图 6-3 所示。

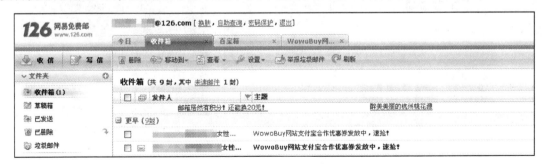

图 6-3 电子邮件广告

5. 竞赛和推广式广告

竞赛和推广式广告又称"赞助式广告"，广告主可以与网站一起合办公众感兴趣的网上竞赛或网上推广活动。赞助式广告的形式多样，给予广告主更多的选择空间，如 TCL 赞助搜狐世界杯频道。

125

6．软性广告

广告与内容的结合可以说是软性广告的显著特征，从表面上看它们更像网页上的内容而并非广告。在传统的印刷媒体上，这类广告一般都会有明显的标示，而在网页上通常没有清楚的界限。

7．插播式广告

插播式广告又称"弹出式广告"，在访客请求登录网页时强制插入一则广告页面或弹出广告窗口，类似电视广告，都是打断正常节目的播放形式，强迫公众观看。插播式广告有各种尺寸，有全屏的也有小窗口的，而且互动的程度也有所不同，从静态广告到全部动态广告都有。浏览者可以通过关闭窗口关闭广告（当然电视广告是无法做到的），但是它们的出现没有任何征兆，肯定会被浏览者看到，如图6-4所示。

8．富媒体广告

富媒体广告是一种不需要受众安装任何插件就可以播放的整合视频、音频、动画图像，具有双向信息通信和用户交互功能的新一代网络广告形式。它具有容量大、交互性强的特性，拥有更大的创意空间，可以更好地展现品牌形象，其带来的高浏览率、高点击率、高转化率，更使其成为网络营销不可错过的广告形式。

9．其他类型广告

其他类型广告主要包括分类广告、视频广告、巨幅连播广告（见图6-5）、对联广告（见图6-6）、撕页广告（见图6-7）等。

图6-4　插播式广告

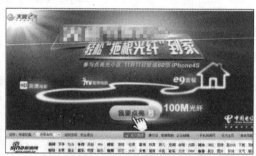

图6-5　巨幅连播广告

图6-6　对联广告

图6-7　撕页广告

（二）移动端广告形式

1．移动端横幅广告

移动端横幅广告类似于PC端，如图6-8所示。常出现位置：顶部、底部。其优点：展示更直观，能快速吸引用户注意。缺点：影响用户体验，在用户观看内容时造成一定的遮挡，易造成用户反感。

底部 Banner 示意图　　　　　　顶部 Banner 示意图

图 6-8　移动端横幅广告

2. 公告

公告常出现在电商类 App 上，通过消息广播的形式给用户传递相关信息，如图 6-9 所示。常出现位置：首页。其优点：直观简洁、不占用内容页。缺点：不能直观诱导用户点击，大多数情况下只能起提示作用。

3. 插屏广告

插屏广告在游戏类或视频类 App 上较为常见，有静态图和 GIF 图两种，如图 6-10 所示。常出现位置：首页、未点击的功能页。其优点：视觉冲击力强、定位更精准、效果显著。缺点：会暂时打断用户的操作行为，影响用户体验。

图 6-9　电商类 App 公告类广告　　　　　　　图 6-10　插屏广告

4. 启动页广告

启动页广告又称全屏广告（Full Screen Ads），几乎在常用的 App 上都能看到，可以以图片、视频、Flash 等形式加载，如图 6-11 所示。用户首次进入 App 时，将会出现启动页，当 App 后台运行再次进入时，启动页将不会出现。常出现位置：首页。其优点：合理利用资源，在

127

用户等待 App 加载时呈现内容，当用户刚打开启动页时，直接呈现广告内容，能够更好地刺激用户记忆。缺点：部分 Flash 安装包加载缓慢，影响用户体验。

5. 信息流广告

信息流广告（Feeds Ads）常常和正常的信息混在一起，不容易被识别，用户在不知不觉中就将广告阅读完了，如图 6-12 所示。常出现在社交类 App 和咨询类 App，如微信朋友圈、微博、照片墙（Instagram）、今日头条、网易新闻等。常出现位置：以时间轴（TimeLine）信息为主的内容列表里。其优点：不影响用户操作行为。缺点：内容定位如不精准，会让用户产生厌烦情绪。

图 6-11　启动页广告

图 6-12　信息流广告

6. 积分广告

积分广告主要是通过下载注册赢取部分积分或优惠，以流量导流的方式把自身一部分用户流量导向目标 App，实现流量变现，如图 6-13 所示。常出现位置：部分移动端游戏、应用商店等App。其优点：通过积分的方式实现互利共赢。缺点：在品牌信誉度不强的情况下，容易让用户怀疑目标 App 的安全性，情况严重的会影响品牌形象。

7. 下拉刷新广告

当列表内容需要刷新的时候，一般 App 会采用下拉刷新的形式刷新列表，广告便会填充空白页，起到宣传效果，如图 6-14 所示。常出现位置：下拉刷新栏。其优点：隐藏在内容页面板下，用户刷新才会出现，节约空间成本，不影响用户体验。缺点：广告出现时间过短，不容易引起用户注意。

8. 私信通知

私信通知是以私信的形式将商品信息发送给用户，用户可以通过查看私信了解商品详情，如图 6-15 所示。常出现位置：消息功能。其优点：具有精准性，通过后台分析用户喜好并发送特定商品。缺点：常常忽略用户需求，增大用户筛选成本。

9. 移动视频广告

移动视频广告针对的用户群体分为 VIP 用户和普通用户，VIP 用户在购买 VIP 业务后能够直接跳过广告，普通用户则需要先把广告看完才能看后面的内容。常出现位置：播放类 App 内容开头。其优点：以内嵌的形式植入广告，不增加额外的内容板块。缺点：普通用户（不愿意付费购买 VIP 业务）长时间观看会影响用户体验。

图 6-13　积分广告　　　　图 6-14　下拉刷新广告　　　　图 6-15　私信通知

在爱奇艺、优酷等移动视频平台上，常见的广告形式主要是贴片和角标，具体内容介绍如下。

（1）贴片：如果是普通用户，一般在视频开始之前都会看到一小段精准推送的短视频广告。允许用户观看几秒后跳过贴片广告是比较聪明的选择，用户不喜欢看还被迫看，用户体验差，对广告主也没有收益。如果允许用户跳过，并且通过标记跳过时间点来判断该用户对哪类广告更感兴趣，进而做到更精准的广告推送。

（2）角标：以透明的样式出现在视频播放窗口旁边的广告形式，一般为动态效果，以便能在观看过程中引起用户的注意。角标是允许用户关闭的。

任务实训

网络广告初体验——认识网络广告

1．实训目的
熟悉网络广告的各种形式，深入分析不同类型广告传递信息的方式，分析其优缺点。

2．实训内容及步骤
（1）打开新浪网，找出各种网络广告，截图后对该形式的网络广告进行优缺点分析（广告类型参考教材）。

（2）除了本任务中讲到的几种网络广告形式，你还知道哪些网络广告形式？请你试在网上寻找以下网络广告：视频植入广告、软文广告、游戏植入广告、搜索引擎广告（关键词广告）、电子杂志广告。

（3）了解百度竞价排名广告定价，试着查找鲜花的点击价格。操作提示如下。
① 打开百度推广后台。
② 注册成为百度推广用户。
③ 登录并选择"搜索推广"。
④ 选择"估算工具"进行估算。

（4）了解新浪广告的定价。

（5）打开阿里妈妈网站，了解阿里妈妈的运作模式。

129

3. 实训成果

完成实训报告：网络广告类型分析报告。

任务二　网络广告策划

任务引入

小李对网络广告产生了浓厚的兴趣，也想试试身手制作一则网络广告。制作网络广告前需要根据企业背景、营销目标进行全面策划。那网络广告需要策划哪些方面，又该如何策划呢？

知识指南

一、网络广告策划的概念

网络广告策划是指根据广告主的网络营销计划和广告目的，在市场调查的基础上对广告活动进行整体的规划。它是根据互联网的特征及网络人群的特征，从全局角度展开的一种运筹和规划。在有限的广告信息体上，策划者对整个网络广告活动加以协调安排，对广告设计、广告投入、广告时间、广告空间安排等各个具体环节做到充分考虑并精益求精。它是网络广告活动的中心环节。

二、网络广告策划的内容

通过网络营销广告要达到什么目的？谁是广告的目标受众？应该使用怎样的广告创意？应该使用哪种广告形式？选择什么网站媒体发布？准备投入多少资金？进度如何安排？怎样评价广告效果？回答这些问题的过程，就是网络广告策划的过程。所以，网络广告策划方案包括以下几步。

（一）确立网络广告目标和受众

网络广告是企业营销策划的组成部分，企业根据自身的发展及市场竞争的需要，在不同时期有不同的广告目标。在产品开发阶段，广告目标可细分为提供信息、说服购买和提醒使用等。在市场开发阶段，广告目标可以细分为市场渗透、市场扩展、市场保持 3 种类型。

另外，为使网络广告的创意、制作、发布更有针对性，必须回答广告的目标受众是谁，受众感兴趣的内容是什么，以及受众接收信息的渠道和具体的时间等。这就需要分析目标受众的特点与行为，如年龄、性别、文化程度、职业特征，受众的生活习惯、消费习惯、网络行为等；受众主要聚集的平台，或者通过哪些方式来源查找信息或者互相交流，如搜索引擎、网站、社交媒介等。在这些基础上，将上述具体的平台和用户喜好列出来，用户首选的平台和内容，即是我们首选的媒体和策划的方向。

（二）确定网络广告创意

网络广告创意是广告人员对确定的广告主题进行的整体构思。为了让网络广告达到较好的宣传效果，他们根据网络媒体的特点，充分发挥想象刀和创造力，提出广告作品的构思。创意策略以研究产品概念、目标受众、传播媒介为前提，是广告活动的灵魂，也是广告能否成功的关键。常见的创意策略有以下几种。

1. USP 策略

独特的销售主张（Unique Selling Proposition, USP），是在 20 世纪 50 年代由罗素·瑞夫斯提出的一种具有广泛影响的广告创意理论。该理论认为广告创意人员应当挖掘并且放大隐藏在产品本身中的独特差异，这种差异必须能够满足消费者某方面的需要，符合消费者的利益，然后以一种消费者乐于接受的方式被传达出来。

例如，西安杨森生产的"采乐"去头屑特效药，挖掘药品新卖点，上市之初便顺利切入市场，销售量节节上升。去头屑特效药在药品行业里找不到强大的竞争对手，在洗发水的领域里更如无人之境！"采乐"找到了一个比较好的市场空白地带，并以独特的产品品质成功地占领了市场。

2. 优先权声明策略

优先权声明策略的要旨是通过宣传品牌或产品的差异点来预测或战胜竞争对手。与 USP 策略不同的是，优先权声明策略往往是在估计到竞争品牌或产品可能提供相似的产品或者具有相似的属性，但竞争对手还没有宣传的情况下采用的。通过抢先提出声明来给受众造成一种品牌独有的印象。当某种产品或属性被优先声明后，其他品牌再跟进宣传，就显出一种市场地位上的劣势，扮演了市场追随者的角色。

例如，"乐百氏"纯净水在行业内率先推出了"27 层净化"这样独特的广告诉求，成功地从众多饮用水品牌中脱颖而出，在短短几个月的时间内，销售额就达到了两亿元，产品的市场占有率当年即跃居全国同类产品第二位。

3. 品牌形象策略

20 世纪 60 年代由奥格威提出的品牌形象论是广告创意、策划策略理论中的一个重要流派。品牌形象策略实质上是建立在消费者心理差别基础上的销售主张，它通过塑造完好的品牌形象和个性来引起消费者的象征性联想，使消费者对品牌产生良好的情感反应，建立良好的品牌印象，从而提升品牌产品的心理附加值。该策略最适合很难产生实质差别的产品类别，或者即使能产生实质差别但可能很快由于同类产品的跟进而消除差别的产品类别。

想一想

H&M 的品牌形象是什么？

4. 定位策略

定位（positioning），是指在对目标受众、自身产品、竞争产品深入分析的基础上，确定自身商品与众不同的优势和与此相联系的在目标受众心目中的独特地位，并将它们传递给目标受众的动态过程。它实质上反映了营销观念的深刻转变，即从过去的以产品为出发点，利用包括广告在内的各种手段把产品推销给受众来获取利润，转变成以受众为出发点，通过研究受众的不同需要并满足这种需要来获得利润。

定位策略的实质是将受众按照需求群化，在充分研究受众心理和需求的基础上使广告的产品或品牌在受众心目中占据独特的位置。这是将自身产品与竞争对手区别开来的有效方式，特别适合新品牌或希望在市场份额上赶上优势品牌时使用，是占领市场好策略。例如，美的空调定位于节能省电，让注重节约的受众在购买空调时自然而然地想到了美的，其广告如图 6-16 所示。

图 6-16　美的空调广告

5. 共鸣策略

共鸣策略强调广告通过怀旧等方式，唤起受众珍贵的、难以忘怀的生活经历、人生体验和感受，激发其内心深处的共鸣，同时赋予品牌相关的象征意义。

运用共鸣策略取得成功的关键是要构造能与受众所珍藏的经历相匹配的氛围或环境，使之能与受众真实的经历联系起来。其侧重的主题内容通常是儿时的回忆、纯真的爱情、温馨的亲情和友情等。例如，"戴比尔斯"钻石就利用了人们对永恒爱情的向往而提出了"钻石恒久远，一颗永流传"的广告语，获得了人们尤其是青年男女极大的认同和共鸣。

《花露水的前世今生》的视频短片（见图 6-17）发布后，不到一个月，总点击数超 1 200 万次。这个视频的发布方正是"六神品牌团队"。视频既回顾了自己品牌衍生历史，让受众与品牌更加亲近，也让受众怀念自己美好的童年，对品牌心生好感。

图 6-17　寻找共性回忆：六神花露水

6. 情感策略

情感策略认为广告创作者应该致力于在品牌和受众之间建立一种情感联系，通过广告的情节、音乐、语言或者充满感情和象征意义的形象来激发人们内心深处美好的情感，并且将这种美好的情感和品牌联系在一起。这种情感上的认同和好感会对消费者采取相应的购买行为产生积极的推动作用。这种策略比较适用在市场上很难将自己与竞争对手区别的品牌，或是一贯依赖受众的情感联系取得成功的品牌。

2015 年春运期间，飞鹤乳业通过深入挖掘春运期间"用户候车时间长，场景化用网行为突出"的特点，根据腾讯公司提供的春运人流数据分析，联手移动、电信两大运营商，共享中国 30 万基站，实现城市机场、火车站、商圈等地流量全覆盖，让每个人都能在机场、候车站和商圈等地免费使用网络，从而拉近了人们与家人、朋友的距离。

飞鹤乳业制作 HS 互动页面，引导网友寄送以飞鹤形象为主题的"鹤"卡，活动期间仅用 10 天时间，就送出了 1.6 亿份免费 Wi-Fi，近 300 万人向亲朋好友寄送了"鹤"卡。飞鹤《爱，没有距离》主题微电影的播放量也超过了 1 800 万，引发了春运期间移动端互动高潮，巧妙地将用户需求转化为品牌声音。

（三）选择网络广告媒体

网络广告需要选择合适的网络广告媒体进行投放，才能达到更好的效果。要选择热门的网络广告媒体，如百度等，但媒体的选择不能只考虑网络媒体的流量与知名度，还要考虑网络媒体的用户群和企业目标受众群的重合度，以及成本及相关服务等因素。例如，肯德基受众面很广，特别是年轻用户基数多，可决定选择流量大的门户网站、各大视频平台和吸引年轻人的 App 等作为媒体投放平台。

做一做

广告联盟平台与交换链接类似，以一种互惠互利的方式为所有加入的人提供广告位的互换平台，实现资源共享。国内有名的广告联盟平台为网盟、联盟。

小资料

国内外最早的网络广告联盟平台

阿里妈妈是阿里巴巴集团旗下的一个全新的互联网广告交易平台，是针对网站广告的发布和购买的平台。

阿里妈妈作为一个广告交易平台，延续了淘宝的 C2C 路线，淘宝交易的是各种商品，而阿里妈妈交易的是广告，因此，其可以定位为一个"C2C 式广告"平台。

（四）选择网络广告形式

确定了网络广告媒体后，接下来就要策划以何种形式向目标受众传播广告要表达的信息。广告商通常选择横幅广告这种形式来播放。

（五）确定进度安排

这一阶段主要是确定广告在不同的投放媒体中展现的进度安排，包括广告在不同媒体出现的连续性、周期性、间接性和密度等。这里一定要考虑受众的需求和产品竞争的情况，如在"双十一""双十二"期间投放广告，可提前一个月开始投放，维持一个半月到两个月，就能达到预期的效果。

小案例："吕"品牌母亲节广告案例

任务实训

网络广告策划——手机广告

1．实训目的

掌握网络广告策划的内容；针对企业营销活动制订简单的广告策划方案；了解网络广告的具

体形式和报价；会做网络广告的预算。

2．实训内容及步骤

某国内手机生产企业准备在第 4 季度（10～12 月）在腾讯、网易、新浪和搜狐网站上做广告，广告费预算为 30 万元（不包括广告制作预算）。假设你为广告代理商，请你为该手机生产企业做一个简单的网络广告策划，说明广告受众、目标、广告内容、广告形式、发布媒体、价格等。广告价格以网站的报价为准。请简要说明策划的理由。

（1）进行产品分析和市场分析。

（2）网络广告策划。

（3）设计网络广告作品（草稿）。

（4）决定广告投放方向（需要写明原因）。

（5）费用预算。

策划示例如表 6-1 所示。

表 6-1　策划方案

广告形式说明	发布地点	价格	发布时间	合计费用
80 像素×80 像素按钮广告	搜狐网主页	8 000 元/天	37.5 天	30 万元

3．实训成果

完成实训报告，撰写网络广告策划书，主要内容包括方案概述、投放方案、费用预算。考核以策划结果为评分依据。至少包括 3 个备选方案，且按策划示例的形式表示。

任务三　网络广告效果监测

任务引入

小李的网络广告制作完成了，但不知道这则广告的效果如何。小李决定把网络广告发布出去，监测效果。那么，网络广告效果该如何监测评估，又有哪些指标呢？

知识指南

一、网络广告效果

网络广告效果是指广告作品通过网络媒体发布后所产生的实际作用和影响。网络广告效果同传统广告效果一样具有复合性，包括经济效果和传播效果。

（一）网络广告经济效果

网络广告经济效果是指网络广告活动在促进产品、服务以及增加企业利润等方面的作用，广告主利用各种网络广告形式传播产品或服务信息，开展各种网络广告活动。其根本目的是刺激消费者购买，增加销售量，给广告主带来利润。因此，网络广告经济效果是广告活动最基本、最重要的效果。

（二）网络广告传播效果

网络广告传播效果是指网络广告活动在消费者心理上引起反应的作用。网络广告通过对产品、服务和品牌的宣传，客观上强化或改变着人们的认知、态度和行为，从而对人们的心理产生一定的影响。网络广告可以激发消费者的心理需要和购买动机，培养消费者对产品或服务的认同、信任和好感，从而树立良好的品牌形象和企业形象。所以，网络广告传播效果是一种内在的具有长远影响的效果。

二、网络广告效果监测

（一）网络广告效果监测的定义

网络广告效果监测是指利用一定的指标、方法和技术对网络广告效果进行综合衡量和评定的活动。

网络广告监测是广告主了解广告市场动态、媒介构成、竞争品牌的广告投放量等最直接有效的手段。网络广告效果监测不仅能对企业目前的广告投放给出客观的评价，而且对企业今后的广告活动起着有效的指导作用。

（二）网络广告效果评估的标准

由于传统广告效果很难用直接的方法加以评测，因此传统广告效果评估难以制定出具体的标准，而网络广告的数字化特征决定了其精确性和可统计性。因此，与传统广告相比，网络广告效果评估具有其独到之处。

1. 网络广告经济效果评估标准

网络广告的最终目的是促成产品或服务的销售，广告主最关心的是因网络广告而得到的收益。收益是广告收入与广告成本两者之差。网络广告经济效果评估的内容及指标涉及网络广告收入和网络广告计费形式。

（1）网络广告收入。网络广告收入是指消费者受网络广告的影响产生购买而给广告主带来的销售收入。其计算公式为：

$$网络广告收入 = P \times N_i$$

其中，P 表示网络广告所宣传的产品或服务的价格，N_i 表示消费者 i 在网络广告的影响下购买该产品的数量。这一结果要得到准确的统计数字，还有相当大的难度。

（2）网络广告计费形式。网络广告计费形式主要有 CPM、CPA、CPC、CPT。

① 千人印象成本（Cost Per Mille，CPM）。CPM 是指网络广告产生 1 000 个广告印象的成本，通常以广告所在页面的曝光次数为依据。其计算公式为：

$$CPM = 总成本 \div 广告曝光次数 \times 1\ 000$$

② 每点击成本（Cost Per Action，CPA）。CPA 按回应的有效问卷或订单来计费，不限广告投放量。CPA 的计价方式虽然有一定的风险，但广告若投放成功，其收益比 CPM 的计价方式要多得多。其计算公式为：

$$CPA = 总成本 \div 转化次数$$

③ 每千人点击成本（Cost Per Click，CPC）。CPC 是一种按点击付费的广告形式，是网络广告最早的计费方式。通过 CPC 的广告点击数及点击率，广告主可以很清楚地了解自己投放的网络广告到底带来了多大的宣传效果，大大满足了广告主对广告效果评估的需求。

④ 按时长付费（Cost Per Time，CPT）。CPT 是一种以时间来计费的网络广告计费方式，国内很多网站都是按照"一个月多少钱"这种固定收费模式来收费的。CPT 是目前国内网络广告的主要计费形式。CPT 是传统媒体广告购买模式的延续。广告主可以根据自身需求在特定时间段

选取特定广告位进行有针对性的宣传。

2．网络广告传播效果评估标准

（1）广告曝光次数

广告曝光次数是指网络广告所在的网页被访问的次数，这一数字通常用计数器（Counter）来进行统计。网络广告刊登在网页的固定位置，在刊登期间获得的曝光次数越高，表示该广告被看到的次数越多，获得的注意力也就越多。但是，在运用广告曝光次数时，应该注意以下几方面的问题。

首先，广告曝光次数并不等于实际浏览的广告人数。在广告刊登期间，同一个人可能多次光顾刊登同一则网络广告的同一网站，不止一次地看到广告，此时广告曝光次数应该大于实际浏览的人数。还有一种情况就是，当网民偶尔打开某个刊登网络广告的网页后，也许根本就没有看广告的内容就将网页关闭了，此时的广告曝光次数与实际阅读次数不相等。

其次，广告刊登位置的不同，每个广告曝光次数的实际价值也不相同。通常情况下，首页比内页得到的曝光次数多，但不一定是针对目标群体的曝光；相反，内页的曝光次数虽然较少，但目标受众的针对性更强，广告的实际意义更大。

最后，一个网页中很少只刊登一则广告，更多情况下会刊登几则广告。在这种情形下，当网民浏览该网页时，他会将自己的注意力分散到几则广告中。总而言之，得到一个广告曝光次数，并不等于得到广告受众的注意次数，只可以从大体上反映。

（2）点击次数与点击率

网民点击网络广告的次数被称为点击次数。点击次数可以客观准确地反映广告的效果。而点击次数除以广告曝光次数，即可得到点击率（CTR），这项指标也可以用来评估网络广告的效果，是广告吸引力的一个指标。点击率是网络广告最基本的评价指标，也是反映网络广告最直接、最有说服力的量化指标，因为一旦浏览者点击了某个网络广告，就说明他已经对广告中的产品产生了兴趣。与曝光次数相比，点击率指标对广告主的意义更大。不过，随着人们对网络广告的深入了解，点击率已越来越低。因此，在某种程度上，单纯的点击率已经不能充分反映网络广告的真正效果。

（3）网页阅读次数

浏览者在对广告中的产品产生了一定的兴趣之后便会点击进入广告主的网站，在了解产品的详细信息后，可能会产生购买的欲望。当浏览者点击网络广告之后即可进入介绍产品信息的主页或者广告主的网站，浏览者对该页面的一次浏览阅读称为一次网页阅读。而所有浏览者对这一页面的总阅读次数被称为网页阅读次数。这个指标也可以用来衡量网络广告效果，它从侧面反映了网络广告的吸引力。广告主的网页阅读次数与网络广告的点击次数实际上是存在差异的，这种差异是由于浏览者点击了网络广告但没有去阅读这则广告所打开的网页造成的。

做一做

登录艾瑞网，单击"更多"，查看"营销"中的广告案例至少3个，了解不同广告案例中的广告评价标准，分析为什么每个广告的评价标准不同，并说明原因。

任务实训

网络广告效果监测

1．实训目的

学习网络广告监测的方法，了解广告的曝光量、点击量和转化率，以此评估广告的效果。

2．实训内容及步骤

（1）根据学校情况，为学校或专业招生设计制作广告（画图工具或 PS 软件）。

（2）在个人主页、微博或学校网站投放广告。

（3）选择一个熟悉的网络广告监测系统。

（4）根据所学习的广告监测方法，通过广告站点的访问量、广告的点击率和转化次数对广告效果进行评估，并适时对广告投放情况做出相应修改。

3．实训成果

完成实训报告：网络广告效果监测报告。

 **思考与练习**

一、不定项选择题

1.（　　　）又称为旗帜广告，是最常用的广告形式。

　　A．横幅广告　　　　　B．按钮广告　　　　　C．图标广告　　　　　D．巨幅广告

2．网络广告一般应该坚持的原则有（　　　）。

　　A．指导性　　　　　　B．整体性　　　　　　C．差异性　　　　　　D．效益性

3．Cost Per Click 是广告被点击并链接到相关网站或详细内容页面（　　　）次为基准的网络广告收费模式。

　　A．10　　　　　　　　B．100　　　　　　　　C．1 000　　　　　　　D．10 000

4．网络广告的创意策略包括（　　　）。

　　A．USP 策略　　　　　B．优先权声明策略　　　C．品牌形象策略　　　D．共鸣策略

　　E．定位策略　　　　　F．情感策略

二、简答题

1．网络广告的形式有哪些？

2．网络广告策划的内容有哪些？

3．网络广告效果评估的原则有哪些？

4．网络广告效果监测的标准是什么？

素质拓展问题

137

第三篇　策略篇

导语： 网络营销从业者需要综合运用各种网络营销工具和方法，采用软文营销、事件营销及病毒营销等策略，创作出个性化的创意和精致的内容，赚取最合理的传播效果。策略篇从内容、创意及传播三个维度将网络营销工具及方法进行了整合，将网络营销活动提到了一个新的高度。

07 项目七
软文营销

 ## 项目简介

　　文章可以温暖人心，穿透人的灵魂。自古至今，流传下来的好文章让一代代喜好文字的人有了"腹有诗书气自华"的美好气质。战争年代，文章是随时可以向敌人发起进攻，或者反击的有力武器；和平年代，在日益激烈的市场竞争中，软文持续不断地植入各媒体，发挥它的宣传价值，成为保证企业经营和发展的必要支撑之一。软文的"软"，犹如太极，柔中带刚，刚柔并济。

　　本项目主要由认知软文营销、软文营销策划两个任务组成。通过对本项目的学习，学生能对软文营销产生兴趣，从而掌握软文营销的方法和技巧。

 ## 项目目标

　　知识目标：了解软文与软文营销的定义、种类和特点，掌握常见软文营销策划的方法与技巧，掌握对软文营销效果进行监测和评估的方法。

　　技能目标：能够策划软文营销方案，能够诊断软文营销现状并提出解决方案，能够对软文营销效果进行监测和评估。

　　素质目标：引导学生树立正确的价值观；培养学生坚守营销底线，遵纪守法。

 ## 引导案例

超千万阅读量！戴森卷发棒是如何被这篇"种草"帖捧红的？

　　2018 年，你的朋友圈一定被戴森刷屏过。因为一根价格三千多元的卷发棒，"女人看了尖叫，男人看了沉默"。

　　Airwrap 卷发棒在戴森天猫官方旗舰店开启预售后，每天限量 200 台，几乎都在 1 秒内被抢购一空。

官方小程序每日限购 50 台，几乎也一直是断货状态。而在这场戴森风暴中，公众号"Camelia 山茶花"发布的《wow 戴森自动卷发棒来了 这才是今年的终极"草单"》成为关键引爆点。这篇"种草"帖在 24 小时内的阅读量高达 1 000 万以上。

该帖发出当天 22:00，这篇"种草"帖的阅读量达到 100 万；至第二天 22:00，阅读量就已飙至 1 000 万以上，转发人数近 150 万。

对于粉丝数约 60 万的"Camelia 山茶花"来说，宋墨馨（公众号运营者）坦言有"运气"的成分。除了运气，宋墨馨认为"快"是文章能够"爆"的一个重要原因。"10 月 10 日，戴森开发布会时，我们就决定要写这个选题。因为我也是戴森的用户，对戴森有狂热的感情，所以我相信我看到它时的反应也会出现在其他与我相似的用户身上。就是想马上拥有的感觉。"她说。

在戴森第一波刷屏后，各种公众号大号也加入话题的制造和讨论中来，利用"你缺的不是卷发棒，是头发""再见了 Tony、Kevin、David"等话题，引发二次传播。与此同时，"三表龙门阵"等行业"大 V"则从批判的角度，再次引发激发讨论。

在一波一波的话题引导下，"Camelia 山茶花"的"种草"帖没有湮灭在信息的洋流里，而是乘着席卷的浪潮站上了传播的最高点。在关于"戴森"的 2 833 篇微信推文中，为什么千万级别的爆款文只有一篇？并且来自于"Camelia 山茶花"呢？

宋墨馨认为，这与戴森用户与公众号粉丝的高度重叠有关："'Camelia 山茶花'的定位是帮助忙碌的职场女性解决穿什么、买什么、去哪儿买的问题，提供从职场到度假、约会等不同场景的着装建议。"

所以，戴森"种草"帖在"Camelia 山茶花"上的爆火，既是一种偶然，也是一种必然。其中，软文营销功不可没。

思考：
1. 请列举你印象最深刻的软文？它最打动你的是什么？
2. 请举例说明你所知道的软文营销方法。

任务一　认知软文营销

任务引入

小李看了引导案例，了解到了文字的力量，他想，是否可以通过软文来营销家乡特产呢？那到底什么是软文和软文营销呢？

知识指南

一、认知软文

（一）软文的定义

软文是公关和广告实践领域的一个模糊统称，理论界还未有统一而明确的称呼，其定义只能从一些实践领域、流行观点中探究。在国内，软文主要有两个层面的解释：狭义的软文是指企业花钱在报纸或杂志等宣传载体上刊登的纯文字性的广告，也就是早期所谓的付费文字广告。广义的软文则指企业通过策划在报纸、杂志、网络等宣传载体上刊登的、可以提升企业品牌形象和知名度，促进企业销售的一些宣传性、解释性文章，包括特定的新闻报道、深度文章、付费短文广告等。

（二）软文的类型

软文虽然千变万化，但是万变不离其宗，主要有以下几种方式。

1．悬念式

悬念式也称设问式，核心是提出一个问题，然后围绕这个问题自问自答。例如，"什么使她重获新生？"等，通过设问引起话题和关注是这种方式的优势。但是必须掌握火候，提出的问题要有吸引力，答案要符合常识，不能作茧自缚、漏洞百出。

2．故事式

故事式软文通过讲一个完整的故事带出产品，让产品的"光环效应"和"神秘性"给消费者心理造成强烈暗示，使销售成为必然。如"1.2亿元买不走的秘方""神奇的植物胰岛素"等。讲故事不是目的，故事背后的产品才是文章的关键。故事的知识性、趣味性、合理性是此类软文成功的关键。

3．情感式

情感一直是广告的重要媒介，软文的情感表达由于信息传达量大、针对性强而更直击人心。如你的名字是天使""写给那些战'痘'的青春"等，情感式软文最大的特色就是容易打动人心，走进消费者的内心。

"甜过初恋"文案的走红就是如此，照片中，一位白发老奶奶坐在一辆载满橘子的三轮车旁，一块硬纸牌插在一堆橘子上，纸牌上手写着几个大字——"甜过初恋"，如图7-1所示。随后，这张图片被网友疯狂转发，火遍网络。

图7-1 "甜过初恋"文案配图

4．恐吓式

恐吓式软文属于反情感式诉求，情感式诉说美好，恐吓式直击软肋，如"高血脂，瘫痪的前兆！"。实际上恐吓式软文要比宣扬美和爱更让人印象深刻，但是也往往会遭人诟病，所以一定要把握分寸和尺度。

5．促销式

促销式软文常常在上述几种软文见效时跟进，如"上海人抢购×××""×××，在北京卖疯了""一天断货三次，西单某厂家告急""中瑞推广免费制作网站了"。促销式软文直接配合促销使用，通过"攀比心理""影响力效应"等多种因素使人们产生购买欲。

6．新闻式

新闻式软文就是寻找一个由头，以新闻事件的手法去撰写软文，让读者认为仿佛是在阅读刚刚发生的新闻事件文章。这样的文章是对企业本身技术力量的体现，但文案要结合企业的自身条件，真实有效，否则会造成负面影响。

7．诱惑式

实用性，让消费者能受益、有便宜可占的软文属于诱惑式。诱惑式软文要能给读者解答一些问题，或者告诉读者一些对他有帮助的东西。当然也包括一些打折的信息等，抓住人们爱占便宜的心理。

上述七类软文不是孤立使用的，企业需根据战略整体推进情况选择。

二、认知软文营销

（一）软文营销的定义

软文营销，就是以摆事实、讲道理的方式使消费者走进企业设定的"思维圈"，以强有力的心理攻击实现产品销售的文字和口头传播的营销方式，如新闻、第三方评论、访谈、采访、口碑等。

（二）软文营销的成功原则

成功的软文营销应该遵循以下原则。

（1）热标题：在写软文的时候，一定要注重标题，标题成功，就是软文成功了三分之一。软文的标题对软文营销的力度影响是很大的，只有通过标题将读者吸引过来点进去，软文才会发挥自己的优势。

（2）优内容：有了一个引人注目的标题后，文章内容就是进一步影响读者购买意愿的重要因素了。软文需要语言简洁、逻辑通顺、主题清晰。软文文字可以不华丽，可以不震撼，但一定要推心置腹，绵绵道来，一字一句都是为读者的利益着想。

（3）巧营销：软文营销是一种很好的营销方式，其能成功的重要因素在于一个"巧"字。自然、巧妙的文章才是一篇合格的软文。

（4）精定位：针对目标人群的定位，找准软文营销的目标对象，软文的目标定位才会准确，才能做到有针对性地营销和精准营销，软文的投放也才会有方向。

小资料：软文营销的特点

想一想

思考六神磊磊火爆背后的原因

关注六神磊磊读金庸的微信公众号，至少阅读 3 篇带有广告的软文文章，结合软文营销的成功原则分析六神磊磊火爆的原因是什么？六神磊磊火爆的原因对你的软文营销有什么启示？

任务实训

软文营销初体验——论坛关注度排名分析

1．实训目的

了解软文营销对网络营销信息传递的影响，通过对部分选定论坛进行网友关注排名分析，深入研究软文营销对于论坛推广的作用，对于发现的问题，提出相应的改进建议。

2．实训内容及步骤

（1）论坛：天涯、百度、搜狐、网易、凤凰、腾讯、新浪等。

（2）浏览该论坛并确认该论坛的发帖数量和用户数量。

（3）关注论坛的活跃度，统计并计算每日的新增用户数以及增速。

（4）根据有关信息，分析被调查论坛的关注度排名。

3．实训成果

提交实训报告，实训报告采用书面形式。

任务二　软文营销策划

任务引入

在了解了软文营销后，小李迫切想知道，软文营销该如何策划，标题该怎么写才能吸引用户。

知识指南

软文从本质上来说，是企业软性渗透的商业策略在广告形式上的实现，即借助文字表述与舆论传播使消费者认同某种概念、观点和分析思路，从而达到企业品牌宣传、产品销售的目的。

在"互联网+"时代下，软文营销成为带动商品销售和提升品牌知名度的杀手锏。一篇优秀的软文能够抓住用户的痛点，与用户产生情感共鸣，并且能够形成口碑传播，降低营销成本，极大地促进销售。软文营销的策略技巧如下。

一、软文营销策划技巧

（一）软文的打造

1．标题

标题必须生动，能紧贴主题，要突出核心内容和表达意图，并且简洁干练，具有杀伤力。一个好的软文标题是软文成功的关键要素之一。软文标题及格了，软文才具备推广功能。一个成功的标题能让人们在浩若烟海的信息世界中，产生点击和阅读的兴趣。例如：

小资料：软文标题
的常见写作方法

> 防晒产品满天飞，今年防晒用什么？

上述标题通过诱惑性和引导性的夸张评论,直接表述品牌的功用和优势,避免泛泛的夸奖和直白的称赞。

切忌:过度庸俗或过度创意,标题上的词语太过普通或表达的意思让人不知所云。

项目七 软文营销

做一做

分析六神磊磊读金庸公众号的热门文章标题,总结软文标题的技巧

1. 从传播角度来分析下面两个标题的好坏,并说明原因。

标题1:金庸江湖里四段最美的爱情故事

标题2:世间最美的爱情,金庸四个故事就讲完了

2. 金庸、古龙、鲁迅会怎么写爸爸去哪儿?

3. 金庸江湖里的三个宣传部长。

2. 内容

内容清晰、一目了然,文章段落要紧扣标题进行讲述。像论文一样,有论点、论证和论据,层级要分明,段落要清晰。要符合投放平台的特点和定位,不能生编硬套。前后要连贯,就像写作文一样,要统一思路,有可读性。例如:

> 标题:中国电商突现"黑马",自动化商品 B2C 成趋势
> 内容:第一,打破暗箱操作规则,实现阳光采购;
> 第二,打破多次询价烦恼,实现高效采购;
> 第三,打破售后服务顾虑,实现放心采购。

同时,软文内容一定要尽量避免商业色彩过渡,虽然是用来宣传的软文,也要尽量以第三方的身份去叙述,夸奖之词要点到即止。

切忌:不知所云或者夸大其辞。例如,有许多软文登出后,让人始终不明白文章究竟要表达什么,更有甚者,照搬别人的创意。又如,《3G 时代,如何开展精准营销》一文,竟然被两家公司使用,除了产品名称换了,标点符号竟然都没有更改。不禁让人疑惑,这篇软文真的符合所有同类产品的宣传需求吗?

软文正文分为四种常见形式:情感式正文、故事式正文、新闻式正文、促销式正文。

小资料:四种软文
正文形式

143

(二)营销技巧

(1)传播媒体要精准、高效。涉及新闻、财经、娱乐、时尚、汽车、体育、女性、生活等领域的平台,都具备传播大多数 B2C 品牌的价值。

(2)如果所撰写的软文具有一定的评论性和新闻性,那就有可能被转载。收集这些转载的平台的信息,可以分析出什么角度的软文更易被接受、转载。

(3)软文的传播周期,尽量以周为单位,也就是每周发布一期软文,形成持续性。也只有形成连续、持续、全面的覆盖宣传,软文营销才会有意义。

二、软文营销策划的具体操作

(一)软文营销策划的步骤

第一步,一定要有专业的策划方案统筹整个品牌的软文营销布局,使软文营销有阶段性目标、明确的目标人群、符合公司品牌推广进程的内容。通常这一步都被企业忽略了。

第二步，选择媒体，确定发布时间，分析覆盖范围。

第三步，将软文商业色彩淡化，吹捧色彩淡化，注重即时性、客观性。

（二）软文写作的具体策划角度

软文的写作，一般有三个角度，其功效和影响是相辅相成的，并不存在哪一个角度的软文更有杀伤力。真正要做好市场的宣传推广，就必须合理安排这三个角度的软文写作。

第一个角度，站在产品的角度，这是软文和硬广告的分界点。硬广告因为其时间和文字字数限制的问题，它的宣传着重点在于以一种略带夸张的描述性方式来激起目标人群的感性成分。软文则不同，它的核心是以其严谨的逻辑、说理的形式来征服目标人群。也就是说，站在产品的角度，硬广告可以说我们产品有多好，但一篇好的软文却不能如此空洞地描述产品，它要阐明产品为什么好，好在哪里，依据是什么，有什么数据和事实支撑等。

第二个角度，站在消费者的角度。从这个角度写作对写作技巧有一定的要求，因为这个角度要写出个人对产品的感受、体验，在文字处理上必须把握界限，不能有过多宣传的痕迹。这个角度不能像第一个角度那样，描述产品的详细资料和市场情况，因为消费者只管产品好和不好，或者对比其他同类产品好或者不好，并不会深入地分析产品。

第三个角度，站在第三方，即和产品没有任何关联的第三方角度，如媒体或者专家权威机构的角度。这个角度的软文写作是最具专业性的，写软文的人必须想象自己是个和产品没关系的人。在内容的描述方面，不能带任何的主观用词，一切结论的得出都必须有数据和事实来支撑。站在这个角度写，可从此类产品所处的整个市场切入，然后从在对整个市场的考察分析中逐渐引入要宣传的产品。

小资料：新闻软文营销

上述三个角度是写软文的关键所在，写软文首先要考虑的不是软度的问题，而是角度的问题，产品在哪个市场阶段用哪个角度来写，或者是否需要多个角度结合才是我们要考虑的问题。

三、软文营销效果监测

软文营销效果监测的几种常见有效方法如下。

1．文章流量分析

进行软文的点击量、IP等数据分析，往往点击或者评论可带来直接客户。

2．文章的转载率

软文写好之后要分析有没有人转载，有多少人转载。软文具有二次传播特性，即一个网站或平台首先发布出来之后，别的网站或平台也会转载，这样的事情屡见不鲜。转载率可说明这篇软文的受欢迎程度。但是，我们绝对看不到这样的情况：一个广告因为设计得好，被别的媒体转载了。

3．软文的收录情况

搜索引擎有没有收录这篇软文，这篇软文在不同的平台上被搜索引擎收录了多少，搜索文章的关键字是否可以找到此软文，都是评价该软文作用大小的重要指标。

任务实训

软文营销再体验——撰写一篇软文进行发布

1．实训目的

了解软文的撰写技巧，清楚软文策划的过程，通过对软文的撰写和发布，深入研究软文营销在网络营销中的重要意义，提高学生的实际应用能力。

2．实训内容及步骤

（1）小组讨论确定软文标题，选取一个具有冲击力的标题。

（2）设计文章结构，把握整体方向，控制文章走势。

（3）完善整体文字，按框架丰富内容，并反复沟通和完善。

（4）选择发布渠道，确定发布时间，分析覆盖范围。

（5）对软文营销效果进行评估。

3．实训成果

提交实训报告，实训报告采用书面形式。

 **思考与练习**

一、不定项选择题

1．软文创作忌讳的是（　　　）。

 A．无病呻吟（缺乏趣味和销售力） B．论文式软文（理性太强，没有吸引力）

 C．缺乏真实性   D．没有一个核心的卖点

2．未来软文的发展方向是（　　　）。

 A．公告专栏性质   B．平面软文广告

 C．潜藏式广告的软性营销   D．软文专业化

3．软文营销常用的方式是（　　　）。

 A．卖点或危机的制造   B．消费环境制造及消费榜样树立

 C．产品深度介绍及企业文化展示 D．征文、促销、活动等

4．下面不是写软文的"由头"（炒作点）的是（　　　）。

 A．新产品上市

 B．公司或产品等获得奖项

 C．大项目的成功中标

 D．与其他知名企业建立合作关系

 E．员工拿好处损害公司利益

 F．本行业突发事件及本公司的有效应对措施

二、简答题

1．软文的种类有哪些？请举例说明。

2．软文营销应把握哪些原则？其策划的技巧有哪些？

3．如何对软文营销效果进行检测？通常有哪几种监测方法？

素质拓展问题

08 项目八
事件营销

 ### 项目简介

互联网上诸多火爆事件让网络营销人越来越意识到"事件"的力量。如果可以制造一个事件让许多人关注，或者借助一个本身已经有很多人关注的事件，并在这个事件中"恰当"地植入企业、品牌、产品等诸多信息，那么不仅保证了高关注度，更保证了营销信息的高效传达，可谓"一箭双雕"。通过网络，一个事件或者一个话题可以轻松地引起关注和进行传播。因此，成功的事件营销案例开始大量出现。

本项目主要由认知事件营销、事件营销策划和事件营销效果监测 3 个任务组成。学生通过本项目的学习可对事件营销产生兴趣，并掌握事件营销的方法和技巧。

 ### 项目目标

知识目标：了解事件营销运作的定义、原理，了解事件营销的特点，掌握事件营销策划的基本方法、内容、技巧，掌握对事件营销效果进行监测和评估的工具和方法。

技能目标：能够设计策划事件营销方案，能够诊断网络事件营销的现状并提出解决方案，能够对事件营销效果进行监测和评估。

素质目标：培养学生养成实事求是的作风，结合身边小事、国家大事，从实际出发，参与企业营销策划，助力本地经济发展。

 ### 引导案例

世界杯——《法国队夺冠，华帝退全款》

世界杯是足球迷们 4 年一次的盛典，各大品牌也纷纷加入营销战斗大军，但是最大的赢家莫过于华帝。世界杯期间，华帝做出承诺，只要法国队夺冠，在 6 月期间购买"夺冠套餐"的消费者，可获得全额退款。最后法国队真的夺冠了。华帝当日马上公布退款方式，引发大众围观。

作为法国队的赞助商，华帝并不是世界杯的直接参与者，然而仅凭一个打"擦边球"的营销事件，却成为全网关注的焦点。仅从搜索指数来看，只花了 7 900 万元的华帝，远超投入了数亿元的海信、蒙牛等品牌的营销效果。华帝股份相关负责人表示，本次活动在大众层面已经得到了广泛的话题传播，无形中减少了公司后续需要投入的营销费用。借世界杯的事件营销，华帝在活动期间销售额超过 10 亿元。

思考:
1. 如何策划事件营销?
2. 请举例说明你所知道的事件营销方法。

任务一　认知事件营销

任务引入

2019年4月10日,天文学家召开全球新闻发布会,宣布首次直接拍摄到黑洞的照片。小李发现,不少企业借黑洞照片开展营销活动。这属于哪种营销活动呢?

知识指南

一、事件营销的定义

事件营销(Event Marketing)是企业通过策划、组织和利用具有名人效应、新闻价值以及社会影响的人物或事件,引起媒体、社会团体和消费者的兴趣与关注,以提高企业或产品的知名度、美誉度,树立良好品牌形象,并最终促成销售的手段和方式。简单地说,事件营销就是通过把握网络传播的规律,制造具有营销价值的事件,并通过具体的操作,让这一事件得以传播,从而达到广告的效果。

事件营销已成为网络营销传播过程中的一把利器,也是企业低成本营销的方法之一。事件营销集新闻效应、广告效应、公共关系、形象传播于一体,能为产品、品牌展示创造机会,能建立品牌识别和品牌定位,是一种快速提升品牌知名度与美誉度的营销手段。

二、事件营销的原理

(一)事件营销的原始动机——注意力的稀缺

注意力是指人的心理活动指向和集中于某种事物的能力。当各种信息进入人的意识范围时,人将关注其中特定的一条信息,然后决定是否采取行动。注意力对于企业来说,是一种可以转化为经济效应的资源。注意力的稀缺成了企业进行事件营销的动力。

(二)事件营销的实现桥梁——大众媒介议程设置

大众媒介议程设置,就是大众传播媒介具有一种为公众设置议事日程的功能,传媒的新闻报道和信息传达活动以赋予各种议题不同程度的显著性的方式,影响着人们对周围世界的"大事"及其重要性的判断。因此,如果企业想成功地实施一次事件营销,必须善于利用大众媒介,只有营造出有利于企业的社会舆论环境,才能帮助企业达到借势或造势的目的,引起大范围的公众重视。所以,大众媒介议程设置是事件营销的实现桥梁。

(三)事件营销的必要途径——整合营销资源

营销大师菲利普·科特勒认为整合营销就是企业所有资源为服务于顾客利益而共同工作。它

147

有两层含义，其一是不同营销手段共同工作，其二是营销部门与其他部门共同工作。企业整合的资源表现在整合多种媒体发布渠道、多种媒体传播渠道、多种营销工具等营销资源，是事件营销的必要途径。

任务实训

事件营销初体验

1．实训目的

了解事件营销的概念和原理，掌握事件营销的特点，对事件营销有一个正确、全面的认知。

2．实训内容及步骤

（1）搜索央视新闻、阿里巴巴、京东、名创优品、美团、可口可乐、五芳斋、加多宝等多家企业高考期间的营销海报。

（2）结合高考背景和营销原理，分析本次营销事件的前因后果。

（3）对比多家企业营销海报，指出上述企业哪家事件营销做得最好并说明原因。

（4）通过案例，谈谈你对事件营销的认识。

3．实训成果

提交实训报告，实训报告采用书面形式。

任务二　事件营销策划

任务引入

小李所在公司也想开展事件营销，那么，事件营销该如何策划呢？

知识指南

一、事件营销策划步骤及流程

网络事件可以归纳为两种类型：自发性和操作性。自发性的网络事件如2018 年马蜂窝借订酒店危机公关营销，最终由企业将此事件转为事件营销，收获了网民的心。而操作性的网络事件有 2018 年世界杯法国队夺冠华帝退全款、支付宝锦鲤等，这些是人为策划和运作形成的事件。

那么如何策划事件营销呢？事件营销的策划一定要围绕公众利益，创新策划思路，构筑传播议题，及时掌控、引导传播方向。

小资料：马蜂窝危机公关转为事件营销

（一）制造网络事件的步骤

（1）确定传播目标。

（2）分析当下网络舆论环境。

（3）制订话题传播方案。

网络营销：推广与策划（第 2 版 视频指导版）

（4）组织话题实施步骤。

（二）明确的事件操作流程

（1）根据事件对象特点做出策划方案。

（2）准备事件营销推广平台账号体系，选择适合的网络平台，如微博、论坛等。

（3）掌握相应平台的营销技巧，尽量让营销信息置顶或者被推荐。

（4）策划易于传播的营销文案。

（5）通过事件营销，制造舆论氛围。

（6）引入媒体等报道事件，引导用户关注。

（7）舆情监控及反馈。

网络媒体传播速度快、互动性强，可以更好地开展企业营销，这就是事件营销的价值所在。事件营销讲究的是方法和创新，一旦成功，带来的效益是巨大的。在事件营销过程中，想要达到好的效果，需要的是产品的特性和媒介活动的结合。

例如，韩寒的作品《后会无期》在事件营销策划上取得了非常好的效果，零点首映场即取得410万票房，首映日票房为7 650万元，最终票房超过6亿元。

首先，制造大事件。韩寒在微博上发布了一张其女儿小野的照片，有网友在回复中称韩寒为"岳父大人"，韩寒将该条回复转发到微博上，"国民岳父"的美名自此迅速传开。该电影中的部分演员也竞相在微博上称韩寒为"岳父"，有人还开辟了"国民岳父韩寒"的微博话题，该话题的讨论量超过10万，阅读量则达到121万。

其次，依仗高人气再接再厉。《后会无期》的三支MV中，《平凡之路》最为成功，它的发布同时宣告了朴树的复出。朴树和韩寒联手复活了千万"80后"关于青春的记忆。他们的合作成为引发热烈讨论的网络事件，该MV转发量最终突破40万次，而这首歌也登上了当天虾米、腾讯网的音乐排行榜榜首。

二、事件营销策划方法

（一）情绪感染法

民生类、情感类、励志类等话题最容易引起网民共鸣。网络平台自身的优势在于传播话题的多样性，一段视频、一篇微博，甚至几个字，均能在互联网上引起轩然大波。

《战狼2》的成功，使用了情绪感染法，是高明的事件营销案例。《战狼1》和《战狼2》都是宣扬爱国精神的影视作品，形成了现象级的效果。另外，在宣传期间，针对男主角拍摄《战狼》曾抵押房产险倾家荡产，以此为题的软文引起来大众心理感性的共鸣。任何成功的营销策略，都离不开情感因素，谁能把所有人的情感激起，谁的营销就是最成功的！

（二）"超女营销法"

"超女营销法"是指在线上活动传播过程中，对参与活动的网民进行主动包装，有针对性地进行话题营销，从而提升整个活动效果的方法。在早期选秀比赛中，活动进程的话题营销，使超级（快乐）女生成为人人梦想出名的大舞台。

2007年年底，淘宝网开展了一场声势浩大的"淘斯卡"创意大赛，淘宝用户根据活动主题自行创作形式多样的文字、图片、视频等作品上传至专区论坛，然后经过评比，最终获胜者获取丰厚的奖品。拥有强大用户群的淘宝吸引了上万人参赛。在此次活动中，一个被网友称为"淘宝第一美女"的淘宝卖家"水煮鱼皇后"脱颖而出，如图8-1所示。而"水煮鱼皇后"更是成为当时网络甚至平面媒体竞相报道的对象。原来，该参赛选手对其参赛作品、话题传播进行了精心的设计，最终不仅达到了推动此次赛事的目的，同时其健康的性格也广为人知，成功扩大了市场。

图8-1 "水煮鱼皇后"淘宝店

（三）草船借箭法

草船借箭法是指在事件传播过程中，在适当的时机借助其他热点事件达到产品传播的效果。很多经典的案例都是借助了别人的力量，达到了良好的传播效果。如借助当前热点事件、借助名人参与、借助专家点评、借助传统媒体引导等。

例如，2018年的俄罗斯世界杯，很多企业借助热点营销，其中vivo作为本次世界杯的官方赞助商利用"球迷战队""非凡竞猜""你的时刻"等互动栏目，吸引人们主动参与。这个注重互动参与体验的借势营销方式获得了人们的认同，如图8-2所示。

图8-2 vivo与世界杯合作图片

（四）概念带动法

企业在传播一个产品的时候，都希望产品能一夜走红，但网络的不可预见性使众多企业对事件营销望而却步。越来越多的企业开始为自己的产品或服务创造一种"新理念""新潮流"。理论市场和产品市场同时启动，先推广一种观念，消费者有了观念，市场就会好做。互联网无疑提供了一个良好的平台，从早期的农夫山泉的天然水，到"人工智能""无人驾驶""手机全面屏"都是先概念、后产品或者概念产品同步推广的经典案例。

三、事件营销策划策略

事件营销"四两拨千斤"的传播效果历来为企业所青睐。只有从消费者关心的事情入手，营销策略才能打动消费者，实现营销目标。事件营销策划策略如下所述。

（一）借势篇

借势是指企业及时抓住广受关注的社会新闻、事件以及人物，结合企业或产品在营销上展开的一系列相关活动。

1. 知名艺人策略

当购买者不再把价格、质量当作购买顾虑时，利用知名世人的知名度去加重产品的附加值，可以培养消费者对产品的感情、联想，来赢得消费者对产品的信赖。

2. 体育策略

体育策略主要是借助赞助、冠名等手段，通过所赞助的体育活动来推广自己的品牌。体育活动已被越来越多的人关注和参与，体育赛事是品牌最好的广告载体，体育背后蕴藏着无限的商机。

体育营销作为一种软广告，具有沟通对象量大、传播面广和针对性强等特点。例如，多年来，金六福与中国体育紧密合作，通过体育营销不断提升名牌的知名度和美誉度，与中国奥委会建立了长期战略合作伙伴关系，不仅支持中国体育的奥运项目，还支持各种非奥运项目和群众体育项目。

3. 新闻策略

企业利用社会上有价值、影响面广的新闻，不失时机地将其与自己的品牌联系在一起，来达到借力发力的传播效果。在这一点上，海尔做法堪称典范。在"7·13"申奥成功的第一时间，海尔在中央台投入 5 000 万元的祝贺广告随后播出，据说当夜，海尔集团的热线电话被消费者打爆，相信消费者在多年后再回味这一历史喜悦时，会同时想起与他们一同分享成功的民族品牌就是海尔。

（二）造势篇

造势是指企业通过策划、组织和制造具有新闻价值的事件，吸引媒体、社会团体和消费者的兴趣与关注。

1. 舆论策略

企业通过与相关媒体合作，发表大量介绍和宣传企业的产品或服务的软性文章，以理性的手段传播自己。此类软性宣传文章现如今已经大范围、甚至大版面地出现在各种相应的媒体上。

2. 活动策略

企业为推广自己的产品而组织策划一系列宣传活动，吸引消费者和媒体的眼球，以达到传播自己产品的目的。

从 20 世纪 80 年代中期的迈克尔·杰克逊，到 90 年代的珍妮·杰克逊，以及拉丁王子瑞奇·马丁，再到我国的多位知名歌手，百事可乐采用巡回音乐演唱会这种输送通道与消费者进行对话，用音乐而不是广告来传达百事文化和百事营销理念。

3. 概念策略

企业为自己产品或服务创造一种"新理念""新潮流"是十分重要的。例如，农夫山泉宣布停止生产纯净水，只出品天然水，大玩"水营养"概念，引发了一场天然水与纯净水在全国范围内的"口水战"，农夫山泉借此树立了自己倡导健康的专业品牌形象。

任务实训

事件营销再体验——做一个事件营销策划方案

1．实训目的

了解事件营销策划的步骤及流程，运用合适的策划方法和策划策略，完成一个事件营销方案的策划工作。

2．实训内容及步骤

（1）在淘宝平台选取一个自己感兴趣的网店，作为策划事件营销方案的对象。

（2）浏览并熟悉你所选取的网店的经营状况，进行小组讨论，确定传播目标。

（3）分析网络舆论环境，制订话题传播方案。

（4）小组讨论，选择合适的事件营销策划策略。

（5）选择合适的渠道（论坛、微博、微信、视频网站）推广。

3．实训成果

提交实训报告，实训报告采用书面形式。

任务三　事件营销效果监测

任务引入

学习了事件营销策划后，小李开始思考如何判断事件营销策划是否成功，又该如何监测事件营销呢？

知识指南

一、事件营销效果的评估体系

事件营销效果的评估，主要分为两个阶段：第一阶段是对事件本身的评估，第二阶段是对品牌影响的评估。对事件本身的评估可以从事件知晓率、信息准确性和获取渠道、报道/转载次数等指标来衡量；对品牌形象的评估可以从认知、情感和意愿3个方面来衡量，具体指标包括品牌认知率、品牌认同感、品牌推荐等。

对于评估的时间，应遵循迅速、及时、有效的原则，一般来讲最佳的评估时间通常是在活动结束的一周内进行的。

（一）第一阶段：事件本身的评估

第一阶段的评估主要侧重事件本身，从事件的知晓率到具体内容的评价，都是较为具体的指标。

1．事件知晓率

事件知晓率是指对于此次事件营销有多少人知道，也就是此次事件本身的影响力。对于一个事件来讲，知晓率是非常重要的，它是衡量品牌知晓率的基础。除此之外，可以对事件中的具体内容进行知晓率的调查，来进一步获取受访者对事件的了解程度。

2．信息准确性

信息准确性是指企业通过事件营销希望传达的信息与受访者真正接收到的信息两者之间的差异。信息在传播的过程中，由于新闻法规、传播者限制、媒介损失等原因，不可避免地会产生一定的偏差。

常言道：失之毫厘，谬以千里。准确性是一个难以量化的指标，但对于准确性的评估，却是一个不可缺少的环节，可以采取定性的方法来评估这个指标。

3．获取渠道

信息的获取途径主要是了解受访者获取信息的主要方式，以及企业对各个主要传播渠道的覆盖情况。另外，企业可以充分了解受访者的背景资料，了解到各类受访者获取信息的主要渠道，便于企业针对目标群体进行更加有效的传播。

4．报道/转载次数

我们可以通过"关键词＋搜索引擎"的方式来获得事件营销被报道/转载的次数，作为衡量事件营销效果的一部分。

分析受访者对于事件营销的总体评价以及对各具体内容的评价，可以通过重要性因素模型，推导出事件营销中的薄弱环节，从而有针对性地予以调整，避免今后出现同样的问题。

（二）第二阶段：品牌影响的评估

第二阶段的评估主要侧重于对品牌的影响，按照对公众影响的深度和流程来看，品牌影响的评估主要包括认知、情感和意愿三个层面的效果，如图8-3所示。

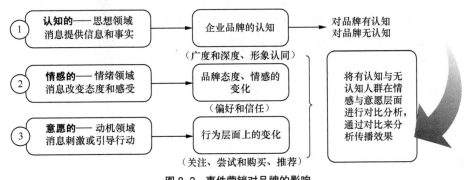

图8-3 事件营销对品牌的影响

1．认知层面

品牌认知是评估品牌影响的第一个环节，这里面的认知包括三层含义，一是认知的广度，二是认知的深度，三是品牌形象认同。通过这3个指标，一方面可以衡量经过此次事件后相关的品牌知晓率，另一方面可以了解人们对相关品牌在认知方面的深刻程度。

认知的广度可以通过事件后的品牌知晓率来衡量，也就是在事件营销中涉及的相关品牌有多少人知道，以此来反映认知的广度。

认知的深度可以通过相关品牌在无提示下的第一提及率来反映——也就是在没有任何提示的情况下，询问受访者知道哪个相关的品牌，此时受访者第一个提到的，往往就是对受访者影响最大、让其印象最深的品牌。

品牌形象认同指受访者对企业对外树立的品牌形象的认可程度，可用以判断经过此次事件后受访者对相关品牌形象的认同程度以及变化幅度。

2．情感层面

情感层面是指经过此次事件营销的影响，公众对于相关品牌在感情上的变化情况。我们可以通过两个指标来测量：①品牌偏好，即他们通过此次事件是不是更加喜欢某个品牌了，变化幅度如何；②品牌信任，即通过此次事件是不是更加信任某个品牌了，其变化幅度如何。这两个指标能够较为准确地反映出事件营销对于受访者情感方面的影响。

3. 意愿层面

意愿层面也可称为行为层面，认知是基础，情感是过程，而意愿才是真正的结果。意愿层面是指受访者经过此次事件营销的影响，对于相关品牌在最终行为上的变化程度。这里通过3个指标来测量：①品牌关注，即通过此次事件受访者是不是对某品牌更加关注了，可以通过官方网站日浏览量的变化来衡量；②尝试和购买，即通过此次事件受访者是不是更加愿意尝试和购买某个品牌了，尝试和购买的变化幅度如何；③品牌推荐，即通过此次事件今后，在家人或朋友要购买相关产品时，受访者是不是会优先推荐某品牌，变化的幅度如何。

另外，根据事件营销的不同目的，企业可以有选择性地进行交叉分析。例如，对品牌已有认知的与对品牌没有认知的受访者在意愿方面有无显著的差异等。

二、事件营销效果监测跟踪

1. 内容监测

发布内容需要严格监控，如是否已发布到想要发布的论坛，图片的大小尺寸在论坛的表现力怎么样，文案发布以后是否按要求、节奏、数量进行灵活维护。

2. 媒体监测

媒体对发布内容的推荐和转载程度，即发布的内容，网站喜欢吗、版主喜欢吗、编辑喜欢吗、他们有没有自发进行推荐、推荐位置都在哪里；是否及时做了监测截屏；除了发布的媒体，是否有其他媒体的内容出现；哪些内容是网民的自发转载。

3. 舆情监测

舆情监测的内容包括网民的反馈和关注点是什么，他们对文案中哪部分内容最感兴趣；他们是否按企业期待的方向展开讨论，如果没有怎么办；针对他们的关注热点，是否需要及时调整传播计划等。

任务实训

事件营销终体验——做一次事件营销的效果评估

1. 实训目的

了解事件营销效果的评估体系，完成一件事件营销的效果监测跟踪工作。

2. 实训内容及步骤

（1）上网选取一个你感兴趣的事件营销案例作为你要评估的对象。

（2）小组讨论，对该事件的背景及策划原因进行分析。

（3）对事件本身的策划过程和结果进行评估。

（4）如果该事件涉及某品牌，请对该事件对于品牌的影响进行评估。

（5）得出结论，总结该事件的全过程。

3. 实训成果

提交实训报告，实训报告用书面的形式。

 思考与练习

一、不定项选择题

1. 事件营销的特点有（　　　）。
   A. 目标的阶段性　　B. 高度参与性　　　　C. 风险性　　　　　　D. 效果衡量性
2. 制造网络事件的步骤包括（　　　）。
   A. 确定传播目标　　　　　　　　　　　B. 分析当下网络舆论环境
   C. 制订话题传播方案　　　　　　　　　D. 组织话题实施步骤
3. 常见的事件营销策划方法有（　　　）。
   A. 情绪感染法　　B. 超女营销法　　　　C. 草船借箭法　　　　D. 概念带动法
4. 对事件本身的评估可以从以下哪几方面进行评估（　　　）。
   A. 事件知晓率　　　　　　　　　　　　B. 信息准确性
   C. 获取渠道　　　　　　　　　　　　　D. 报道/转载次数
5. 对品牌影响的评估主要包括（　　　）。
   A. 认知层面　　　　B. 情感层面　　　　C. 意愿层面　　　　　D. 心理层面

二、简答题

1. 什么是事件营销，事件营销的原理是什么？
2. 事件营销的具体方法有哪些？
3. 事件营销策划的步骤及流程是怎么样的？
4. 如何进行事件营销的监测与评估？

素质拓展问题

09 项目九
病毒营销

 项目简介

病毒营销是一种常用的网络营销方法，常用于进行网站推广、品牌推广等。病毒营销利用的是用户口碑传播的原理，在互联网上，这种"口碑传播"更为方便，可以像病毒一样迅速蔓延，使病毒营销成为一种高效的信息传播方式。而且，由于这种传播是用户之间自发进行的，因此几乎是不需要费用的网络营销手段。

本项目主要由认知病毒营销、病毒营销策划和病毒营销效果监测三个任务组成。通过对本项目的学习，学生可对病毒营销产生兴趣，从而掌握病毒营销方法和技巧。

 项目目标

知识目标：了解病毒营销运作的定义、原理，熟悉病毒营销的特点，掌握病毒营销策划的基本方法、内容、技巧，掌握对病毒营销效果进行监测和评估的工具和方法。

技能目标：能够设计策划病毒营销方案，能够诊断病毒营销现状并提出解决方案，能够对病毒营销效果进行监测和评估。

素质目标：培养学生的创新思维能力，将创新能力与病毒营销策划有效结合；坚守企业营销价值观，并关注不同价值观取向下企业发展前景。

 引导案例

"饿了么"发红包活动

微信病毒营销基于微信朋友圈这个相对真实、社交信任度相对较高的背景环境，利用微信某些特定功能，辅助"病原体"在熟人之间有效传播，从而达到传播效益的最大化。甚至，可以通过一些小技巧，将热点进行强制性的曝光，如采用"饿了么"发红包转发福利式的病毒营销方式。

通过人们的"利己性+利他性"心理，将整个活动传播开去，再利用红包内的优惠券促使用户消费，从而带动整个平台的销售额。这种活动可以长期进行，人们对经常使用的代金券有长期的需求，但是营销成本较高。此次活动中，"饿了么"和"格瓦拉"一起进行活动，分摊成本，不失为一个好的办法。

思考：

1. 什么是病毒营销？

2. 如何策划病毒营销活动？怎样监测病毒营销的效果？

3. 请举例说明你所知道的病毒营销方法。

任务一　认知病毒营销

任务引入

小李常听说"病毒营销"，那么究竟什么是病毒营销呢？

知识指南

一、病毒营销的定义

病毒营销（Viral Marketing，又称病毒式营销、病毒性营销、基因行销或核爆式行销），是一种常用的网络营销方法，具体指鼓励目标受众，把想要推广的信息像病毒一样传递给周围的人，让每一个受众都成为传播者，让推广信息在曝光率上呈几何级增长的一种营销推广策略。

病毒营销可通过电子邮件、微博、微信、QQ、论坛、视频网站、电子书等多渠道发布消息。

二、病毒营销的传播机理

提起病毒，人们往往会心生畏惧。病毒之所以可怕，本身的毒性只是一方面，其独特的扩散方式才是真正的厉害之处。病原体捕获易感人群中的个体使其成为最初的病毒携带者，病毒随着携带者的交往活动，传染给下一级的易感人群。如此，病毒在很短时间内就会以几何倍数迅速扩散。

病毒营销的传播方式与病毒的传播方式十分类似。病毒营销传播的是"病原体"，依赖的是"病原体"的价值。"病原体"的传播过程可分为 5 个阶段，即吸引、参与、增值、满意、传递。当含有物质诱惑或娱乐吸引的"病原体"被上传到网络上时，对"病原体"有兴趣的受众就会被这个"病原体"所吸引，并对该"病原体"所提供的信息进行确认，即参与。当受众发现信息属实，并确实为受众带来了价值时，受众就会感到满意或有趣，并把这一信息传递给自己的朋友以便共享。如此，"病原体"就被复制，不停地在易感人群中进行"滚动式"的传播，达到营销的效果。

三、病毒营销的战略要素

病毒营销有着极富吸引力的"病原体"，其第一传播者传递给目标群的信息不是赤裸裸的广告信息，而是经过加工的、具有很大吸引力的产品和品牌信息，而正是这一披在广告信息外面的漂亮外衣，突破了受众戒备心理的"防火墙"，促使其完成从纯粹受众到积极传播者的转变。因此，我们有必要分析病毒营销传播成功的战略要素。

（一）提供免费的产品或服务

在市场营销人员的词汇中，"免费"一直是最有效的，大多数病毒营销战略以提供免费产品或服务来引起人们的注意。例如，免费的 E-mail 服务、免费信息、具有强大功能的免费软件等。因此，病毒营销往往意味着报酬滞后，企业可能在短期内不能盈利，但是如果其能从一些免费服务中刺激高涨的需求或兴趣，获利将是很快的事情。

HR 赫莲娜在 2014 年伊始曾做过送"赫"礼的活动（见图 9-1），用户只需在微信中回复"我爱 HR"即可参与。通过有趣的接宝游戏，可领取赫莲娜的晚霜体验装。同时如果分享活动，能得到更多的游戏机会和神秘好礼。游戏过后获得结合身份识别的唯一兑换二维码，让中奖用户到线下专柜领取。该活动趣味性强，礼品充满诱惑力，通过免费的方式达到病毒传播的效果。

图 9-1　HR 赫莲娜开年送礼图片

（二）提供无须努力便可向他人传递信息的方式

病毒只在易于传染的情况下才会传播，因此，携带营销信息的"病原体"必须易于传递和复制，如 E-mail、视频、图表、软件等。病毒营销在互联网上得以极好地发挥作用是因为通信变得容易，数字格式使复制变得更加简单。从营销的观点来看，必须把营销信息简单化，使信息容易传输，且越简短越好。

例如，优步曾联合 THE NORTH FACE 推出"1 键冒险"活动，用户将活动信息分享到朋友圈，只要集齐 88 个赞，就有可能获取参与极限挑战的资格。活动通过分享加集赞的方式让想参与的用户主动进行传播，对活动信息进行强制性的曝光，对企业知名度的提升很快。

（三）信息传递范围很容易向大规模扩散

为了满足病毒所带来的巨大需求，企业服务必须适应从小范围到大规模的迅速改变。例如利用微信、抖音、微博、今日头条等热点平台，迅速扩大病毒传播范围。这里重点讲微信病毒，如在大众点评"拼色块"的案例中，大众点评经常做升级版的集赞活动，用户传播给朋友，可获取优惠券。其实这种方式是"新瓶装旧酒"，由直接集赞升级为让朋友拼色块，其本质是让朋友看到这条活动信息。但是游戏可以直接发送给特定的朋友让其为自己点赞，避免分享到朋友圈让全部人看到。

（四）利用公众的积极性和行为

巧妙的病毒营销利用公众的积极性进行。建立在公众积极性和行为基础之上的营销战略容易取得成功。

例如，2014 年的 ALS 冰桶挑战赛（见图 9-2）就是一场席卷全球的病毒营销，它从国外传人，并经国内最大的社交平台——微博不断发酵。率先接受挑战的是科技界重量级人物。而后，娱乐圈的各路明星也纷纷加入活动，使冰桶挑战的热度持续升温。围观的群众表示虽然自己被点到名的可能性很小，但看着平日里遥不可及的名人们发布如此亲民又有趣的视频实乃一大乐趣。活动规则为：被点名的人要么在 24 小时内完成冰桶挑战，并将相应视频上传至社交网站；要么为对抗 ALS 的人捐出 100 美元。因挑战的规则比较简单，此活动得到了病毒般的传播，并在短短一个月内募集了 2.57 亿元的捐款。

图 9-2　冰桶挑战现场图片

ALS 冰桶挑战赛是公益与营销的紧密结合，可能发起者在发起这项活动时也没有料想到此活动会得到如此大范围的传播，这也算是"无心插柳柳成荫"。不少品牌也纷纷依靠此活动借势营销，较有名的是三星公司向苹果公司发起了冰桶挑战赛。

（五）利用现有的通信网络

大多数人都是社会性的，每个人都生活在包含 8～12 人的亲密关系网络之中，这个网络中包括了朋友、家人和同事。每个人所处的社会地位不同，部分人的人际网络可能包含几百乃至数千人。现在互联网上的人们也同样在发展着网上关系网络，他们收集社交网络、微博、微信、即时通信账号、电子邮件地址以及喜爱的论坛。通过这些网络，人们可以迅速地把各种信息扩散出去。

Nike "人人都是摄影师"的活动就是一个非常好的案例，如图 9-3 所示。AKQA 与 Nike 公司合作，利用微信推出"自由起动"活动。关注 Nike 的微信号，随意上传一张照片，就能即刻收到一张根据照片量身打造的 FreeID 设计图，上传的照片越是颜色亮丽、对比度高，Free ID 设计图的色彩就越丰富。将设计图和故事分享到微博，还有可能获得一双真正的跑鞋。在活动开始的一个月内就积累了 33 090 张上传照片。

（六）利用别人的资源

最具创造性的病毒营销是利用别人的资源来达到自己的目的。例如，百度的"唐伯虎"系列广告视频（见图 9-4），最初只是通过百度员工的邮件进行小范围传播，当网络上兴起了视频共享平台以后，只是通过简单的上传，便有更多的人可以通过这个平台下载观看，在极短的时间内便获得了比以往多许多倍的受众。而这正是利用公共资源完成病毒营销目的的典型案例。

159

图 9-3　Nike "人人都是摄影师" 活动图片

图 9-4　百度的 "唐伯虎" 系列广告视频图片

任务实训

病毒营销初体验——大学生热门讨论话题排名分析

1．实训目的

了解病毒营销对网络营销的影响，掌握病毒营销的传播机理，通过对大学生讨论话题排名的分析，深入研究病毒营销的作用。

2．实训内容及步骤

（1）网站：百度、搜狗、新浪网、凤凰网等。

（2）浏览各大媒体网站，搜索大学生热门讨论话题。

（3）对大学生热门讨论话题进行统计分析。

（4）根据热门话题排名分析背后的病毒营销在其中的影响和作用。

3．实训成果

提交实训报告，实训报告采用书面形式。

任务二　病毒营销策划

任务引入

小李一直想宣传自己的网店，希望通过病毒营销，引起校园学生的兴趣，让他们自发帮网店做宣传。那么，该如何策划一场病毒营销呢？

知识指南

一、病毒营销的一般策划流程

（一）设定目标

在开始策划前，一定要明确营销目的。是想宣传品牌，还是为了吸引消费者购买，抑或为了增加某个网站的流量？这将是后面几个要素的根本。

（二）分清楚用户是谁

病毒营销的传播通路决定了其人群覆盖力度是很强的。但它更要求策划者必须进行人群细分。知道最有价值的对象是谁，他们有什么特征和共性。

（三）挖掘兴趣点

要认真地分析用户群体的兴趣焦点。显然，老一辈企业家与"80 后"人群的兴趣点是不一样的。将恶搞视频推送给企业管理者，肯定达不到扩散的效果。所以，研究用户的兴趣点，是"营销创意"的真正开始。

（四）推广渠道

选择能覆盖到目标用户的渠道，而非覆盖所有的网络渠道。

二、成功实施病毒营销的步骤

在实施病毒营销的过程中，一般都需要经过方案的规划和设计、原始信息的发布、信息传递渠道的设计、效果跟踪管理等基本步骤，认真对待每个步骤，病毒营销才能最终取得成功。

（一）进行病毒营销方案的整体规划

确认营销方案符合病毒营销的基本思路，即传播的信息和服务对用户是有价值的，并且这种信息易于被用户自行传播。

（二）精心设计病毒营销方案

病毒营销之所以吸引人就在于其创新性。有效的病毒营销往往是独创的。因此，在方案设计时，特别需要注意如何将信息传播与营销目的结合起来，如果仅仅是为用户带来娱乐价值或者实用功能、优惠服务，而没有达到营销目的，这样的病毒营销计划对企业的价值就不大了；反之，如果广告气息太重，则会引起用户反感而影响信息传播。

一个好"病原体"的前提是传播力足够强，而如何才能打造出传播力强劲的"病原体"呢？可以从以下几方面入手。

1．免费和利诱

免费或者可以带来利益的商品，谁都无法拒绝，也更容易形成病毒营销。例如，2010 年轰动一时的"KFC 事件"，就是因为肯德基的秒杀活动提供了很大的优惠力度，通过下载其提供的电子优惠券，就可以以一半的价格购买原价为 64 元的全家桶。这么实惠的好事，用户奔走相告，结果这张优惠券像病毒一样被传播了出去。360 杀毒软件也是凭借免费的模式迅速抢夺了市场。

2．娱乐功用

用户上网最重要的目的之一就是娱乐，所以娱乐类的内容是很容易引发病毒效应的。最典型的就是各种搞笑的图片、视频，这类内容是用户最愿意主动传播的内容之一。如百度的宣传广告《孟姜女篇》《唐伯虎篇》《刀客篇》，分别对应"中文流量第一""更懂中文""快速搜索"3 个关键概念。这 3 个视频短片帮助百度超越了谷歌，使百度从占据中国搜索引擎市场 45% 上升到 62%。而《江南 style》《小苹果》《好嗨呦》等歌曲的火爆也是病毒营销的效果。

3．情感效果

通过情感层面引导用户进行病毒传播是良策。

（1）感动。每个人都有灵魂深处柔软的地方。例如，有一条视频链接刷爆了朋友圈，短短几个小时就呈现出星火燎原之势，而当"普通网友"王思聪深夜转发之后，这样一部不到6分钟的短片瞬间像病毒一样蔓延了全网，仅在微博上就达到了两千多万次播放，这部短片的名字也很令人震惊——《啥是佩奇》。

（2）愤怒。如"友谊的小船说翻就翻"之所以成为网络流行语，是因为这句话容易让人感受到气愤。

（3）爱秀。如在微信朋友圈中存在大量喜欢晒出自己照片的人，美颜相机就抓住了这些人的心理，快速传播起来，曾连续12天蝉联Apple Store总榜冠军。

（4）爱占小便宜。利用部分用户爱占小便宜的心理，如转发送iPhone手机等活动就是抓住了这些人的心理。

（三）原始信息的发布

如果希望病毒营销可以快速传播，那么对于原始信息的发布也需要认真筹划，原始信息应该发布在用户容易发现，并且乐于传递信息的地方。如有必要，还可以在较大的范围内主动传播这些信息，等到参与传播的用户数量比较大之后，再任其自然传播。

（四）信息传播渠道的设计

虽然说病毒营销信息是用户自行传播的，但是这些信息的传递渠道需要进行精心设计。例如，要发布一个节日祝福的Flash，首先要对这个Flash进行精心策划和设计，使其看起来更加吸引人，并且让人们更愿意自愿传播。仅仅做到这一步是不够的，还需要考虑这种信息的传递渠道，如是在某个网站下载，还是用户之间直接传递文件，或是这两种形式的结合？这就需要对信息源进行相应的配置。这里有几个技巧需要注意。

1. 找准"低免疫力易感"人群

如同现实中的感冒病毒，病毒营销想要传播得快，也要像感冒病毒一样找到低免疫力易感人群，通过他们才能更好地将信息扩散出去。一般来说，低端用户、低年龄用户、感性用户都属于易感人群。

2. 选好病毒发布渠道

在病毒营销时，应该选择易感人群集中、互动性强、传播迅速的平台。通常微博、微信、论坛、邮箱等都是常用的渠道。

（五）效果跟踪管理

当病毒营销方案设计完成并开始实施之后，病毒营销的最终效果实际上是无法控制的，但并不是说就不需要进行营销效果的跟踪和管理。实际上，对于病毒营销的效果分析是非常重要的，不仅可以及时掌握营销信息传播所带来的反应（如网站访问量的增长），也可以从中发现这项病毒营销计划可能存在的问题，以及可能的改进思路，为下一次病毒营销计划提供参考。

小案例：优衣库
小猪佩奇穿上身

任务实训

病毒营销再体验——为你的网店做一个病毒营销策划

1. 实训目的

了解病毒营销的策划流程，掌握病毒营销的传播策略，能为自己的网店成功策划一次病毒营销。

2．实训内容及步骤

（1）确定病毒营销主题。

（2）分析病毒营销的传播策略，选取较合适的一种或几种传播策略。

（3）对目标人群进行定位，挖掘目标人群的兴趣点。

（4）实施病毒营销，对用户体验进行分析对比，看看实施前后有何变化。

3．实训成果

提交实训报告，实训报告采用书面形式。

任务三　病毒营销效果监测

任务引入

　　小李正在经营农特产店，并采用了病毒营销的方法推广其家乡特产。他想知道推广效果如何。那么，如何监督、分析病毒营销，检验病毒营销的效果呢？

知识指南

一、病毒营销的管理监测

　　当病毒营销实施之后，对于病毒营销的管理检测和效果分析是非常重要的，这不仅可以让企业及时掌握营销信息传播所带来的反应，也可以从中发现营销计划可能存在的问题，以及可能的改进思路，从而及时主动地改善营销进程，促进病毒营销的成功。

　　病毒营销离不开管理，离不开实施过程中的引导和控制，主要包括有效追踪反馈信息，及时调整病毒营销策略，有效控制"病毒"的负面效应等。

（一）有效追踪反馈信息

　　病毒营销实施之后，是否能在目标消费群体中形成口碑、口碑是好是坏、是否能够达到预期的目的，都应该引起企业足够的重视，这就必须对病毒营销进行跟踪反馈。从这些反馈信息中，可以了解消费者接触"病毒"的途径，对"病毒"的意见等重要信息，以便对病毒营销方案及时进行相应的调整。怎样才能追踪到"病毒"的反馈信息呢？有以下7种方法。

　　（1）定期进行问卷调查。可以用多种方式公布调查问卷，如发布在公司网站、电子刊物、新闻媒体、邮件资料中，以及放置在产品包装箱内等，也可以张贴在网上信息公告板上或电子邮件讨论列表中。

　　（2）为消费者创建在线社区。包括建立官方微博、QQ、微信群、留言板、讨论区等，定期了解消费者的看法。

　　（3）创建消费者服务中心小组。邀请10～12个忠诚消费者定期会面，让他们提供改进服务的意见。

（4）定期与消费者保持联系。可以通过邮件、电话、信件等形式询问他们对"病毒"信息的看法。

（5）通过百度舆情监控，监控网民对公司、品牌、产品的看法。

（6）在消费者的生日或假日定期表达祝福。

（7）邀请消费者出席公司会议、宴会，参观公司或参加讨论会。

企业通过合适的方法收集到反馈信息，就可以了解病毒营销的状况，同时也更进一步了解消费者的需求和市场的变化，有的放矢地开展后续工作。

（二）及时调整病毒营销策略

跟踪反馈信息的目的是发现问题，及时解决问题。如果在反馈信息中发现很多用户不了解或者根本不知道该"病毒"，这说明传播渠道不通畅。针对这样的情况，必须对病毒营销策略中的渠道与途径因素进行细致的分析，找到问题的症结所在，然后再具体地对营销策略进行调整。

如果发现有人开始厌烦此"病毒"了，这说明自己的"病毒"失去了新鲜感，就要及时给"病毒"注入新元素，如升级换代、改善服务、提升价值等。如果发现"病毒"在传播过程被无意或恶意改变了，就要强化"病毒"包含的营销信息，及时纠正偏差，以免造成负面口碑。如果发现"病毒"成为真正的病毒，就要认真审视自己的产品或服务是否存在问题，及时改进质量，改善服务，否则形成负面口碑，则得不偿失。

（三）有效控制"病毒"的负面效应

消除或者控制负面信息的传播在病毒营销中显得尤为重要。第一，充分利用反馈信息，及时发现并修正产品或服务的失误，并获取创新的信息，尽量将负面口碑扼杀在摇篮中。第二，妥善处理消费者的投诉和抱怨。首先应当鼓励消费者投诉，采用各种奖励和补偿的方式让对产品或服务不满的消费者主动将心中的不满反映给企业，同时要建立便捷的消费者投诉渠道，使消费者能方便地将投诉反映到企业；要建立有效的投诉处理小组，能在最快的时间内对消费者的投诉进行处理，并将投诉处理结果反馈给消费者。经过灵活处理，使"负面口碑"转变为"正面口碑"。第三，诚信为本。如果自己的病毒营销确实已经形成"负面口碑"，就要诚心处理。自己存在的不足，要妥善改正，进而提高企业的名气和诚信，扭转病毒营销的负面影响。

二、病毒营销的效果评估

目前，病毒营销的应用规模还不算大，往往会和其他营销手段综合运用，对其效果进行测量和评估有一定难度。下面主要从产品销售利润、口碑影响力和口碑美誉度3个方面来对病毒营销的效果进行评估。

（一）产品销售利润

作为一种营销手段，病毒营销最直接的目的是销售企业的产品或服务，使企业获得利润。病毒营销以"低成本、高投入产出比"而备受营销人员的喜爱。因此，病毒营销能否为企业带来销售额或利润的提升，是最直接也是最可行的评估方法，同时可以量化，说服力强。

（二）口碑影响力

口碑影响力是用于衡量企业在病毒营销过程中，对用户、媒体及广告主等产生的影响力。其主要包括以下四个基本指标。

（1）用户关注度。反映社区网民及企业网站网民对企业的关注程度，主要包括社区用户关注度、用户覆盖人数和用户点击次数3个基本数值。

（2）用户参与度。指社区用户对相关帖子的回复率，反映用户参与相关话题的积极程度。

（3）媒体关注度。反映媒体对企业的关注程度，通过百度新闻和谷歌新闻搜索可获得。

（4）广告关注度。主要针对网络媒体，反映网络媒体作为广告投放平台的价值，主要包括广告投放量、广告主数量和广告投放金额3个基本数据。

口碑影响力计算公式为：

口碑影响力=用户关注度×30%+用户参与度×30%+媒体关注度×20%+广告关注度×20%

在实际操作中，并非所有事件都包括上述四个指标。在非网站类型的病毒营销中，如在"封杀王老吉"的病毒营销中，口碑影响力就只需采纳用户关注度、用户参与度和媒体关注度，其权重可以相应调整为 40%、40%、20%。另外，在某些病毒营销中，口碑影响力只涉及用户关注度和用户参与度，权重可设置为各占一半。

（三）口碑美誉度

口碑美誉度是衡量网民和媒体对企业的评价的指标，主要包括社区用户的正负面评价和媒体的正负面评价两个基本数据。口碑美誉度计算公式为

口碑美誉度=口碑美誉度社区用户评价×80%+媒体评价×20%

同样在实际操作中，病毒营销未必会引起网络媒体的关注而对其进行报道，这样就只需考虑社区用户评价（企业、品牌和产品等在网络社区中被谈及的帖子数量及评价的正反面情况）即可。

病毒营销重在口碑效应，不是一个短期的营销行为，而是一个长期的战略。因此，建立病毒营销的效果评估体系，是促使其不断发展的重要动力。

任务实训

病毒营销终体验——网店口碑探析

1．实训目的

了解病毒营销效果监测的流程及方法，学会运用病毒营销的监测来分析自己网店的客户满意度，对自己网店的口碑做一个分析研究。

2．实训内容及步骤

（1）浏览自己网店，对买家的评论进行统计分析。

（2）小组讨论差评应该如何避免，如何与买家进行良好的沟通。

（3）统计分析实施病毒营销后网店的销售利润，如果增加了，总结成功经验；如果没有效果，分析其原因并提出改进对策。

（4）分析影响网店口碑的主要因素，找出不足之处并进行改进。

（5）不时追踪反馈买家信息，为进一步强化"病毒"做好准备。

3．实训成果

提交实训报告，实训报告采用书面形式。

思考与练习

一、不定项选择题

1. 病毒营销的一般策划流程包括（　　　）。
   A. 决定自己要干什么
   B. 分清楚用户是谁
   C. 挖掘兴趣点
   D. 选择推广途径

2. 病毒营销离不开管理，离不开实施过程中的引导和控制，主要包括（　　　）。
   A. 有效追踪反馈信息
   B. 及时调整病毒营销策略
   C. 有效控制"病毒"的负面效应
   D. 完成评估报告

3. 下列对病毒营销的一般规律说法错误的是（　　　）。
   A. 病毒营销的基本思想只是借鉴病毒传播的方式，本身并不是病毒，不具任何破坏性
   B. 病毒营销并不是随便可以做好的，需要遵照一定的步骤和流程
   C. 病毒营销的方案设计是需要成本的，并且实施过程通常也要付费
   D. 网络营销信息不会自动传播，需要进行一定的推广

4. 病毒营销是利用（　　　）进行促销。
   A. 生产企业
   B. 原材料供应商
   C. 消费者
   D. 销售企业工作人员

5. 病毒营销的效果评估主要从哪几方面进行。（　　　）
   A. 产品销售利润　　　B. 口碑影响力　　　C. 口碑美誉度　　　D. 品牌影响力

二、简答题

1. 病毒营销的传播机理是怎么样的？
2. 病毒营销有哪些战略要素？其传播策略有哪些？
3. 病毒营销的策划流程是怎么样的？
4. 如何对病毒营销效果进行监测？

素质拓展问题

第四篇　策划篇

导语：初级网络营销从业者和高级网络营销从业者的分水岭就在于前者只能关注执行，后者则具备策略制订、网络营销项目运营规划，以及网络营销项目操盘的能力。这往往也是"网络营销专员"和"网络营销总监"之间的区别。

10 项目十
网络营销策划认知

 项目简介

"兵马未动，粮草先行"。优质的策划将为网络营销的成功奠定良好的基础。网络营销的效果有多种，如网络营销对网站的推广、对产品在线销售、对公司品牌拓展的帮助等。网络营销策划是为了达成特定的网络营销目标而进行的策略思考和方案规划的过程。

本项目主要由认知网络营销策划和撰写网络营销策划书两个任务组成。通过对本项目的学习，学生可对网络营销策划产生兴趣，从而掌握网络营销策划的步骤、网络营销创意来源和网络营销策划书的撰写。

 项目目标

知识目标：了解策划的历史、网络营销策划的层次，掌握网络营销策划的概念、内涵、网络营销策划的步骤、网络营销策划书的撰写，熟悉网络营销策划的要素。

技能目标：能够针对企业目标，策划企业网络营销方案，并撰写网络营销策划书。

素质目标：培养学生整体营销思维意识和创新思维能力；培养学生关注国家时事政治和国家政策的习惯；遵循诚实守信的原则和遵守公认的商业道德。

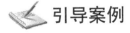 引导案例

回家——让幸福更进一步

1. 案例背景

在春运迁徙浪潮中，如何脱颖而出？

携程旅行网是目前国内领先的在线旅游旅行服务公司，向超过 1 400 万会员提供酒店、机票、度

假、商旅等全方位旅行服务。

大型在线旅游企业占据在线旅游市场79%的市场份额，随着旅行社、酒店、航空公司网上直销业务的发展，以及创新型网站的崛起，使行业的竞争环境越发激烈，而且行业的同质化现象严重，使得竞争对手在产品方面的优势并不明显。携程作为行业巨头，专注的是挖掘更多的服务亮点来与其他竞争对手形成明显的差异化，所以在春运大战中，携程以最低廉的价格抢占市场份额，让更多的用户选择携程。

2. 人群分析

营销目标人群分析：本次活动目标人群定位为在春运期间回家需要订票的用户。

根据交通运输部发布的数据显示，2017年春运期间，全国旅客发送量近30亿人次，而火车是春运主要交通工具。数据显示，春运出行选择火车的达20亿人次，占七成。随着互联网的普及和发展，旅客通过网络购票的数量超过总销售票量的七成，其中选择手机App购票的又占到了互联网购票的近六成，达8亿人次。

通过搜狗大数据分析发现，春运迁徙人群具有在本地通过输入、搜索、浏览异地信息的特征。

3. 项目目标

商业目标：通过搜狗大数据帮助携程获得更多曝光和点击，转化新用户，收获认同感，提升携程品牌知名度和市场占有率。

消费者行为目标：帮助目标群体快速买到回家的车票。

消费者认知/态度目标：通过回家活动的信息渗透，让用户对携程的认知提升。

通过回家活动帮助携程带来6亿次的曝光量，对目标人群实现人均两次的目标洗礼，点击量超过100万次。

4. 策略创意

以快为主的策略旨在帮助网民更快获得回家的票。在碎片化时代，一个高端的媒体品牌必须具备化零为整的能力，能够将千千万万个分散的营销时刻和品牌沟通时刻连接成一条无缝的传播热链，从而获得影响力和可观的营销价值。

搜狗帮助携程为有抢票需求的用户定制全时段营销策略。利用搜狗大数据分析，本次活动通过"引"（针对网民输入行为）、"曝"（针对网民搜索行为）、"点"（针对网民使用行为）三大传播工具，真正实现网民在网络场景下的全覆盖。

5．创意实施

覆盖全产品线，从输入、浏览、搜索方面影响消费者行为。

搜狗为携程量身定制了一套完整的传播方案，从三大传播工具中挑出"拳头"产品，即搜索开放平台、输入法皮肤、搜狗地图。

（1）针对春运期间的热门问题进行问答营销，解决网民关注困惑，加强品牌与网民的互动。引导春运回家氛围的营造。

（2）专属输入法皮肤——搭车超级IP阿狸，发布阿狸春运抢票皮肤，开屏提醒，回家提醒，实时抢票，并可一键直达携程抢票页面。

（3）通过语音输入春运关键词会推送携程抢票信息。人工智能触发互动，发布活动，引发网民关注。趣味抢票蔚然成风。

（4）搜狗地图点亮春节回家路，你查询的每一条路，都是通往回家的路。

6．项目效果

活动资源总曝光量：16亿次

点击总量（到携程）：500万次

日均点击量（到携程）：超7万次

本地生活（页面定制）：PV（8.5亿次），点击（近280万次）

搜索资源：PV（超750万次），点击（超30万次）

地图资源：PV（超4 000万次，含开屏），点击（超5万次）

在搜狗巨大的流量支撑下，原生广告覆盖不足的问题也得到了解决。在无界的互联网世界，任何一个细分需求都能被轻松汇聚成不可小觑的市场力量。

思考：

1．你认为上述案例中的策略如何？对于此类策划还有哪些建议？

2．案例中主要采用了线上推广，请思考如何将该项目的线下推广与线上推广结合？

任务一　认知网络营销策划

任务引入

小李通过前段时间家乡特产网络营销推广尝试，发现营销效果并没有达到预期目标。他发现自己做的网络营销推广中还存在很多问题，小李该如何做一个比较系统的家乡特产网络营销策划方案呢？

知识指南

一、网络营销策划概述

（一）网络营销策划的概念

1．策划概念

"凡事预则立，不预则废。"简单来说，策划是指为了达成特定目标，而构思、设计、规划的过程。"策划"一词最早出现在《后汉书》。"策"指计谋、谋略,"划"指设计、筹划、谋划。《孙子兵法》曰:"以正合,以奇胜。"某网络营销策划机构这样理解这句话:正就是指策略和系统;奇可理解为创意。策划就是进行策略思考、布局规划、谋划制胜创意并形成可安排执行的方案的过程。

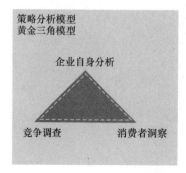

小资料:网络营销的三个层次

2. 网络营销策划的概念

顾名思义,网络营销策划就是为了达成企业的网络营销目标而进行的策略思考和方案规划的过程。在很长一段时间里,大多数人眼里,网络营销策划与推广是一样的。但现在,越来越多的人认识到,网络营销策划远远要比推广复杂得多。网络营销策划需要极强的执行力和大量对细节的关注。例如推广一节课,网络营销策划需要考虑的内容包括以下方面。

(1)这节课我主要用来打动用户的点是什么?

(2)如何通过课程的文案说服用户相信我要传递给他们的这个点?通过何种表现形式(文字、语音、图片还是视频)、何种逻辑(讲故事、讲道理还是摆事实、摆论据)?

(3)我需要一个什么样的标题以刺激更多用户打开并阅读我的课程文案?

(4)课程的报名流程是否顺畅,是否存在会导致用户流失的不良体验?

(5)我可能需要通过哪些渠道去完成对这节课的推广?在不同渠道上,我推广的方式和手段是否需要有一些不同?假如需要同时在 10 个微信群里分享课程链接,我是不是需要针对不同类型的群来写几个不同版本的分享转发语?

网络营销策划可分为网络营销盈利模式策划、网络营销项目策划、网络营销平台策划、网络推广策划、网络营销运营系统策划 5 种类型,本任务中网络营销策划主要特指网络推广策划。

(二)网络营销策划要素

企业做好网络营销的核心是什么?推广、网站、转化率、销售、文案、产品还是 SEO?在企业具体的网络营销工作中,企业往往没有系统地看待网络营销,也没有一种策略去统领全局,没有创造性地解决问题,更没有培养运营系统。简而言之,做网络营销时没有进行网络营销策划。

"策略为纲,创意为王,系统制胜。"网络营销策划的核心要素就是网络营销策略、网络营销创意和网络营销运营系统。

1. 网络营销策略

(1)正确策略的来源

策略从市场分析中来,只有深入分析行业、竞争对手、目标消费者和自身,得出自己的优势、劣势、机会和威胁,才能扬长避短、抓住机会,找到适合自己的正确策略,如图 10-1 所示。

图 10-1 策略分析

（2）确定网络营销策略的方法

不同行业、不同企业、不同阶段的企业均有不同的网络营销策略，企业需要根据自身的实际资源来发挥自己的优势，确定适合自己的策略。

① 确定企业的网络营销模式。企业是做淘宝还是自建 B2C 商城，是利用网站推广在线下成交订单还是做品牌推广，不同的行业、不同的企业适合不同模式。

② 用户定位。对于企业来说用户在哪里，用户关心什么，企业的核心优势是什么，用户选择企业而非选择竞争对手的主要原因是什么等，这些问题需要弄清楚，正确定位目标用户。

③ 定位推广并执行。确定怎么能找到用户；怎么告知用户；是否要建设网站；如果建设网站，怎么展示企业的卖点和核心优势等，这些内容就包含了产品品牌策略、网站策划策略和网站推广策略。

④ 明确目标用户。在网络推广策略中，无论是做搜索引擎营销、社会化媒体营销、视频营销还是其他方法，都需要先找到推广目标用户，然后开展有针对性的推广。但在现实中，很多企业却忽略了这一策略，没有明确找到目标用户，却一直尝试各种手段，到处投放广告，花费了大量精力却没什么效果。

2．网络营销创意

（1）创意

一个好的创意包含众多新奇的想法，但这些想法还不是真正意义上的创意，它们只是创造性思维的成果。营销上的创意如亚马逊创造的广告联盟模式，被 Google 扩大，成为网络中小站长的一种盈利模式。

（2）创意来源

创意主要来源于对市场的洞察、对消费者的洞察、对人性最深层次的洞察。洞察产生了洞见，企业洞见了消费者需求，也就洞见了财富之门。

小案例：魅族&网易
——奥运金牌夺宝
跟帖创新营销

3．网络营销运营系统

（1）网络营销运营系统内涵

网络营销运营系统简单说就是执行策略、达成目标的执行系统。其重点是建立企业网络营销推广体系及推广制度，包括主流网络营销推广系统的账号体系的建立及培养等。

（2）构建网络营销运营系统

完成一项工作，需要什么人、什么资源，怎么去分解任务分配任务，每个阶段做什么事，怎么跟进监督，这都需要做好系统安排，这个过程就是构建运营系统的过程。

例如，某个项目的传播推广策略以搜索为核心，在网站规划时要做哪些工作，网站结构如何规划，关键词如何提炼，内部链接如何规划，内容如何规划撰写，程序功能如何优化等；网站建好后，运营如何围绕 SEO 优化，外部链接如何建设，内容如何更新，数据监测分析、搜索竞价如何操作等，都需要系统规划，事先安排落实到岗。其实策略提出后，设置岗位、招聘人才、管理考核等都是组建运营系统的基础。

（3）系统匹配策略

建立良好的网络营销运营系统，首先要求项目负责人对项目策略、各模块流程细节、团队组建、岗位需求、管控系统等全部深入了解，甚至亲自操作过，其次要求团队、流程的整合能力要强。而一般错误主要表现为岗位配备、人员配备与完成策略需求的岗位技能不匹配。

小案例：创意 H5
助力方太"简·不凡"
"618"狂欢购物节
推广

二、网络营销推广策划的步骤

（一）通过营销定位明确营销目标

随着网络的快速发展，越来越多的企业开始注重网络营销，很多的企业网络营销都是大量投入营销资金，却没有得到理想的效果，这些企业的失误在哪里？其实是因为它们没有走好网络营销的第一步——营销定位。很多企业对自己的网络营销没有任何的定位，只是要求自己的网站访问量越高越好，而忽略了企业自身的特点及相对应的营销模式。因此在做网络营销策划前，首先要明确营销目标，明确这个策划是追求 IP、流量、注册量，还是追求销售量、品牌知名度等。如果营销目标不明确，推广工作做得越多，资金使用得越多，反而更加迷茫，这也是传统企业转型互联网后第一个容易迷茫的地方。

做一做

小 A 的工作思考

案例：某大学负责网络推广工作的小 A 对 2018 年的网络营销策划工作效果不理想，并对 2019 年的网络营销策划工作没有头绪。小 A 负责学校旗下的 C 网站的推广，由于该学校是公办学校，招生很容易，学校不要求小 A 通过网络营销策划带来生源或是流量，只要求有浏览者在搜索引擎中搜索该学校或是该学院的名字时，能够在前三页出现正面的报道或信息（负面消息除外）。

小 A 2018 年的具体工作介绍如下。

（1）软文推广。选择了 4 家投放媒体，其中两家规模稍大，全年共在这两个网站发布了 40 篇软文。另外两家网站都是包年合作，随时可发。但由于后两家是小型网站，效果几乎没有。

（2）百度百科。建立学校的百科词条。

（3）微博和微信公众号推广。建立了官方微博和官方微信公众号，通过微博和微信公众号发布学校的消息。

（4）电子杂志推广。制作一些与学校有关的电子杂志，发布在互联网上。

（5）QQ 推广。建立学校官方 QQ 群，并在其他相关 QQ 群中进行推广。

（6）短视频推广。开通了官方抖音号，拍摄学校的短视频并放到短视频平台上。

思考：

1. 小 A 的工作目标是什么？

2. 为了达到工作目标，哪些工具和方法是小 A 错误的选择？

3. 小 A 为了达到工作目标，应该选择哪些网络营销工具和方法？具体如何实施？

（二）明确目标用户

在真实的网络营销策划中，往往有多种不同的目标。例如，对一家带有商务性质的论坛来说，既要追求品牌与口碑，又要追求流量；既要追求注册用户数，又要追求帖子量；最重要的是追求转化率和销售额。而能够帮助这个网站进行口碑传播的人，不一定是论坛里的活跃用户；而天天在论坛里不停发帖的用户，也不一定会产生消费；而有购买需求的用户，可能根本就不愿意在论坛里注册。所以我们要做的就是明确不同目标的不同用户群，给目标用户分类。

对网络传播来说，用户可以分为能够带来收入的用户、能够带来流量的用户、能够带来内容的用户、能够带来口碑的用户、能够带来品牌和权威性的用户。

做一做

C 网站的用户分析

根据"做一做：小 A 的工作思考"中小 A 的案例，思考并填写下表。

网站的用户	用户类型	访问网站的目的
1		
2		
3		
4		
……		

（三）明确目标用户的特征

在明确了目标用户之后，还需要明确目标用户的特征，绘制用户特征图。

不同自然属性、社会属性的人，其喜好不同，针对他们的营销策略也不同。例如，年龄偏小的用户，喜欢追逐时尚、赶潮流，针对他们进行营销时，页面风格要时尚，文字要朴实。而年龄偏大的用户，则比较成熟稳重，喜欢有内涵的事物，对这类用户，页面风格要成熟一些，文字要有内涵。

此外，还要研究用户需求，弄清楚用户喜欢哪方面的内容、信息、资源及想解决的问题或困难等。网络营销策划者要明确目标用户上网是喜欢看新闻还是喜欢看文章，是喜欢看服装搭配类的内容还是喜欢看美容化妆类的文章等。用户的这些需求决定了下一步网络营销策划的素材。

做一做

C 网站的用户特征分析

根据"做一做：C 网站的用户分析"中的用户类型，通过网站后台分析 C 网站用户的上网特征，统计包括网站访问量、网站来路分析、浏览的内容、使用设备、访问者的基本属性等特征，并用思维导图绘制 C 网站的用户特征。

（四）明确目标用户集中的平台

分析目标用户的需求后，要明确目标用户集中的平台。这时就要结合用户特征和需求进行分析：如果用户的主要需求是浏览文章，就需要将用户常去的网站全部找到；如果用户上网做得最多的事是与人交流，就需要将用户常去交流的论坛筛选出来；如果用户喜欢在 QQ 群交流，就要明确是哪一类主题的 QQ 群；如果用户喜欢用搜索引擎查找信息，就需要将用户经常搜索的词全部列出来。将上述的这些信息列出来，越详细越好。

做一做

明确 C 网站的用户集中平台

根据"做一做：小 A 的工作思考"中关于 C 网站的相关内容，依据不同类型用户分析目标用户常去的网站和喜欢的话题。

网站的用户	集中的平台	喜欢的话题
1		
2		
3		
……		

（五）针对用户特点展示产品亮点

通过前面四个步骤，明确网络营销策划目标、目标用户及目标用户集中的平台，接下来就需要分析如何打动用户，让用户转化为客户。

首先通过分析用户行为来找到影响用户决策的关键点，然后再结合用户特点及产品的特点来打动用户。

（六）撰写网络营销策划方案并执行

经过前面五个步骤，网络营销的策略和方法都已经比较明确，下面需要将网络营销策划方案撰写出来并按照策划方案执行到位。

（七）效果监控与评测

1. 建立合理的营销目标

营销目标是指具体的指标，如 IP 数、PV、注册用户数、活动参与人数、作品转载数、销售额、订阅数等，而且这些数据要合理。

合理指标的来源包括以下 5 个方面。

（1）根据以往的经验数据推算。

（2）实际测试。如果没有经验可以借鉴，可以拿出部分资金进行小范围内的测试。

（3）对比传统渠道的数据。

（4）参考同行数据。

（5）依据行业调查数据。例如艾瑞、缔元信、易观国际、开眼数据、CNNIC 等会公布各行业的数据。

2. 监控数据

通过网站数据监控，了解网站基本情况，并建立详细的数据检测表。目前可以选择 CNZZ、百度统计等统计工具。

三、网络营销策划的执行策略

网络营销策划对推广执行者来说是一个考验，特别是在多种推广渠道和营销手段复合式运行中，执行力的强弱将直接决定网络营销的成效。

对于一个网络推广人员或者一个推广团队/企业来说，建立一套可攻可守的推广执行模式开展推广，会更有效率。

（一）建立"值周生"制度

网络营销推广是一个长期的任务，除了阶段性的网络营销项目策划与推广外，网络营销日

小资料：医院网站
转化率营销方案

常维护和管理更是必不可少。在这个过程中需要以制度的方式进行规范，才能实现效果的最大化。

以"平安北京"微博为例（见图10-2），2010年7月29日，北京市公安局以微博账号"平安北京"的身份第一次出现在新浪微博平台。2011年8月8日，"平安北京"正式落户人民网，截至2019年3月，其微博粉丝数量已有1253万，并在多个政务微博影响力排行中名列前茅。其成功经验有以下几点。

（1）专人值守。"平安北京"由来自不同警种的14名工作人员负责运营，成员均为北京市公安局各个岗位的优秀民警，分别来自刑侦、治安、消防、出入境等岗位，他们从2011年8月8日起正式上岗，将长期为"平安北京"的网友提供咨询服务，并受聘为"平安北京"特约博主，定期在网上与网友进行交流。"平安北京"工作团队通过24小时的轮流值守，应对网络舆情事件，并及时与北京市公安部门、其他政府部门联络，解决网民报案、疑问，澄清网络谣言、消除由谣言信息所引发的恶劣影响。

（2）公安微博的值班民警都会贴上自己的照片，用网友熟悉的语言方式和粉丝交流，有人负责发新闻，有人负责普及相关知识，有人乐于调节气氛，有人擅长与网友交流谈心……当公安微博不再打"官腔"时，赢得了越来越多的粉丝。

（二）建立网络营销账号系统

网络营销账号系统，就是在各种网络推广渠道中，各注册一个同名账号，如微博可选择新浪，论坛可选择在天涯和猫扑各注册一个，视频网站可覆盖优酷、爱奇艺等。其核心是在每一个推广渠道中都要有一个核心账号，一旦策划网络营销活动，可以形成网络渠道全覆盖的趋势。

网络营销账号系统应该以社交网络传播为节点，将视频发布、微博微信聚合、博客意见、论坛推广、百科维护、问答引导、新闻定性等所有的网络营销推广途径连接成一个有机整体。这样做的最大好处就是不把所有的资源放在微博、微信乃至其他任何一个传播渠道上，而是让每一个推广渠道都可以成为营销效果的爆发点。

网络营销账号体系可总结如下。

第一，一个长期的系列的推广可能在初期很难有影响力，但只要在随后的推广中爆发，就可以让网民关注，并对初期的内容进行回顾，对未来的内容有所期待，从而积少成多，逐步形成强大的影响力。

第二，任何一个推广渠道的爆发，都可以牵一发而动全身，让所有推广渠道上的内容为网民所关注，形成一个推广黄金链条。

第三，不能让推广专员们仅仅把注意力放在微博、微信上，而是要认识到网络营销有很多途径，要更为熟练地掌握所有网络营销的推广方式。

第四，通过这种整合推广，可以更有效地对有不同网络浏览偏好的网民进行更好的覆盖，这可以有效地突破只能覆盖微博、微信用户的传播瓶颈。

第五，解决微博、微信等社交媒介的信息量问题，论坛、博客、百科等传统传播渠道可以做好微博热播之后的延伸问题。

第六，一旦通过几次带有创意性的趣味传播形成影响力，那么所有链条上的网络营销账号都将通过这种"1+1>2"的方式得到成长，聚合一定的长期关注者，并形成自己的影响力，这比简单的微博、微信粉丝更有力量。

第七，未来任何一种推广，无论是视频、文字、图片，还是硬广告，任何形式都可以融合到网络营销账号中，这也是最关键的一点。

任务实训

学校网络营销策划

1．实训目的

本次实训使学生了解网络营销策划的概念，掌握网络营销策划的要素和步骤。

2．实训内容及步骤

（1）根据网络营销策划步骤设定目标、分析目标用户及用户集中平台。

（2）选择适合的网络营销方法和工具，策划用户喜欢的内容并传播。

（3）撰写网络营销策划方案并执行。

（4）效果监控。

3．实训成果

结合小组产品或品牌，策划并撰写网络营销策划方案，并执行 4 周。

任务二　撰写网络营销策划书

任务引入

小李看到不少企业不知道该如何撰写网络营销策划书，网络营销策划书都包括哪些内容？如何撰写一份优秀的网络营销策划书？

知识指南

一、网络营销策划书的类型

（一）网络营销策划书

网络营销策划书是企业为尚未推出的产品、服务、品牌或者网站等实现一定的市场目标而制订的全盘网络营销计划。在项目启动之前，制作一份完整的营销策划书是非常有必要的。

（二）网络营销诊断书

企业在网络营销运营活动中不可避免地会出现各种问题，有了问题就要找出原因所在，提出改进的对策和方法。这就是网络营销策划中营销诊断书所要解决的问题。网络营销诊断书通过分析企业网络营销运营的实际状况，发现运营中存在的问题，然后运用科学的方法，有针对性地进行分析，查找产生问题的原因，提出切实可行的改进方案，从而调整行动方向，以最小的代价实现企业目标。

二、网络营销策划书的结构及技巧

（一）网络营销策划书的结构

网络营销策划书是企业网络营销项目运营的前提和保障，也是规范企业网络营销管理的重要方面。鉴于网络营销策划书对企业经营和营销管理的重要性，策划人员应更加注重策划文案的写作。要完成这项工作，首先要明确策划书的结构。

1．网络营销策划的纲要

纲要主要描述网络营销策划项目的背景资料和网络营销策划的目的。

2．网络营销环境的分析

（1）宏观环境分析，包括政治环境分析、经济环境分析等内容。

（2）微观环境分析，包括用户分析、竞争对手分析、网页分析等内容。

3．SWOT 分析

SWOT 分析即评估企业内部环境的优势（Strengths）与劣势（Weaknesses），评估企业外部环境的机会（Opportunities）与威胁（Threats）。

4．网络营销方案

（1）网络营销目标。网络营销目标是在前面目的的基础上，企业所要实现的具体目标，如网络营销策划方案执行期间，应实现的经济效益等数据。

（2）具体网络营销方案。从目标客户、竞争对手、自身优劣势洞察等方面来综合分析，确定策划的整体思路并制订具体的网络营销方案。

（3）网络营销方案的传播。分析用户的喜好和聚集的平台，通过多种网络营销工具和方法将网络营销方案中的内容尽可能多地传播给用户。

5．执行分解方案

要执行网络营销方案，就需要将其分解为多个模块、步骤和环节，然后需要人力、财力、物力的资源配合，最后将所有操作编制成一份甘特图，从时间、空间、任务、目标等落实到人。

行动方案要细致、周密，操作性强又不乏灵活性，还要考虑费用支出，一切量力而行，尽量以较低费用取得良好效果为原则。

6．费用预算

按照网络营销策划中的各种有费用的项目，对营销策划方案的费用进行科学合理的预算。

7．控制应变措施

由于环境的不确定性，任何计划在实施过程中难免会遇到一些不可预期的风险，因此要准备应变措施。

（二）撰写网络营销策划书的技巧

要想撰写一份出色的网络营销策划书，仅仅掌握其书写结构是不够的。细节决定成败，只有在策划书的书写过程中注意一些细节性问题，才能使策划书更具实效性，主要体现在以下 3 个方面。

1．结构完整，层次清晰

网络营销策划书相对于网络营销诊断书而言，是综合性很强的一种营销方案。正因为如此，有些企业认为其难以把握，写起来毫无头绪、无从下手。网络营销策划书可以概括为环境分析、战略制订、执行落实。对于网络营销理论有整体上的把握，可以使我们的思路清晰，从而有效地开展工作。

2．主线明确，战略统领

网络营销策划书围绕一条主线展开分析，这就是网络营销策划的目标。例如，企业欲推广其电子商务平台，在初期主要以提升网站的访问量为主要目标，那么，整个网络营销策划内容要以此为核心。

策划者可以在书面中使用一些重点符号、特殊的版式、不同的字体或字号，对策划内容的主要观点给予强调突出，便于在执行时准确地把握策划主线。

3．图表丰富，分析深入

图表的表达方式可以使网络营销文案简明扼要，而且分析透彻，同时可以让文案的语言精练到最简化的程度。

三、网络营销诊断书的结构及技巧

（一）网络营销诊断书的结构

网络营销诊断是以企业的网络营销经营过程为研究对象，在具体分析企业网络经营活动的基础上，揭示企业经营中存在的各种问题，并提出对其进行改进的方法与对策。一般来说，网络营销诊断书的基本结构包括3个部分，具体介绍如下。

1．企业网络营销现状与问题

首先要确定导致企业的网络经营状况出现问题的原因。例如，诊断企业的电子商务平台运营，可以从用户体验项目检测、营销功能项目检测、日常服务项目检测、网站推广项目分析、网站运营项目检测等方面入手。

其次要介绍诊断"病情"的调查方法。网络营销诊断书的编写要以调查为基础，只有运用科学的调查方法，调查结论才具有说服力，如网站访问速度的监测工具、网站 SEO 的监测工具等。

最后要明确诊断工作的目标。既然在大量调查基础上发现了企业运营问题所在，那么该诊断书究竟能将"病情"医治到何种程度是企业最关注的内容。

2．原因分析

明确了病情，还要分析病因所在，以便对症下药。一般来说，对病因的解释需要进行以下两方面的工作。

（1）收集资料。诊断内容不同，所需要收集的资料也不尽相同。例如，诊断企业的电子商务平台运营状况，需要收集网站访问速度、网站内容体验、网站视觉呈现、网站的更新、客户服务沟通、产品详情页、站外付费推广项目及推广效果、站外免费推广项目及推广效果、网络营销月度总结报告、营销人员、客户管理等相关数据和资料。

（2）分析资料。要想准确查找企业存在问题的原因，则需要对收集到的材料进行整理和分析。如果材料很多，为避免诊断书的文案过于烦冗，可以用表格或者图表的形式加以归纳和整理。

3．完善措施

确定企业网络营销现状与问题，对原因进行分析后，下面要完善措施，这可以说是网络营销诊断书的核心部分，是体现一份成功的诊断书的价值所在。发现问题是切入点，分析问题是基础，解决问题则是关键。

（二）网络营销诊断书的技巧

1．问题导向，有理有据

网络营销诊断书与网络营销策划书的最大不同在于其针对性比较强，即为解决企业网络营销经营中的问题而提出解决方案。从诊断书的基本结构中可以看出，其方案的编写始终以问题为导向，同时要保持逻辑论证的一致性和严密性。例如，有些企业在调研分析中得出网站的访问量不高，并没有具体分析用户通过什么访问路径进入网站，而只是建议加大搜索引擎付费推广。如此，非但没有从根本上解决问题，反而加重了企业资金的运营风险。

2．对策实用，一针见血

对于企业出现的问题，也可以有不同的解决方法。但是能够让企业信服并愿意实施的网络营销诊断方案必定是实用性较强、能够使问题在最短的时间内迎刃而解的策划。因此，在撰写网络营销诊断书时，可以针对同一问题列出不同的解决对策，同时将几种方案提供给企业，让其进行选择。最后还要在对企业内外部环境、经营状况、资源等因素进行分析的基础上，直接提出最优方案，可以节省企业自身在选择方案中所付出的成本。

3．一一对应，逻辑严密

写好一份网络营销诊断书的关键在于抓住重点，突出亮点。一般而言，诊断书后半部分提出的解决办法应该与前面提出的诸多问题是一一对应的关系，所列的多个问题或对策按重要程度由高到低排列，将有关系的条目放在一起。很多策划者绞尽脑汁，将文案写得洋洋洒洒，丰富多彩，但没有明确提出问题，所提出的问题与对策也比较杂乱，这样的诊断书是失败的。

 小案例

百雀羚超 3 000 万次刷屏广告是成功还是失败

2017 年 5 月，运营圈内好像都在聊百雀羚超 3 000 万次刷屏广告，朋友圈里也到处在转发，这说明了这次广告刷屏效果的成功。然而就在昨天一篇《哭了！百雀羚 3 000 万+阅读转化不到0.000 08》的文章更是以比前者还快的速度刷屏。那么这次营销事件到底要以什么样的评价标准来衡量呢？

网上大的方向分为两派，一派认为这场刷屏事件是成功的，单从传播的角度看是成功的，这条广告获得了大量的关注，对于品牌的营销效果是显著的。另一派则认为此次事件虽然达到了刷屏的效果，获得了上亿次曝光和超 3 000 万次的阅读，但是转化率未达到预期，是失败的。

这个事件是成功还是失败，最重要的是要分清这个事件是属于公关性质还是营销性质。这就是分歧产生的原因。

如果按公关性质来看待此次事件，毫无疑问是非常成功的一次事件。首先，公关在很大程度上不是为了获得客户。公关不论在什么渠道上的传播都是为了提升品牌的知名度和美誉度，此次事件中百雀羚的知名度毫无疑问获得了提升。我们可以看到，这次百雀羚的案例，目的是为了在母亲节

来临之际做一次公关宣传，也仅仅是投放了几个营销号，然后意想不到地获得了大量的阅读量，可以看到其后续并没有为获得转化率做更多的工作。从这个角度来看，这次公关事件是成功的。

但如果是从营销性质看待此次事件，很多人认为是失败的。并不是说一个好的创意就可以让产品脱销，其实百雀羚此次营销也是有一些问题的。有一个现象表示，这次百雀羚的公关大部分情况下是营销、运营圈内的人在讨论阅读，这其实是没有找对用户。在一定程度上，你的创意和图片就算再优秀，如果没有真正地触动有需求用户的购买欲，也仅仅只是让人觉得广告不错而已。

根据上述案例思考下面问题。

1. 如何真正找到自己的目标人群？此次事件针对的人群是什么？为什么会在运营、营销圈里获得大量的讨论？

2. 推广渠道是选择企业官方账号还是第三方知名自媒体平台？这些平台的选择对推广效果有什么影响？百雀羚的原发账号并没有火，反而是公关投放的"4A 广告门"的软文意外走红带来了大量的流量，然后就形成了各平台转发的局面，这些平台的转发对营销转化率有什么影响？

3. 优质原创内容对推广传播有什么影响？

任务实训

撰写学校网络推广诊断分析策划书

1. 实训目的
本次实训使学生了解网络推广诊断分析策划书的概念、分析的方法和诊断书的撰写。

2. 实训内容及步骤
（1）收集学校网络营销推广基础数据。
（2）根据上述数据，分析推广中存在的问题。
（3）根据上述存在的问题提出有针对性的解决方法。

3. 实训成果
撰写并提交小组产品网络推广诊断分析策划书。

思考与练习

一、不定项选择题

1. 下面不属于网络营销策划要素的是（　　）。

    A. 网络营销策略　　　B. 网络营销创意　　　C. 系统匹配策略　　　D. 网络营销策划书

2. 从传播角度来说，用户可以分为（　　）类型。

    A. 能够带来收入的用户　　　　　　　　　B. 能够带来流量的用户

    C. 能够带来内容的用户　　　　　　　　　D. 能够带来口碑的用户

    E. 能够带来品牌和权威性的用户

二、简答题

1. 网络营销推广策划的步骤是什么？

2. 网络营销策划书的结构是什么？

3. 网络营销诊断书的结构是什么？

素质拓展问题

180

11 项目十一
网络推广策划

 项目简介

网络推广是网络营销重要的组成部分。网络推广从狭义上讲是指通过基于互联网采取的各种手段进行的宣传推广活动。

其中，网站推广是网络推广中的重要组成部分，也是网站运营工作的基本内容。网站推广的目的在于让尽可能多的潜在用户了解并访问网站，从而利用网站实现向用户传递营销信息的目的。近几年来，随着移动电子商务的飞速发展，越来越多的企业建立了自己的 App，因此 App 推广也成为企业网络推广中的重要任务；同时，不少的企业和个人都建立了自己的网店，网店和实体店铺一样需要推广，这样才能让网店被更多的人发现。

本项目主要由网站推广策划、App 推广策划和网店推广策划三个任务组成。通过对本项目的学习，学生可对网站推广策划、App 推广策划和网店推广策划产生兴趣，从而掌握网络推广策划的思路、执行过程和推广效果评估。

 项目目标

知识目标：熟悉网站推广的不同阶段，掌握网站推广的策划思路，了解网站推广的评估指标和评估工具；掌握 App 推广的常用方法；掌握网店推广中站内推广和站外推广的常用方法。

技能目标：能够撰写网站推广策划方案；能够对网站推广效果进行评估，并找出有针对性的推广方法；能够策划 App 推广方案；能够策划网店站内推广和站外推广方案。

素质目标：培养学生将企业文化与推广策划相融合的理念；培养学生实务求真的工作态度。

 引导案例

某企业网站的推广计划

某企业生产和销售有机农产品，为此建立了一个网站来宣传推广产品，并使网站具备了网上处理订单的功能。其网站推广计划将第一个推广年度分为 4 个阶段（每个阶段 3 个月左右）：网站策划与建设阶段、网站发布初期、网站增长期、网站稳定期。

该网站的推广计划主要包括下列内容。

（1）网站推广目标：计划在网站发布一年后达到每天独立访问用户 2 000 人、注册用户 10 000 人。

（2）网站策划与建设阶段的推广：在网站建设过程中，从网站结构、网页布局、URL 层次设计、网页文档名称及 META 标签自定义等方面实现整体搜索引擎优化；通过网页模板，设计站内推广位置；

同时在网站首页预留网站友情链接区域。

（3）网站发布初期的推广：登录主要搜索引擎和分类目录（列出计划登录网站的名单）；与部分合作伙伴建立网站链接；通过企业微博和微信公众平台发布相关信息；通过百度百科等平台创建企业词条。

（4）网站增长期的推广：当网站有一定访问量之后，为继续保持网站访问量的增长和品牌提升，企业通过对搜索引擎关键词进行分析，针对部分自然搜索效果不理想的重点关键词投放搜索引擎广告；与部分合作伙伴进行资源互换；在淘宝网开设网店，由专人负责运营，实现联动推广及扩大在线销售。

（5）网站稳定期的推广：结合公司新产品促销，为注册用户不定期发送在线优惠券等优惠信息；不断挖掘经营过程中的行业热点，与网络媒体合作发布网络新闻；在条件成熟的情况下，建立一个中立的、与企业核心产品相关的专题网站，扩大企业的网络可见度。

（6）推广效果的评价：对主要网站推广措施的效果进行跟踪，定期进行网站流量统计分析，不断调整推广方法以改善网站推广的效果，在效果明显的推广策略方面加大投入。

从这个简单的网站推广计划中，我们可以得出以下几个结论。

（1）制订网站推广计划有助于在网站推广工作中有的放矢，有步骤、有目的地开展工作，避免重要内容的遗漏。

（2）网站推广是在网站正式发布之前就已经开始进行的，尤其是搜索引擎优化的工作，在网站设计阶段就应考虑到推广的需要，并做必要的优化设计。

（3）网站推广的基本方法对于大部分网站都是适用的，尤其是一个网站在建设阶段和发布初期通常需要进行这些常规的推广。

（4）在网站推广的不同阶段需要采用不同的方法，也就是说网站推广方法具有阶段性特征。有些网站推广方法可能长期有效，有些则仅适用于某个阶段，或者只能临时性采用，各种网站推广方法往往是结合使用的。

（5）网站推广是网络营销的内容之一，并不是孤立的，需要与其他网络营销活动相结合来进行。

（6）网站进入稳定期之后，推广工作也不应停止，但由于进一步提高访问量有较大难度，需要采用一些超越常规的推广策略，如上述案例中建设一个行业信息类网站的计划等。

（7）网站推广不能盲目进行，需要进行效果跟踪和控制。在网站推广评价方法中，最为重要的一项指标是网站的访问量，访问量的变化情况基本上反映了网站推广的成效。

思考：

1. 请列举常见的网站推广方法。

2. 通过互联网收集海尔官方网站的推广方法和推广策略。

任务一　网站推广策划

任务引入

小李的家乡特产官方网站发布三个月后，虽然有一定的访问量，但是访问量和成交量并不是很理想，他想了解家乡特产官方网站现在该如何推广，网站推广的效果如何，应该如何评估网站推广效果，都有哪些好的评估工具。

知识指南

一、网站推广策划中的常用方法

网站推广策划是网络营销策划的组成部分。网站推广策划的基础是分析用户获取网站信息的主要途径，发现网站推广的有效方法。实践经验及相关研究表明，用户获取企业网站信息的主要途径包括搜索引擎、关联网站、网站内部资源、信息发布、电子邮件、社会化媒体网络、网络广告等方式。每种网站推广方式都需要相应的网络工具或推广的资源，如表 11-1 所示。

表 11-1　常用网络推广方法及相关推广工具和资源

网站推广方法	相关推广工具和资源
搜索引擎推广	搜索引擎优化、搜索引擎付费推广
网站内部资源推广	网站内部资源、站内广告、站内推广区
关联网站推广	企业分支机构或者营销关联网站
电子邮件推广	潜在用户的电子邮件地址资源
资源合作推广	网站链接、合作伙伴的用户资源等
信息发布推广	B2B 电子商务平台、论坛、微博、微信、网络社区等
病毒性营销推广	免费电子书、免费软件、免费贺卡、免费游戏、聊天工具等
社会化媒体网络推广	博客、微博、微信、聊天工具、论坛、贴吧、问答式网络社区、文档分享工具、经验分享工具、视频分享工具等
网络广告推广	展示性网络广告媒体、搜索引擎广告、网站联盟等
综合网站推广	线上、线下各种有效方法的综合应用

除了这些常规的网站推广方法之外，一些不规范的网站（如软件下载、交友社区、网络游戏等）为了追求访问量，也可能采用一些非常规的手段，如未经许可的广告插件、弹出广告、浏览器插件、更改用户浏览器默认主页、强制性安装的软件（俗称"流氓软件"）、垃圾邮件、不规范的网站联盟等。这些方式对网站访问量的增长虽然具有拉动作用，但由于对用户正常上网造成不良的影响，因此在正规的网络营销中并不提倡使用这些方法。

此外，形形色色的网络营销软件也发挥着一定的作用。在企业网络营销发展和应用过程中，为了获得有效的网络推广效果，许多企业通过各种网络营销软件在供求信息发布群发信息、把网站自动提交到多个搜索引擎，进行微博信息群发等，有些软件甚至通过网页收集电子邮件地址进行群发邮件，制造了大量的垃圾信息。所以这些软件鲜有成为主流网络营销工具的机会。究其原因，主要是这些软件开发的指导思想在于试图将网络营销简单化，将网络营销信息传递的工作等同于简单的群发信息。实际上，网络营销是一项长期的、琐碎的工作，没有专业人员认真踏实的工作和长期的网络资源积累，仅寄希望于一两个软件来替代复杂的人工工作，是不太可能的事情。

二、网站推广的阶段及其特点

在网站运营推广的不同阶段，网站推广策划的侧重点和所采用的推广方法存在一定的区别，因此有必要对网站推广的阶段特征及相应的网站推广方法进行系统的分析。

（一）网站推广的四个阶段与访问量增长曲线

一个网站从策划到稳定发展一般要经历四个基本阶段：网站策划与建设阶段（建设期）、网站发布初期（初发期）、网站增长期、网站稳定期。图 11-1 所示是某个网站推广阶段与访问量增长曲线示意图。

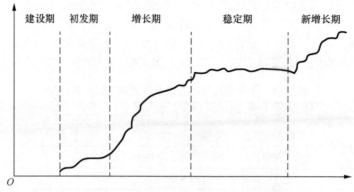

图 11-1　某个网站推广阶段与访问量增长曲线示意图

图 11-1 表现的是一般正常网站访问量的发展轨迹，或者说是企业对网站推广效果的期望轨迹。当网站进入稳定期之后，由于经营策略的变化，网站访问量可能进入新一轮的增长期，也可能进入衰退期。对于一个长期运营的网站，企业自然希望其在进入一个稳定阶段之后，通过有效的推广，再次进入增长期。之所以进入稳定期之后不同的网站会出现迥异的表现，在很大程度上是因为企业对网站运营所处阶段及其特点了解不深，没有采取有针对性的推广策划。

（二）网站推广的阶段特点

1．网站策划与建设阶段网站推广的特点

真正意义上的网站推广并没有开始，网站没有建成发布，当然也就不存在访问量的问题，不过这个阶段对网站推广仍然具有非常重要的意义。其主要特点表现在以下 3 个方面。

（1）网站推广很可能被忽视。大多数企业在网站策划和设计中往往没有将推广的需要考虑进来，在网站发布之后，才回过头来考虑网站的优化设计等问题，这样不仅浪费人力，也影响了网站推广的时机。

（2）策划与建设阶段的网站推广实施与控制比较复杂。一般来说，无论是自行开发，还是外包给专业服务商，一个网站的设计开发都需要技术、设计、市场等方面的人员共同完成，不同专业背景的人员对网站的理解会有较大的差异。例如，技术开发人员往往只从功能实现方面考虑，设计人员则更为注重网站的视觉效果，如果没有一个具有网络营销意识的专业人员进行统筹协调，最终建成的网站很可能离网络营销的需求有很大差距。因此这个过程对网站策划人员的网络营销专业水平有较高的要求，这也是一些网站建成之后和最初的策划思想有差距的主要原因所在。

（3）策划与建设阶段的网站推广效果需要在网站发布之后才能得到验证。网站建设阶段所采取的优化设计等推广策略，只能凭借相关人员的经验来进行，是否能真正满足网站推广的需要，还有待网站正式发布一段时间之后的实践效果来验证，如果与期望目标存在差异，还有必要做进一步的修正和完善，也正是因为这种滞后效应，更加容易让网站策划人员忽视网站建设对网站推广影响因素的考虑。

这些特点表明，网站推广策划的全面贯彻实施涉及多方面的因素，需要从网络营销策划整体

184

层面上考虑，否则很容易陷入网站建设与网站推广脱节的困境。

2．网站发布初期推广的特点

网站发布初期通常指网站正式开始对外宣传之日以后半年左右的时间。网站发布初期推广的特点表现在下面几个方面。

（1）网络营销预算比较充裕。企业的网络营销预算，通常在网站发布初期投入较多，为了在短期内获得明显的成效，新网站通常会在发布初期加大推广力度，如发布广告、新闻等。

（2）网络营销人员有较高的热情。这种情感因素对于网站推广会产生很大影响。在网站发布初期，网络营销人员非常注重尝试各种推广手段，对于网站访问量和用户注册数量的增长等指标非常关注。如果这个时期的网站访问量增长较快，达到了预期目的，对于网络营销人员是很大的激励，可能会进一步激发其工作热情。

（3）网站推广具有一定的盲目性。尽管营销人员有较高的热情，但由于缺乏足够的经验和必要的统计分析资料，加之网站推广的成效还没有表现出来，因此无论是网站推广策划的实施还是网站推广效果评估方面都有一定的盲目性，因此宜采用多种网站推广方法，并对效果进行跟踪控制，逐渐发现适合网站特点的有效方法。

（4）网站推广的主要目标是用户的认知程度。推广初期，网站访问量快速增长，让更多用户了解是这个阶段的主要目标，产品推广和销售促进通常居于次要地位，因此更为注重引起用户对网站的注意。在采用的方法上，主要以新闻、提供免费服务和基础网站推广手段为主。

网站发布初期的网站推广策划的基本思路可以总结为：尽可能在这个阶段尝试应用各种常规的基础网络营销方法，同时要注意合理利用营销预算。因为有些网络营销方法是否有效尚没有很大的把握，过多的投入可能导致后期推广资源的缺乏。

3．网站增长期推广的特点

经过网站发布初期的推广，网站拥有了一定的访问量，并且访问量仍在快速增长中，这个阶段仍然需要继续保持网站推广的力度，并通过前一阶段的效果进行分析，发现最适合本网站的推广方法。

网站增长期推广的特点主要表现在下列方面。

（1）网站推广方法具有一定的针对性。与网站发布初期的盲目性相比，由于尝试了多种网站推广方法，并取得了一定效果，这个阶段在采用什么推广方法更为有效方面积累了一些实践经验，因此在做进一步推广时往往更有针对性。

（2）网站推广方法的变化。与网站发布初期相比，增长期网站推广的常用方法会有少量变化，一方面，因为已经购买年度服务费的推广服务（如分类目录登录、付费会员费用等）处于持续发挥效果的阶段，除非要继续增加付费推广项目，否则在这些方面无须更多的投资。另一方面，为了继续获得网站访问量的稳定增长，需要采用更具针对性的网站推广手段，有些甚至需要独创性才能达到效果。

（3）网站推广效果的管理应得到重视。网站推广的直接效果之一就是网站访问量的增加，网站访问量指标可以通过统计分析工具获得。企业在对网站访问量进行统计分析时可以发现哪些网站推广方法对访问量的增长更为显著，哪些方法可能存在问题，同时也可以发现更多有价值的信息，如用户访问网站的行为特点等。

（4）网站推广的目标将由用户认知向用户认可转变。网站发布初期阶段的推广获得了一定数量的新用户，如果用户肯定网站的价值，将会重复访问网站以继续获得信息和服务，因此在网站增长期的访问用户中，既有新用户，也有重复访问者，网站推广要兼顾两种用户的不同需求特点。

网站增长期推广的特点反映了一些值得引起重视的问题：仅靠对网络营销人员网站推广基础

知识的了解和应用已经力不从心了，有时甚至需要借助专业机构的帮助才能取得进一步的发展。这个阶段对于网站进入稳定发展阶段具有至关重要的影响，如果没有专业的手段，网站很可能在较长时间内只能维持在较低的访问量水平上，最终限制营销效果的发挥。

4．网站稳定期推广的特点

网站从发布到进入稳定发展阶段，一般需要半年到一年甚至更长的时间，稳定期主要特点如下。

（1）网站访问量增长速度减慢。网站进入稳定期的标志是访问量增长率明显减慢，采用一般的网站推广方法对于访问量的增长效果并不明显，访问量可能在一定数量水平上下波动，有时甚至会出现一定下降，但总体来说，正常情况下的网站访问量应该处于历史上较高的水平，并保持相对稳定。如果网站访问量有较大的下滑，应该是一种信号，企业需要采取有效的措施。

（2）访问量增长不再是网站推广的主要目标。当网站拥有一定的访问量之后，网络营销将注重用户资源的价值转化，而不仅是访问量的进一步提升。访问量只是获得收益的必要条件，但仅有访问量是不够的。从访问量到收益的转化是一个比较复杂的问题，这些通常并不是网站推广本身所能完全包含的，还取决于企业的经营策略和企业盈利模式。

（3）网站推广的工作重点将由外向内转变。也就是说，将面向吸引新用户为重点的网站推广工作逐步转向维护老用户以及网站推广效果的管理等方面，这些工作往往没有通用的方法，对网络营销人员个人的专业水平提出了更高的要求。

网站稳定期推广的特点表明，网站发展到稳定阶段并不意味着推广工作的结束，网站的稳定意味着初期的推广工作达到阶段目标，保持网站的稳定并谋求进入新的增长期仍然是一项艰巨的任务。

三、网站推广阶段的主要任务

网站发展的不同阶段，网站推广具有不同的特点，这些特点决定了该阶段网站推广的任务也会有所不同。为了制订有效的网站推广策略，还需要进一步明确这四个阶段网站推广的任务和目的。

表 11-2 是网站推广四个阶段的主要工作任务的总结。

表 11-2　网站推广四个阶段的主要工作任务

发展阶段	网站推广的主要工作任务
网站策划与建设阶段	网站总体结构、功能、服务、内容、推广策略等方面的策划方案制订，网站开发设计及其管理控制，网站优化设计的贯彻实施，网站的测试和发布准备等
网站发布初期	常规网站推广方法的实施，尽快提升网站访问量，使尽可能多的用户了解网站
网站增长期	常规网站推广方法效果的分析，制订和实施更有效的、更有针对性的推广方法，重视网站推广效果的管理
网站稳定期	保持用户数量的相对稳定，加强内部运营管理和控制工作，提升品牌和综合竞争力，为网站进入下一轮增长做准备

四、网站推广策划思路

与完整的网络营销策划相比，网站推广策划比较简单，然而更加具体。一般来说，网站推广策划至少包含下列主要内容。

（一）网站推广环境分析与明确推广目标

"知己知彼，百战不殆"，在做任何网站推广策划之前，企业都必须对自身与竞争对手有一个详细的了解。

1. 企业网站推广现状分析

明确企业网站推广所处的阶段，统计企业网站的流量数据（包括流量来路统计、浏览页面和入口分析、客流地区分析、搜索引擎与关键词分析）、站点页面分析、网站运用技术和设计分析、网络营销基础分析、网站运营分析等，了解企业网络营销和网站推广的现状和存在的问题。

2. 竞争对手网站推广分析

（1）调查竞争对手网络营销和网站推广的现状，包括竞争对手的网站现状、使用的推广方法和媒介、搜索引擎收录情况、链接情况、流量情况等数据。学习竞争对手好的推广方法和技巧。

（2）了解竞争对手的工作重点和下一步的工作计划。

3. 网站推广 SWOT 分析

分析企业自身和网站的优劣势及外部的机会与威胁，明确推广的重点。

4. 明确网站推广的阶段性目标

确定网站推广的具体阶段性目标，包括以下几个内容。

（1）每天 IP 访问量、页面浏览量等。

（2）各搜索引擎收录量。

（3）外部链接每阶段完成量。

（4）网站的排名、PR 值。

（5）关键词数量及各搜索引擎排名情况。

（6）网络推广实际转化的客户数量，如通过网站推广直接或间接带来的电话量目标、销售额目标等。

（7）用户注册数目的阶段目标（主要针对行业综合网站）。

（8）其他目标，如网站品牌知名度目标、行业影响力目标等。

（二）明确网站推广的目标用户

（1）列出目标用户群体。

（2）明确目标用户的特征，如年龄大小、性别、数量、学历、收入情况、兴趣爱好、上网习惯等。

（3）明确目标用户集中的平台。

（三）选择网站推广方法和策略

根据收集资料分析，确定网站推广方法及策略，详细列出将要使用的推广方法，如搜索引擎营销、微博营销、微信营销、邮件营销、QQ 营销、论坛社区发帖、撰写软文宣传、活动推广、网络广告投放等，对每一种网络推广方法的优劣势及效果等做分析，确定具体实施措施。

（四）工作进度及人员安排

好的方案还要有好的执行团队，依据方案制作详细的计划进度表（如绘制甘特图），控制方案执行的进程，对推广活动进行详细罗列，安排具体的人员落实，确保方案得到有效的执行。

（五）确定网络广告预算

网络推广方案的实施，必然会有广告预算，要通过规划控制让广告费用发挥最大的网络推广效果，定期分析优化账户结构，减少资金浪费，让推广的效果最大化。

（六）效果评估监测

安装监控工具，对数据来源、点击量等进行监测跟踪，及时调整推广的策略，并对每一阶段进行效果评估。

（七）预备风险预备方案

市场并非一成不变，当计划跟不上变化时，就不能依照原来网络推广方案执行下去。提前制作风险预备方案，当市场变化时，才不至于手忙脚乱。

计划没有变化快，真正可执行的网站推广方案不是一成不变的，作为网络营销的策划者要时刻关注这些变化，针对市场的变化、行业的变化、企业的变化实时调整、优化自己的方案，让自己的网络推广效果达到最大化。

五、网站推广策划执行方案

小案例：某公司的网站推广执行方案

网站推广思路和推广方案确定后，就要按照推广方案来执行，在执行的过程中还需要一份网站推广策划的执行方案，具体内容包括方案的执行时间、推广格式、发布内容、发布途径和人员分配等。在执行方案中，策划者要明确执行人员岗位和工作职责，以确保推广工作"事事有人管，人人有事做"。

任务实训

家乡特产官方网站推广认知

1. 实训目的
本次实训的目的是让学生掌握网站推广不同阶段的特点和任务。

2. 实训内容及步骤
（1）分别针对网站推广的 4 个阶段，在现实中找到对应的 4 个网站。
（2）结合网站推广的 4 个阶段，熟悉每个网站的推广特点和推广任务。
（3）判断自己的家乡特产网站所处的网站推广阶段，总结网站推广的工作任务。

3. 实训成果
完成网站推广的工作任务总结。

任务二　App 推广策划

任务引入

小李为自己的家乡特产官方网站设计了官方 App，但是如何让更多人的知道这个 App，如何让更多人使用这个 App 呢？为了解决这些困难，如何制订 App 推广策划方案呢？

知识指南

App 推广的投放策略主要围绕三个方面，即官方渠道优先铺满、免费渠道多多益善、付费渠道筛选投放。

一、官方渠道

官方渠道资源是成本最低、可控性最高的推广渠道，利用官方渠道推广是可以长期坚持的引流方法。

（一）官网引流

（1）官网首页引流。有的 App 始于知名网站，其官方网站的站内访问量是一项不小的流量来源，尤其是内容输出的网站，如果引流得当，将 PC 端用户转移到移动端，就能做垂直领域的个性化推送和更多的广告变现。对用户而言，阅读时间也逐渐转移到手机上，如果内容平台愿意为他们设置手机阅读场所（App），相信不少用户愿意下载并迁移。例如，简书、人人都是产品经理、CSDN 等内容网站都在首页设置了 App 下载二维码入口，如图 11-2 所示。

图 11-2　官网首页引流

（2）内容页引流。通常在内容页右下角或文章内容底部也要放置相关引导，当用户通过百度等搜索引擎绕过首页直接进入内部页面时，依然可以看到网站的 App 下载宣传，如图 11-3 所示。

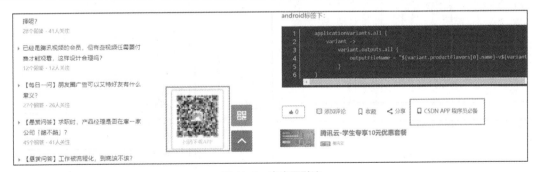

图 11-3　内容页引流

（3）站内消息引流。站内消息通知（私信）也是一个可以利用的功能，但不建议频繁使用。当 App 有重大版本更新、用户刚刚注册账户或者 App 福利活动上线时才能进行私信，如图 11-4 所示。

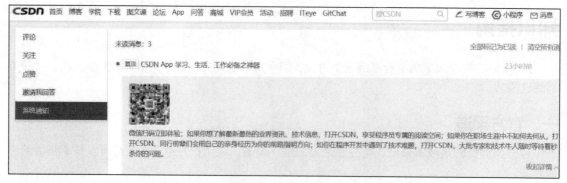

图 11-4　站内消息引流

（二）邮箱、短信引流

用户注册或者参与活动时留下的电子邮箱或者手机号码，企业可以确定好主题和内容，通过电子邮件或短信发送给精准用户。这种方法通常不能多次使用，一两次后就失去营销价值了，但非常适合作为用户召回的手段。

电子邮件方面，QQ 邮箱是最适合的渠道，通常只要在 PC 端设备上登录 QQ，电子邮件到达后屏幕右下角会有弹窗，微信上也会显示未读消息提示。如果找不到目标用户，又想做更大范围的推广，可以在 QQ 群的搜索中找到相关社群，加群后导出群成员的 QQ 账号。由于 QQ 邮箱与 QQ 账号的数字是相互绑定的，这样做就能精准锁定目标用户的 QQ 邮箱进行投放。

短信推广要注意文案在 70 个字符以内，也要注意不要被手机厂商识别为拦截短信，发布前多拿不同的手机型号和运营商类型进行测试。内容可以参考美团、饿了么、探探、金融类 App 的形式，在短信里加入外链，利用福利或信息差来吸引用户下载 App。

（三）官方媒体引流

官方微信、微博、抖音、贴吧等资源都能作为引流手段。官方微信的常规推广手段就包括关注后的欢迎语、下方菜单栏、每篇文章首图、尾图、图文推送、服务号接入相关功能等，如图 11-5 所示。

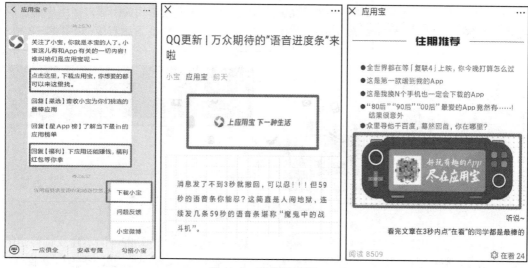

图 11-5　官方媒体引流

二、免费渠道

（一）应用商店引流

应用商店是目前 App 最主要的下载渠道，应用商店优化（App Store Optimization，ASD）就是提升 App 在各类应用商店、市场排行榜和搜索结果中排名的过程。除了 ASO 外，还有很多免费资源可以利用。安卓市场汇集了大大小小几十家应用商店，但大部分可以免费上架，主要发布到小米、华为、百度、魅族、oppo、豌豆荚、应用宝、360 等主流平台。iOS 主要上架 App store。

应用商店首发能够带来大量的流量，通常要准备图标、市场截图、附带渠道名称的压缩包、新版本说明等各种资质，还要申请软件著作权证书。

此外，还可以尝试应用市场专题，应用市场专题一般看重 App 和专题的契合度，新品自荐也要多加尝试，一次申请不上可以多次尝试。小米、华为等应用商店也会定期筛选一批优质 App 放在首页或加入精品应用推荐栏目。

（二）论坛、社区引流

优质高流量的论坛可以重点投入，推广形式可以是跟帖、发帖、回答问题等，包括知乎、贴吧、虎扑、天涯、豆瓣，这些综合性论坛也设立了分类频道、话题广场等，可以选择相应的频道进行推广，如图 11-6 所示。

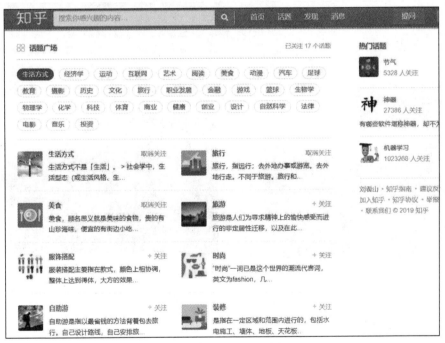

图 11-6　论坛、社区引流

垂直论坛和社区更是精准用户的聚集地，但这些用户和平台对广告也更加敏感，比较适合做测评或者经验分享贴类型的软推广，还能通过与用户直接交流接触，随时了解行业重度用户的新需求。hao123 导航、360 导航都能找到对应的行业垂直论坛和社区。

（三）自媒体矩阵引流

目前国内各大流量平台都建立了专属的内容分发平台，用户集中在移动客户端方面，主要平台包括百家号、搜狐号、头条号、网易号、企鹅号、大鱼号等。其主要的推广形式是日常账号的运营维护，也可以进行软文营销，平台一般会对相关标签的用户做个性化推送，文章内容越好，推荐率越高。同时，平台也会有相关资源的扶助，如百度、搜狐的网站页面有可能会收录到自媒体文章，尤其是百家号和搜狐号的文章，这对 SEO 也是有帮助的。

（四）基础品牌引流

企业可以在百度百科、搜狗百科、360 百科、互动百科等平台上免费建立词条，也可以在百度知道、搜搜问答、新浪爱问、知乎等问答平台上进行问答，提升品牌的讨论热度。这些都是最基本的品牌形象广告，免费且可持续，只要人们的搜索习惯不变，就能长期协助转化。

三、付费渠道

（一）信息流广告引流

投放信息流广告也是目前推广效果不错的一个渠道。信息流广告的特点是算法推荐、原生体验，可以通过投放人群的年龄、地域、职业、收入、终端设备等标签进行定向投放，根据自己的需求定制化推广 App，如图 11-7 所示。目前主要的信息流渠道包括百度信息流、腾讯广告、今日头条、微博粉丝通、UC 头条广告、快手、知乎、美柚等信息流广告平台。

图 11-7　信息流广告引流

（二）KOL 营销引流

KOL 指行业内比较有话语权的关键意见领袖，他们往往有一群认同其价值观的粉丝追随，KOL 的推荐一般都会被粉丝重视，甚至点赞和转发。企业可以通过投稿或合作等方式，让 KOL 为品牌推荐、发声。

KOL 推广一般分为两种：一种是影响力型的，如知名艺人、微博大 V、网红等，这种类型的推广意味着流量和品牌影响力的提升；另一种是专业型的，如垂直领域的专家、重度用户等，他们的见解和评价往往更专业、更客观，也能对用户产生一定的影响，但这种方法更多的价值在于积累口碑。

（三）裂变式推广

"以老带新"是目前成本较低的 App 用户增长方式，通过邀请好友参与活动，激励 App 现有存量带动增量，最终形成裂变效应。这种让利型推广的主要奖励形式包括物质奖励和精神奖励，如红包、VIP、优惠券、积分等，这些奖励运用得好，还能刺激用户实现二次消费。

裂变式推广的具体形式主要分为两种，一种是以福利活动为名进行的短期推广，这种活动一般奖励力度大，借助微博、微信等社交平台，以及短信、广告等的同步推广，以打造现象级爆款。拼多多、趣头条、饿了么等 App 都曾用裂变式推广的形式进行推广，如图 11-8 所示。

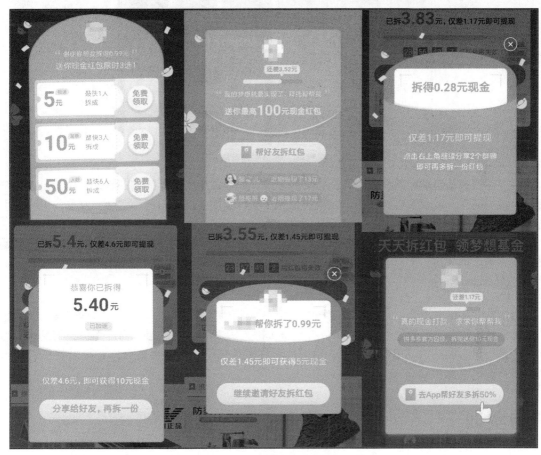

图 11-8　福利活动引流

另一种是在 App 中长期内置的邀请奖励功能。如支付宝、滴滴出行、瑞幸咖啡、神州专车等 App 都长期设有专门的入口，这个功能页面曾为神州专车带来 70% 的新增用户。这是大部分 App 都会设立的获客入口，如图 11-9 所示。

（四）线下引流

线下引流主要分为线下推广以及线下广告投放。线下推广非常适合 O2O 类的 App 推广，在如今线上流量成本越来越高、真实性难以保障的情况下，线下推广不失为一个更适合的选择。

图 11-9　邀请奖励引流

线下引流对项目落地的执行力有比较高的要求，如果只是阶段性的短期尝试，企业可以自行设计，相对而言，成本不会太高。但如果类似饿了么、美团、滴滴出行等 O2O 产品，把线下引流作为长期的核心竞争力，需要与第三方地推公司合作。

线下广告投放场景主要集中在人流量大的地区，如地铁、公交、电梯、高铁等。如果产品偏文艺或是阅读类 App，则可以在传统纸媒上打广告，如垂直领域的杂志、报纸等。

（五）百度推广

百度的产品维度很全，尤其是百度搜索。由于抓住用户信息获取入口，百度搜索展示的信息结果排名是比较有参考价值的。在 SEO 的关键词优化基础上，主动进行百度竞价，将品牌广告曝光也是一种必要的推广措施。此外，百度也和许多垂直论坛等平台有合作，可以将广告展示到众多行业的头部平台。

任务实训

家乡特产官方 App 推广策划方案

1．实训目的
通过本次实训，学生要能掌握 App 推广策划的思路，学会撰写 App 推广策划执行方案。
2．实训内容及步骤
（1）策划本项目中的家乡特产官方 App 推广方案，重点包括 App 目标用户分析、App 推广方法和策略、工作进度和人员安排等内容。
（2）根据上述策划思路撰写家乡特产官方 App 推广策划执行方案，重点包括执行时间、推广格式、发布内容、发布途径和人员分配。
3．实训成果
完成家乡特产官方 App 推广策划方案。

194

任务三　网店推广策划

任务引入

经过学习，小李的官方网站的访问量有所提高，官方 App 用户数量也稳步提升，为了拓宽网络销售渠道，他又为家乡特产建立了淘宝店铺。但是新开的淘宝店铺销量、评价都为 0，没有知名度，店铺也没有信誉权重，也就不存在流量。所以小李要想方设法地给店铺引流，那么该如何增加淘宝店铺的流量呢？怎么给店铺引流呢？

知识指南

一、网店推广策划认知

网店推广是网店运营中的重要一环，在做好店铺美化和商品基础销量的工作后，获取更多流量，促进订单量增长等网店推广工作成为网店的重点工作。目前，网店的推广方法多种多样，根据流量来源可以分为站内推广和站外推广两种，每种推广活动又有不同的技巧和方法。下面我们以淘宝店铺为例，介绍几种具体的推广方法。

淘宝站内流量来源包括淘宝搜索、淘宝类目、淘宝收藏、淘宝专题、淘宝首页、淘宝直通车、淘宝频道、淘宝管理后台、淘宝其他网店、淘宝信用评价、阿里旺旺聊天窗口、聚划算、新品中心、淘女郎、微淘等。根据上述流量来源将站内推广分为：付费推广，主要包括直通车、钻石展位、淘宝客；站内的免费推广渠道，主要为淘宝 SEO；活动推广，主要包括平台活动、渠道活动和类目活动；淘宝站内时下流行的内容推广，包括图文（淘宝主图、详情页、微淘、淘宝头条等）、短视频、直播。

站外推广可分为站外免费推广和站外付费推广。站外免费推广包括论坛、微信、微博、QQ、搜索引擎、邮件、导航网站等方式；站外付费推广主要通过网络广告、入驻与淘宝合作的网站等方式进行推广。站外推广中大部分内容已在前面介绍，本任务仅介绍部分未涉及内容。

二、站内付费推广——直通车推广

1. 什么是直通车

淘宝/天猫直通车是一种搜索推广工具，卖家设置与推广商品相关的关键词并出价，在买家搜索相应关键词时，推广商品获得展现和流量，实现精准营销。卖家按所获流量（点击数）付费。

2. 直通车的优势

（1）依托最大购物搜索引擎。直通车推广可以覆盖 PC 用户、移动用户。每天有超 3 亿买家使用、超百亿的展示流量，可给店铺充分曝光的机会，在移动端还有无线专有首条位超大展现。

（2）锁定买家，超准流量。直通车可以通过关键词锁定买家，通过人群、时间、地域使投放更精准。

3. 直通车的展现形式和位置

（1）展现形式。直通车的展示形式为创意图、创意标题、价格、销量，并会为商品打上"掌柜热卖"标识，如图 11-10 所示。

图 11-10　直通车展示形式

（2）展现位置。直通车的展现位置有以下三种。

① 在关键词搜索结果页的右侧掌柜热卖区域有 12 个展示位，在关键词搜索结果页的底部掌柜热卖区域有 5 个展示位，如图 11-11 所示。

图 11-11　直通车展现位置 1

② 淘宝网热卖页面如图 11-12 所示。

图 11-12　直通车展现位置 2

③ 在移动端的展现位置为关键词搜索页首屏第一个，并有"hot"标识，如图 11-13 所示。

图 11-13　直通车展现位置 3

4．展示规则

淘宝直通车目前的排名规则是根据关键词的质量分和关键词的出价综合衡量出宝贝排名。质量分是系统估算的一种相对值，主要用于衡量网店投放的关键词与宝贝推广信息和淘宝网用户搜索意向之间的相关性。其计算依据涉及多种维度，包括基础分、创意效果、相关性、买家体验。

移动端和 PC 端的质量分是独立存在的，但会互相影响，如图 11-14 所示。

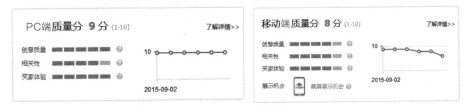

图 11-14　质量分

5. 扣费公式

（1）按点击计费

买家搜索一个关键词，设置了该关键词的宝贝就会在淘宝直通车的展示位上相应出现。当买家点击推广的宝贝时，网店才需付费，淘宝直通车才会相应扣费。根据对该关键词设置的价格，淘宝直通车的扣费均小于或等于关键词出价。

（2）扣费公式

$$单次点击扣费=（下一名出价×下一名质量分）/本人质量分+0.01 元$$

因此，质量分越高，所需付出的费用就越低。当公式计算得出的金额大于出价时，将按出价扣费。点击单价计算如表 11-3 所示。

表 11-3　按直通车推广综合排名的扣费规定计算点击单价

	关键词	出价（元）	质量得分	排名	点击单价（元）
宝贝 A	公务员考试	0.5	9	1	1×4/9+0.01=0.45
宝贝 B	公务员考试	1	4	2	0.6×5/4+0.01=0.76
宝贝 C	公务员考试	0.6	5	3	0.8×3/5+0.01=0.49
宝贝 D	公务员考试	0.8	3	4	0.8（排名最后一位）

6. 直通车推广基本流程

网店参与直通车推广的基本流程如图 11-15 所示。

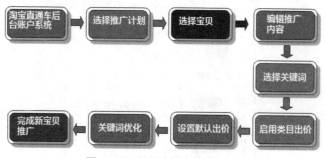

图 11-15　直通车推广基本流程

三、站内付费推广——钻石展位

1. 什么是钻石展位

钻石展位是淘宝网图片类广告位竞价投放平台，是为淘宝卖家提供的一种营销工具。钻石展位依靠图片创意吸引买家点击，获取巨大流量。钻石展位是按照流量竞价售卖的广告位。计费单位为 CPM（每千次浏览单价），按照出价从高到低进行展现。网店可以根据群体（地域和人群）、访客、兴趣点三个维度设置定向展现。

2. 展示位置

钻石展位在淘宝、天猫首页，以及各个频道均有大尺寸展位，在手机淘宝 App 端及淘宝站外如微博、腾讯、优酷等各大优势媒体均有优势展位。网店可以在钻石展位后台"资源位列表"中查看展示位置，共 19 个行业，如图 11-16 所示。其中，"网上购物"为淘宝站内的资源位，其他为全网资源。

图 11-16　钻石展位资源位

3．创意形式

钻石展位支持图片格式及 Flash 等动态创意，支持使用钻石展位提供的创意模板进行制作。

4．收费方式和展现逻辑

收费方式在 CPM 的基础上，增加 CPC（按点击付费）的结算模式。如网店出价 6 元，那么网店的广告被点击 1 000 次收取 6 元。系统将各时间段的出价，按照竞价高低进行排名，价高者优先展现，出价最高的预算消耗完后，轮到下一位，以此类推，直到该小时流量全部消耗，排在后面的将无法展现。

钻石展位获得的总流量的计算示例如图 11-17 所示。公式为：

$$能获得的总流量=总预算/千次展现单价×1\,000$$

在同样的预算下，千次展现单价越高，获得的流量反而越少。因此，网店需要在保证出价能展现的基础上合理竞价。

5．钻石展位操作流程

钻石展位操作流程包括选择资源位、制作创意、新建计划、设置投放人群和出价，如图 11-18 所示。

客户	CPM 每千次展示出价	预算	购买到PV	展示顺序
A	5元	500	10W	2
B	3元	1000	33W	3
C	7元	800	11W	1
D	2元	3000	150W	4

计算示例：C客户预估购买的PV数：800/7×1000 ≈11万
A客户预估购买的PV数：500/5×1000 =10万

图 11-17　钻石展位获得总流量的计算示例　　　图 11-18　钻石展位操作流程

6．钻石展位投放要点

（1）资源位选择：首先选择站内的资源位，即名称带有"网上购物"的资源位。

（2）制作创意：参考各种优秀创意。

（3）定向：系统根据买家的各种历史行为，给每一个买家打上相应的标签，当网店在设置广告计划时圈定了相应标签的人群，系统就会把广告展现给特定的人群。如果不设置定向，则所有来到这个广告位的访客都可以看到广告。因此设置定向是获取精准流量的关键。

（4）出价：参考系统建议即可，可根据投放数据适当调整。

四、站内付费推广——淘宝客

1．什么是淘宝客

淘宝客是一种按成交计费的推广工具。由淘宝客帮助推广宝贝，买家通过推广链接进入完成交易后，卖家支付一定金额的佣金给淘宝客，提升店铺的成交机会。淘宝客只要从淘宝客推广专区获取宝贝代码，任何买家（包括自己）经过推广（链接、个人网站或者社区发的帖子）进入淘宝卖家店铺完成购买后，都可得到由卖家支付的佣金。简单地说，淘宝客是指帮助卖家推广宝贝并获取佣金的人，如图 11-19 所示。

图 11-19　淘宝客

淘宝客主要是在淘宝网以外的地方进行推广，淘宝客需要先在阿里妈妈平台获取宝贝推广链接，再将推广链接布置到如论坛、微博、空间等地方进行推广，一般常用的推广渠道有淘宝客自行搭建的网站或 App、各大聊天工具（如 QQ、微信等）、社交平台（如微博、论坛等）等。

2．淘宝客推广计费方式

当买家通过淘宝客发布的链接进入店铺并成交时，系统会扣除佣金，佣金在淘宝客推广的订单确认收货时，从店铺对应的支付宝中扣除。支付佣金计算公式为：

支付佣金＝宝贝实际成交金额（运费不计算）×卖家设置的佣金比例

3．加入条件

店铺利用淘宝客推广的加入条件如表 11-4 所示。

表 11-4　淘宝客加入条件

店铺类型	店铺信誉	宝贝数量	店铺动态评分
集市店铺	个人店铺信用等级一心及以上或参加了消费者保障计划	正常且出售中的宝贝数≥10 件	店铺动态评分各项分值均不低于 4.5
企业店铺	企业店铺信用度等级>0	正常且出售中的宝贝数≥10 件	店铺动态评分各项分值均不低于 4.5
天猫店铺	无要求	正常且出售中的宝贝数≥10 件	店铺动态评分各项分值均不低于 4.5

4．加入淘宝客并制订推广计划

登录店铺账户，单击右上角【我的淘宝】—【卖家中心】—【营销中心】—【我要推广】，进入淘宝客推广界面，如图 11-20 所示。

图 11-20　淘宝客推广界面入口

成功加入淘宝客后，店铺还需要制订推广计划、设定佣金范围等。

五、站内免费推广——淘宝SEO

淘宝SEO类似于项目三中的搜索引擎优化（SEO），主要通过优化店铺宝贝标题、类目、属性、上下架时间等来获取较好的搜索排名。

（一）淘宝自然搜索规律

结合项目三中的搜索引擎买家搜索行为和搜索引擎工作原理，我们将淘宝的自然搜索规律总结如下：用户搜索关键词，搜索引擎根据关键词判断宝贝的类目及属性，判断宝贝标题中是否包含关键词，结合宝贝间的竞争排名规则，并最终展示宝贝。

而当买家进行关键词搜索时，淘宝搜索引擎工作的第一步是"猜"，即"猜"买家到底想要搜索什么结果，然后把猜出来的结果提取并推荐出来，如用户输入"小米"，猜是小米手机；分配目录环节，淘宝搜索引擎会对提取出来的宝贝进行类目匹配，如用户搜"牛仔裤"时，就会呈现出"品牌""选购热点""裤长""女装"等分类；个性化搜索环节，淘宝搜索是根据买家上网时留下的痕迹，判断用户的本次搜索倾向于什么样的宝贝，如曾经买过什么宝贝、把哪些宝贝放入购物车、收藏过什么宝贝或店铺等。

（二）淘宝SEO筛选的步骤

（1）相关性筛选。主要进行类目相关、属性相关和标题相关等，不相关的宝贝会被直接屏蔽。

（2）违规过滤。查看宝贝是否有违规行为，有过违规行为的宝贝会被直接屏蔽。

（3）优质网店筛选。优先选择权重高的网店进行展示。

（4）优质宝贝筛选。主要优先展示权重高的宝贝。

（5）橱窗推荐。每个店铺都有橱窗推荐，搜索引擎会将橱窗推荐的宝贝优先展示。

（6）上下架筛选。当淘宝网将很多优质宝贝筛选出来之后，会按照下架时间来排序。

（7）个性化推荐。根据买家上网时留下的痕迹，判断其本次搜索倾向于购买什么样的宝贝，进而展示相关宝贝。

（三）淘宝SEO具体内容

1. 标题优化

宝贝标题一般遵循"核心关键词+属性关键词+长尾关键词"的规律来命名。核心关键词一般是对宝贝本质的描述；属性关键词是对宝贝属性的介绍，包括宝贝材质、颜色、风格等，一般由两三个词组成；长尾关键词是非核心关键词但又能为店铺带来流量，一般由3个或3个以上关键词组成，长尾关键词搜索量不大，竞争宝贝数少，但是可以给宝贝带来较大的流量。

小资料：影响宝贝排名的因素和淘宝"豆腐块"优化

（1）宝贝关键词的优化

① 标题优化应该与属性优化、上下架时间优化、橱窗推荐相配合，且标题不能一成不变，应该根据流量情况进行反复测试。

② 卖家要尽可能避免关键词内耗。一般来说，对于相同的关键词，一个店铺通常最多有两个宝贝能排到淘宝第一页，其他页面也有类似的约束。

③ 挖掘高搜索、低竞争的长尾关键词。

④ 宝贝标题应该尽量突出宝贝卖点。

⑤ 优化标题时，不宜频繁地修改标题，以每周对局部分词做一次替换为宜。

⑥ 要尽量让标题生动、自然一些，不可刻意追求"标准化"，否则不利于买家独特的体验，影响转化和再次购买情况。

（2）关键词的来源

淘宝搜索下拉菜单、搜索页中"您是不是想找？"、淘宝首页热门关键词、阿里指数、生意参谋、淘宝直通车后台等均可参考。

2．其他优化

（1）类目优化

① 按照淘宝网、天猫商城优选类目原则发布宝贝。

淘宝网可以根据数据统计出买家在搜索某些关键词时侧重购买哪个类目下的宝贝；同时，也能够清楚地统计出该关键词对应的宝贝每天在哪个类目下成交量最多，从而将该类目作为优选类目。

发布宝贝时，可以用一个精准的关键词在搜索栏里进行搜索，然后选择系统推荐的排名第一的类目。另外，宝贝所属的类目往往是分级的，因此，要从一级类目开始，一级一级地正确选择，确保类目层次的准确、清晰。

② 避免类目、属性设置错误。

应避免类目不相关、属性设置有误、类目划分不清晰等错误。在设置宝贝类目和属性时，通常需遵循尽量完善的原则，尽可能填写详细。宝贝类目和属性会对宝贝的排名产生影响，描述详细、准确的宝贝，可以更好地定位目标消费人群，也更方便买家了解宝贝细节，赢得买家的信任，如图 11-21 所示。

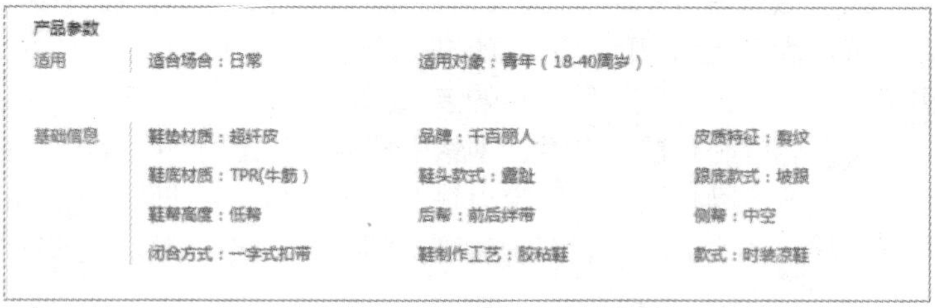

图 11-21 宝贝类目及属性

（2）商品上下架时间优化

商品上下架时间是影响商品排名的因素之一，越接近下架的宝贝，排名越靠前。淘宝网的商品下架周期为 7 天，即从商品上架开始计算时间，7 天后即为商品下架的时间，如果商品的出售状况正常，淘宝系统会继续自动上架商品。

分析最佳的商品上架时段，通过分析每天和每周的访问高峰，可以基本确定消费人群的主要活动时间段，有目的地设置商品上下架时间。分析行业上下架情况与店铺上下架的情况，避开实力强劲的竞争对手，有针对性地规划商品的上架时间。

六、站内活动推广

淘宝站内活动推广包括平台活动、渠道活动和类目活动三大类。平台活动最重要的有"两新一促一节"四大活动。"两新"指每年 4 月的春夏服饰新品发布、8 月的秋冬服饰新风尚；"一促"指每年 6 月的年中大促；"一节"指"双十一"狂欢购物节。除了这些活动之外，还有一些大的促销活动。渠道活动主要有天天特价、淘金币、淘抢购、免费试用、清仓、周末淘宝、淘宝众筹、全民抢拍、每日首发、有好货、聚划算等。类目活动主要是类目频道和类目主题的活动，每个一级类目都有属于自己的类目频道，频道内会有固定的频道活动，以及不定期的主题活动。

（一）淘宝活动报名入口

淘宝活动报名入口主要包括卖家后台入口、淘宝官方活动入口、其他活动入口（如天天特价、淘抢购、聚划算、爱逛街入口等）。

（二）淘宝活动的报名条件

1．店铺资质要求

资质包括开店的时间，B 店（天猫店）、C 店（淘宝店）级别，是否参加消费者保障计划，实物交易占比，店铺 DSR 动态评分，违规级别要求等。

2．商品要求

一般来说，参加活动对商品近 30 天的销售数量、好评数量，卖家参加活动的商品数量、价格折扣及佣金等费用等都有要求。

3．无违规要求以及发货时限要求

淘宝网的活动对网店或商品都有无违规要求和发货时限要求等。

七、淘宝内容推广

内容推广目前已经逐渐深入淘宝的各个店铺。从手机淘宝 App 中可看到今日头条、有好货、必买清单、淘宝直播、微淘广播、微淘活动、买家秀等板块。

（一）基础内容

基础内容指详情页、主图、主图视频、首页等。这些基础的设置是内容推广的第一渠道。好的详情页可以带来巨大的流量转化的原因就在于内容。内容上要把买点和痛点作为切入点，以便于转化。

（二）微淘展示

微淘中可以展示活动、教程、心得分享等，也是每一个中小卖家都可以参与的公平竞争渠道。

（三）淘宝头条

淘宝头条主要是通过淘宝达人投稿的方式获得曝光。淘宝头条的内容一般以达人测评为主。淘宝头条需要卖家主动找达人合作。

（四）有好货

有好货的门槛比较高，主要依靠达人投稿和官方小二推荐，其对商品的品质要求较高，主要面向中高端消费人群，推荐个性化产品。参与有好货的方法有做精做好宝贝、等系统抓取（小二推荐）；与达人合作，助力推广。

（五）淘宝直播

淘宝直播是阿里巴巴推出的直播平台，定位于"消费类直播"，用户可边看边买，涵盖的行业包括母婴、美妆、潮搭、美食、运动健身等。淘宝直播观众中的女性占比非常高，20：00—22：00是收看直播人数最多的时段，同时也是买家最愿意下单的时段。淘宝直播在 PC 端首页和移动端首页都有观看的入口。

进入淘宝的卖家中心，单击左侧"自运营中心"的"淘宝直播"，即可报名淘宝直播，或者按

照要求下载淘宝直播主播专用客户端，进行直播营销。

淘宝直播的方法技巧类似于项目五中的直播营销，但又有自己的特色。

1．注意淘宝直播的七天扶持期

淘宝的直播权限从第一场直播开始算，第一周是新直播的扶持期，直播所排位置比较靠前，流量相对较多。所以，企业在直播权限申请下来之前，产品、主播的脚本、直播步骤、对应话术都应提前准备好，然后再发布和推广直播预告，抓住合适的时间节点带来更多的流量。

2．有序开播，增加直播权重

淘宝直播间的流量除了主播自身的粉丝外，前期都是通过系统的千人千面匹配进来的，直播预告作用很大，能带来可观的流量。直播标签、标题、简短介绍都是重点内容。直播标签定位一定很精准，开播前测好自己类目在什么时间段开播的效果好，哪个时间开播的流量最大，逐步形成自己的直播标签。

八、站外推广

淘宝站外推广形式比较灵活，除了前面项目提到的各种免费推广渠道，以及付费推广中的广告推广渠道如腾讯广告、新浪微博广告等，还可以入驻折 800、卷皮网等平台，获取展示和出售的机会。

（一）折 800

折 800 是国内专业团购网站"团 800"旗下的网站，是一家商品限时特卖的网站，淘宝、天猫中的店铺都可以选择参加折 800 的活动来推广宣传自己的商品。进入折 800 网站，单击右上方的卖家中心，注册后进入卖家中心后台，单击"淘宝天猫合作"按钮，进行淘宝店铺绑定，并设置参与活动的商品，即可获得在折 800 网站中进行展示和出售的机会，如图 11-22 所示。

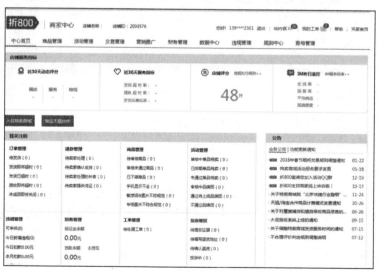

图 11-22　折 800 的后台管理流程

（二）卷皮网

卷皮网是一家平价生活电子商务平台，专注为消费者提供平价商品和更好的购物体验，以创新"平价零售"模式为消费者提供服饰、居家、母婴等平价优质商品。淘宝卖家可以通过卷皮网首页单击"商家入驻"在卷皮网上展示商品。

任务实训

网店免费推广策划方案

1. 实训目的
了解网店推广的流量来源，掌握店铺的免费推广方法和策略。

2. 实训内容及步骤
（1）选择某一商品，在淘宝网中至少找到5个类似商品的标题，分析其标题中关键词的类型，以及每个标题的优劣势。

（2）分析上述商品的类目放置是否合理，如果不合理应该如何优化？

（3）思考"孕妇打底裤"商品该如何选择类目，如何选择属性。

3. 实训成果
完成网店免费推广策划方案。

 思考与练习

一、不定项选择题

1. 下面（　　　）不属于网站推广的4个阶段。
   - A. 网站策划与建设期
   - B. 网站增长期
   - C. 网站发布初期
   - D. 网站衰退期

2. 下面属于网站增长期的推广工作任务的是（　　　）。
   - A. 网站总体结构、功能、服务、内容、推广策略等方面的策划方案制订
   - B. 常规网站推广方法的实施，尽快提升网站访问量，使尽可能多的用户了解网站
   - C. 制订和实施更有效的、更有针对性的推广方法
   - D. 保持用户数量的相对稳定，加强内部运营管理和控制工作，提升品牌综合竞争力

3. 下面属于网站推广中的评估指标的是（　　　）。
   - A. PV
   - B. UV
   - C. 注册用户数量
   - D. 在线客服的询盘量

4. 下面用来进行网站流量统计的工具有（　　　）。
   - A. Google Analytics
   - B. CNZZ数据专家
   - C. 百度统计
   - D. 站长之家
   - E. 爱站网
   - F. 51.la

5. 下面可以跟踪最近百名访客的网站是（　　　）。
   - A. CNZZ数据专家
   - B. 百度统计
   - C. 51.la
   - D. 51Yes网站流量统计

二、简答题

1. 网站推广的4个阶段是什么？每个阶段的特点和推广任务是什么？
2. 网站推广策划的思路包括哪些内容？
3. 网络推广策划的评估指标有哪些？
4. App推广的方法有哪些？
5. 店铺利用直通车推广时，如何提升质量分？

素质拓展问题

12 项目十二
产品营销策划

 **项目简介**

企业实施网络营销的终极目标是实现产品销售。中国互联网络信息中心发布的第 43 次《中国互联网络发展状况统计报告》数据显示，2018 年全国网上零售金额达 90 065 亿元，同比增长 23.9%；电子商务平台收入 3 667 亿元，同比增长 13.1%。电子商务平台收入仍然保持快速增长，越来越多的企业开展在线营销。

同时，随着互联网在网民生活中的渗透范围不断扩大、渗透程度逐渐加深，企业开展互联网营销的方式也随之不断创新，组合式营销和口碑营销等应用范围越来越广。

本项目主要由产品销售页面策划和产品营销策划效果监测两个任务组成。通过对本项目的学习，学生可充分了解产品网络营销，进而掌握产品营销策划的方法和技巧。

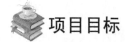 **项目目标**

知识目标：了解产品客户定位的方法，掌握产品销售页面策划的准备工作和销售页面文案的编写方法，熟悉产品营销策划的效果监测。

技能目标：能够设计产品销售页面的文案；能够对产品营销策划效果进行监测。

素质目标：开展诚信教育，培养学生求真务实的态度，引导其从实际出发，参与企业营销策划，助力本地经济发展。

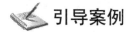 **引导案例**

小米手机的口碑营销——零成本营销

小米手机的营销虽然基本没投入资金，但仍获得了非凡成就，从众多手机中脱颖而出。反观凡客，虽然在媒体上投入大量资金，但营销效果并不成功。两者相较，除了业务模式的不同，小米手机因为创业初期另辟蹊径大获成功的原因主要有以下几点。

1. 互联网思维就是口碑为王

谷歌就深谙这个道理："一切以用户为中心，其他一切纷至沓来。"2004 年，谷歌推出 Gmail 电子邮件时，就完全依赖于口碑营销。当时，谷歌只提供了几千个 Gmail 的试用账户，想要试用的人，必须有人邀请才行。这些数量有限的"邀请码"迅速在全球流行开来。甚至，Gmail 账户在英国 eBay 上面的售价高达 75 英镑。

不少淘品牌的崛起也是依靠口碑传播的。例如，"韩都衣舍"凭借快速跟进时尚的设计和选品，在各类购物社区中都是女性用户互相推荐和分享的重点品牌；护肤面膜品类中的"御泥坊"，以产地的特殊天然原材料矿物泥浆为卖点，吸引了众多女性用户的追捧，成为淘宝系面膜类的领军品牌。而小米手机正是发现了这一特性，利用口碑达到营销的目的。

2. 口碑的本质是用户思维，就是让用户有参与感

消费者选择商品的决策心理在几十年内发生了巨大的转变。用户购买一件商品，从最早的功能式消费到后来的品牌式消费，再到近年流行起来的体验式消费，而小米手机则是全新的"参与式消费"。为了让用户有更深入的参与感，小米手机开放做产品、做服务的企业运营过程，让用户参与进来。

3. 口碑是信任关系的传递：和用户做朋友

用户和企业之间，到底什么关系才是最理想的？千千万万的用户，有千千万万的想法，他们为什么要认可你的产品？认可了你的产品后，为什么要主动帮你传播？社交网络信息的流动基于人与人之间的信任关系，是信任的传递。做企业就像做人一样，只有获得用户的信任，用户才会为你传播、维护你的口碑。朋友是信任度最强的用户关系。小米手机的用户关系指导思想就是——和用户做朋友！

4. 优质产品是口碑的本源和发动机

一个企业想拥有好口碑，优质产品是口碑的发动机，是一切的基础。小米营销口碑本源是产品。所以产品的卖点和如何表达卖点是小米口碑传播的生命线。

5. 做口碑原来可以零成本

小米启动第一个项目 MIUI 时，雷军跟团队成员说，能不能不花一分钱做到 100 万用户？小米的方法就是抓口碑，专心把产品和服务做好，让大家主动夸小米的产品，主动向身边的人推荐。

对于一个电子商务企业来说，开展网络营销的关键是如何把握用户心理，通过真正意义上的精准营销和互动推广，以低成本的创意策划来引爆口碑，从而减少日益困扰其生存的网络广告投入成本。

思考：

1. 最快并能立竿见影的网络营销方法是直接投放网络广告，当当、京东等电子商务一线公司的广告投放都在亿元以上。小米这个互联网重量级企业，为什么选择低成本的口碑营销而非直接投放广告？

2. 产品在线营销有哪些形式？

3. 口碑营销和病毒营销是什么关系？

任务一　产品销售页面策划

任务引入

小李的家乡特产最近在官方网站和淘宝店铺的销量不是很理想。从后台数据看到，很多网民在产品的页面仅停留了 3 秒左右，而且关联产品的跳出率也很高。小李不禁思考：是不是自己的产品页面出了问题。

知识指南

一、产品客户定位

产品客户定位是在网购人群中，找到适合产品的目标客户群并传递品牌的过程。

目标客户群可以按多个维度细分。不同的维度产品会有不同的定位，如亲子装就是性别定位下的延伸品。而除了性别外，还有年龄、职业、生活等不同的定位维度。

（一）性别

首先要明确目标客户群的性别是什么，即企业需要了解真正为商品付费的人是何性别。例如，男装的目标客户群从数据显示：有40%左右的男装购买人群为女性群体。

（二）年龄

仔细分析目标客户群的年龄段问题，18～23岁的消费者大多为在校学生，有一定的消费基础，所以在低价和高性价比上有较高的要求，但也有人喜欢一些昂贵的产品；24～28岁的消费者刚刚走出校门或处在就业的升职期，很多企业认为这个群体最有消费能力，但多方数据显示，迫于家庭的压力等因素，这部分人的消费能力并未太高；29～35岁的消费者，在为父母、子女购买商品的时候，偶有大手笔的投入，消费能力呈现上升趋势；而36岁以上的消费者，因消费理念的成熟及生活压力问题，消费能力略有下滑。

（三）职业

目标客户群的职业决定了在选择产品时会有功能性、风格性的偏向，对产品文化定位的追求、对品牌附加值的心理也会受职业影响，同时职业的收入水平也决定了产品的价格策略和企业的盈利模式。

二、PC 端产品销售页面策划

（一）PC 端产品销售页面的功能

网站/网店中的页面分为3种，即网站/网店首页、分类页面、产品页面。这3种页面的共同功能是展示，但每种页面都有不同的功能，具体如表 12-1 所示。

表 12-1　网站/网店页面功能

页面类型	功能
网站/网店首页	站内/店内分流、形象展示
分类页面	引导客户关注更多商品
产品页面	增强客户的购买欲望、提升企业竞争力、刺激购买决心、打消疑虑、二次营销

（二）PC 端产品销售页面的组成元素

产品页面元素的建设可以通过客户网购的行为习惯来进行。从客户的角度出发，大致可以归纳为：我为什么要购买你的商品？我为什么会下决心购买你的商品？我为什么会放心购买你的商品？我为什么会购买更多你的商品？我为什么会再次购买你的商品？

为了解决这些疑问，一个完美的产品页面应具备6种功能，即放大欲望、提升竞争力、刺激决心、打消疑虑、介绍产品基础信息、功能延伸介绍。

（三）PC 端产品页面准备

1．购买记录

因为客户有从众心理，客户往往更愿意相信其他客户的选择，企业可以将之前的购买记录截图放在商品页面做重点展示，通过数据给客户心理暗示。

2．评价记录

购买过该商品客户的评价对新客户来说更有说服力，也更客观，值得信赖。将一些好评展示出来，更利于促成交易。

3．卖点及亮点

卖点及亮点是给客户一个购买此商品的理由，所以企业需要将这个信息告知给客户，如图12-1所示。

图12-1 某空调的卖点——"快速"制冷功能

4．产品参数文字描述

页面可通过产品参数文字描述搭配灵活的版面设计增强客户的阅读欲望。

5．图片诉求的把握

（1）产品主图。产品主图会出现在产品搜索页面、分类页面和产品销售页面3个页面中。产品搜索页中的产品主图的作用是吸引客户从搜索页面来到产品销售页面/店铺；分类页面中的产品主图的作用是吸引客户点击；产品销售页面中的产品主图的作用是吸引客户，让客户继续浏览网页，停留在本页面中。

（2）描述图片。描述图片只会出现在产品描述页面中，图片的功能是激发客户的购买欲望，打消客户的购买疑虑。

6．其他页面细节准备

影响客户是否最终购买产品的因素有很多，除了商品本身外，卖家服务、物流、包装、售后等都会起到作用。其他页面细节还可准备推荐图和推荐文字、销量展示、评价信用展示、包装展示、物流信息、实体联营展示、顺畅沟通展示、企业/网店文化展示、左侧栏功能、促销活动、效果展示、真伪对比、实力展示、售后信息、色彩规格说明、搜索引导等信息。

（四）PC 端产品销售页面文案的编写

1．内页文案写作范畴

（1）内页的产品标题。内页的产品标题指产品内页中的标题部分，如图12-2所示。

图 12-2　海尔空调的标题

图 12-2 是同一款空调的内页产品标题，上图为海尔天猫旗舰店的产品标题，下图为海尔商城的产品标题。

（2）内页的产品基本属性。文案写作的工作还包括填写产品最基本的属性信息，如图 12-3 所示。这部分唯一的要求就是做到信息填写完整、准确和真实。

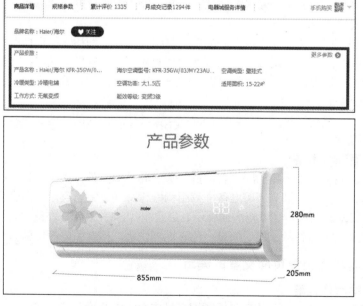

图 12-3　海尔空调的产品基本信息

型号	KFR-35GW/03JMY23AU1(Q)	APF	3.65
样式	挂机	外机噪声(dB)	50
定频/变频	变频	内机噪声(超静-高风)(dB)	22-37
匹数	1.5匹	额定制冷功率(W)	1050(150-1550)
制冷量(W)	3500(500-4000)	额定制热功率(W)	1420(160-1800)
制热量(W)	4500(600-5200)	内机尺寸(宽深高mm)	855x205x280
匹配面积(m²)	16-24	外机尺寸(宽深高mm)	780x245x540
除湿量(L/h)	2.07	内机净质量(kg)	10.5
循环风量(m³/h)	700	外机净质量(kg)	30.5

图 12-3　海尔空调的产品基本信息（续）

（3）内页的详细文案和对内页美工设计的要求。内页文案的写作工作需要设计内页合理的逻辑关系，并写出每个环节需要的文案和对这个环节美工设计的要求，图 12-4 所示是海尔产品的内页，从中可以看出文案策划的对应文字，以及文字与美工设计的配合。

图 12-4　海尔产品内页中的营销策划页面

211

2．内页文案编写五招制胜法

内页文案编写应遵循产品营销的 5 个环节，下面从营销学的角度来解释这 5 个环节。

（1）引发兴趣环节。引发兴趣是吸引客户关注的第一个环节，要想引发客户的兴趣，可以从品牌介绍、焦点图、目标客户的场景设计、产品的总体图、拥有后的感觉、购买理由 6 个方面考虑。

图 12-5 所示为海尔空调焦点图，图中展示了产品的几个关键核心卖点，如"1.5 匹除甲醛智能云变频""特卖价 2 699""24 小时无忧安装"等。焦点图要在 30 秒内告诉客户这是什么，给谁用的，价格是多少，快速吸引客户的兴趣。

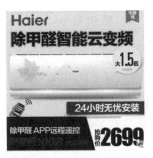

图 12-5　海尔空调焦点图

（2）激发潜在的需求环节。在现在产品过剩的时代，消费者对很多产品是可买可不买的，因此需要激发客户潜在的需求。例如，临近节日，如果客户看到一个产品激发了其对爱人、亲人的感情，可能就会对这个产品感兴趣，从而进一步了解这个产品，最后完成购买，如图12-6所示。

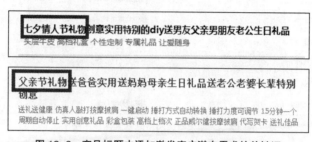

图 12-6　产品标题中添加激发客户潜在需求的关键词

（3）营销环节。客户对一个产品有一定兴趣后，引导客户逐渐信任的过程就是营销过程。此时产品的细节、用途，产品的参数展示，特别是第三方评价，即客户的评价记录，会严重影响客户购买的信心，如图12-7所示。

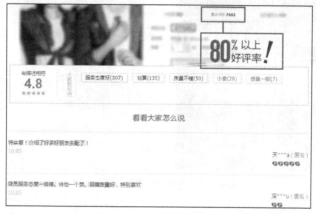

图 12-7　客户评价信赖建立

（4）进一步激发客户购买欲望环节。当客户到了购买下单的环节，还要进一步激发其购买欲望，内页的文案策划要让客户看到如果购买这个商品会有什么好处，如买了这个产品送给父母，父母会高兴；买了这个产品送给朋友、上司、爱人会有什么样的效果等；此时购买，会有什么促销或优惠等。图12-8（a）巧妙地用致歉信告知客户促销活动；图12-8（b）告知客户活动时间并号召客户马上购买。

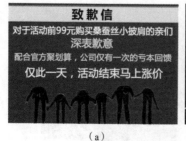
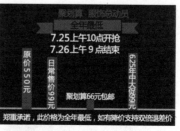

（a）　　　　　　　　　　（b）

图 12-8　内页中激发客户潜在需求的文案

（5）替客户做决定环节。有些内页文案人员认为，客户购买什么产品是客户自己决定的。其实这是一个误区。在产品的内页文案编写中，要有替客户做决定的文字和场景设计，还要有能体现出为客户减少购买后退换货后顾之忧的内容，让客户坚定购买的决心，如图12-9所示。

图12-9　通过赠送运费险帮客户做购买决定

3．内页写作的逻辑关系

产品的内页有什么内在逻辑关系？如何吸引客户一直浏览产品页面？内页写作的逻辑关系具体如表12-2所示。

表12-2　内页写作的逻辑关系

营销5招	15个环节	主要内容
引发兴趣	1．品牌介绍（可调换到最后）	主要介绍企业/网店的品牌是什么
	2．焦点图（引发兴趣）	通过焦点图快速吸引和抓住客户眼球，让其明白产品是什么
	3．目标客户群设计——买给谁用	告知客户这个产品的目标客户是谁，以及购买这个产品的人是谁
激发需求	4．场景图（激发潜在需求）	介绍这款产品用在什么场合/场景
信任到信赖	5．细节图——产品详细（逐步信任）	通过细节图让客户了解产品的细节，使客户更加信任
	6．卖点设计——为什么购买（好处）	客户为什么要买这个产品
	7．卖点设计——为什么购买（痛点）	客户不买这个产品会有什么不利之处
	8．同类型产品对比（价格、价值）	同类型产品对比，如价格对比、价值对比、功能对比、第三方评价对比等
	9．客户评价、第三方评价（产生信任）	如权威机构评价、第三方服务机构对产品的评价等
	10．用户非使用价值文案和图形设计	告知客户此产品还能给他带来什么非使用价值
信赖到想拥有	11．拥有后的感觉塑造	强化客户购买这个产品后的感觉，给客户一个必买的购买理由
	12．给买单的人购买理由	给买单的人若干个购买理由，如买了送恋人、送父母、送领导、送朋友等
替客户做决定	13．发出购买号召	给出为什么要立刻购买，强调现在应立刻购买
	14．购物须知	如邮费、发货、退换货、售后服务等情况
	15．关联推荐产品图（可调换到最先）	同类产品优先推荐，不同类的产品第二位推荐，最后是套餐推荐

4．以客户为中心的内页文案撰写

内页设计要以客户为中心，而不是以产品为中心。文案人员要根据产品属性充分考虑客户是谁、客户关心什么。如果客户购买产品是为了送礼，一定要指出购买此产品送礼有什么优势，接受者或使用者有什么好处。

5. 产品使用价值和非使用价值并重

文案中需要注意产品使用价值和非使用价值并重，如眼镜内页中介绍了眼镜适合的职业、肤色、性格等，给眼镜赋予了很多非使用价值。要知道，企业卖的不仅是材料、品牌，还有非使用价值。一个产品的非使用价值可以从表 12-3 中发掘。

表 12-3　商品非使用价值的 11 个设计要点

序号	设计要点	具体内容
1	商品和提升职业形象有关系吗	
2	商品和提升个人形象有关系吗	
3	作为礼物赠送他人是否体面	
4	对于家庭成员是否有帮助	
5	对于朋友圈子是否有帮助	
6	对于工作圈子是否有帮助	
7	商品和使用者的性格有什么关系	
8	商品存在升值和收藏价值吗	
9	商品能表达什么情感和情意	
10	特殊点在哪里	
11	商品和使用者的爱好有什么关系	

6. 文案的好处及痛点挖掘

文案写作既要写出产品给客户带来的好处，又要挖掘出痛点，如图 12-10 所示。

图 12-10　典型的挖掘痛点的案例

三、移动端产品销售页面策划

（一）PC 端与移动端的区别

1. PC 端传统思维——横屏

为了减少人们的视觉疲劳，PC 端的大多数销售页面都会减少下滑的次数和时间。因为现在人们没有过多的精力，所以大多数会采用极简的横屏设计，层级分明。

2. 移动端的新思维——竖屏

人们在使用移动端设备阅读时的视觉习惯是从上往下，如果延续 PC 端的设计思维会造成页面大量的小字看不清楚，所以一般都采用竖屏设计。移动端的页面更短，更注重销量和评价，从众效应更明显。

（二）移动端产品销售页面特点

1. 页面流量更小

页面呈现关键词：缩减页面长度，优化图片。

人们在 PC 端浏览网页时常用的是有线网络，网速较快。但在移动端，人们一般使用数据网络或者 Wi-Fi 浏览网页，页面加载的快慢也成了详情页转化率的影响因素。这就要求我们必须将页面加载需要的流量做得更小，可以通过缩减页面长度、优化图片大小来实现。

2. 休闲时光

页面呈现关键词：品质、趣味、互动、神秘。

客户使用移动端购物的时间往往为较轻松的休闲时间，这就要求我们在呈现商品的时候突出产品的品质、趣味性、互动性和神秘性，特别是互动性。在 PC 端，如果鼠标停留在可跳转的链接上时，会自动变成一只小手来提示用户这个链接是可跳转的。但在移动端，用户很难判断某一块区域是否可跳转，这时候就需要我们用各种形式来提示用户某一块区域是可点击的。

3. 碎片时间

页面呈现关键词：精准、清晰、有诱惑力。

在移动端，用户打开页面后的停留时间往往比 PC 端短很多。例如，一个客户在等车的时候逛淘宝，但还没仔细看车就来了，于是匆匆关掉页面上车了。这就需要我们将需要表达的信息传达得更为精准、清晰、有诱惑力。

4. 屏幕小得多

页面呈现关键词：简单、精练、模块与图片主次分明。

现在很多企业在做移动端的详情页面时都是先做好 PC 端的详情页面，再把 PC 端放过的图片、文字等删减一些，修改一下尺寸就放到移动端。但其实这样做是不对的，移动端的详情页面很难做到像 PC 端一样逻辑分明，混乱的逻辑对于用户来说，浏览起来也更为吃力，因此详情页的模块化、逻辑化同样很重要。

（三）移动端页面设计要领

1. 图片清晰

淘宝移动端详情页有 5 张主图，其作用是不同的，首图是要让客户点击进入详情页，其他 4 张图的作用是提高转化率。因此首图要有一个比较清晰的产品呈现。其他 4 张图则要体现差异化，即将你的产品与其他商家的产品区分开来，这个差异可以是产品上的差异，也可以是品牌的差异。

2. 真实展示

多角度全面拍摄产品。被摄体在画面中呈现出的范围、大小有所区别，可分为远景、全景、中景、近景、特写。

3. 展示产品的整体性

在移动端展示产品时我们一定要坚持"竖屏理论"，即拍摄照片时尽量用纵向的布局模式拍摄，保证可视范围内图片的清晰度。

4. 展示产品局部细节

细节图片要尽量使用实拍图片。注意每一张细节图都应该有一个清晰的关键点。另外，在每张细节图上添加文案，可以起到"画龙点睛"的作用，具有比较好的沟通效果，但添加的文案不要遮盖图片内容，在移动端设计时要尽可能让图片和文字分离，保证二者都清晰可见。

5. 展现品质引起购物欲望

展现品质最好的方式是利用海报呈现产品的某个卖点。当然，展现品牌也能引起客户的购物欲望。如果没有大品牌，我们就要注意在视觉上体现产品的规范性，这样给客户的感觉会好一些。

6. 产品的尺寸对比及售后服务

呈现产品尺码时要注意不能单纯地写上产品的尺寸，最好有模特展示，让客户能有比较直观的尺寸上的感受。

在读图时代，越来越多的人不愿意阅读大段的文字。如果必须要在产品销售页面放上较多的文字，一定要注意分段、分点。我们也可以寻找新的方式来解决文字较多的问题，如做成问答型的聊天窗口，增加可读性。

（四）移动端常见错误解析

1. 文字太小

图 12-11 中，优化前：首屏图片文字太小，诉求不清楚；图片占用空间太大，无效信息过多。优化后：诉求上强调唯一性和独特性；文字清晰；4 色展示，快速将产品基本情况罗列清楚。

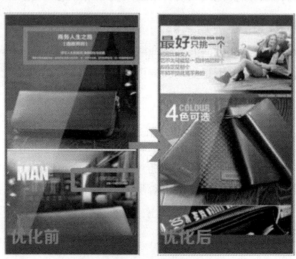

图 12-11　文字太小优化比较

设计时一般以 4 寸手机屏幕为设计标准预览详情页。大标题建议采用 24～30 像素、小标题建议 16～18 像素、正文建议 12～14 像素。

2. 细节点展现不清晰

图 12-12 中，优化前：细节展示不清，无法让客户明确产品内部结构，使其产生购买欲望。

优化后：内部结构、产品细节设计、做工设计皆由大图清楚地展示出来，加上"画龙点睛"的文案，让客户对产品的细节有一个清晰的认知。

3．色彩选用错误

图 12-13 中，优化前：图片与背景图融合，无法突显产品；纯放拍摄图，无法表达明确的产品信息。优化后：产品背景设置为白色，简洁明了；多角度展示、纹路皮质展示，信息传达清晰。

一般移动端详情页面色彩优先使用亮色背景，能让移动端的详情页看起来更加简洁明了。

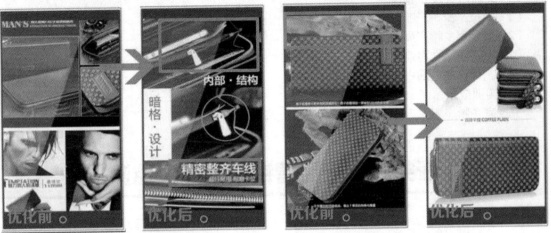

图 12-12　细节点展现不清晰优化比较　　　　图 12-13　色彩选用错误优化比较

4．用 PC 端思路做移动端页面

图 12-14 中，优化前：直接将 PC 端的图片和文字信息放在移动端，产品信息和产品描述文字过小，客户无法看清产品信息。优化后：对产品信息进行了重新排编和提取，产品信息一目了然。

5．重点展示不突出

图 12-15 中，优化前：产品重点展示不突出，模特展示过多，既浪费客户流量，又降低客户购物体验。优化后：对产品进行重点特写和全方位的展示，省时、省事、省客户流量。

图 12-14　用 PC 端思路做移动端页面优化比较　　　图 12-15　重点展示不突出优化比较

任务实训

家乡特产淘宝产品页面策划及实施

1. 实训目的
本次实训可使学生掌握产品销售页面策划的方法和技巧。

2. 实训内容及步骤
（1）定位家乡特产客户。
（2）搜集家乡特产页面准备资料。
（3）产品页面文案编写。
（4）上传产品页面内容。

3. 实训成果
完成家乡特产淘宝店产品页面的策划。

任务二　产品营销策划效果监测

任务引入

小李学习了产品销售页面策划之后，重新调整了产品页面的内容，但调整之后的效果如何，小李不知道该如何衡量？

知识指南

一、评估分析

企业的产品页面营销策划的好坏是企业目标客户定位水平和运营能力的综合反映，也在一定程度上说明了营销策划人员为之付出的努力，而且可以在一定程度上进行量化分析。

为了实现产品销售这一目标，产品营销策划人员可以对产品营销页面从定性评估和定量评估两个方面来展开评估分析。定性评估主要包括产品营销页面卖点是否可感知、品牌定位/人群定位是否清晰等。定量评估主要包括产品分析、客户分析及行业分析。定量评估的指标均可通过网站/网店后台统计软件进行查看。

（一）定性评估

1. 卖点感知评估
一般可以从海报、主图等方面感知产品卖点，如产品功能、性价比等。可以邀请朋友、同事、客户等分析页面的卖点。

评估卖点

　　查看下图中的产品主图，分别从产品功能和产品性价比两方面评估主图的卖点，并给出相应的建议。

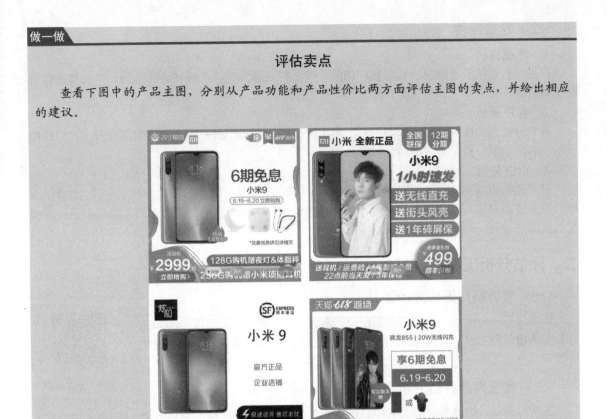

2. 定位评估

　　定位评估主要评估产品图片及文案创意是否能体现品牌定位/目标人群定位。定位是否准确可以让客户、同事等进行评估。客户的评估能通过客户评价反馈获得，如图 12-16 所示。

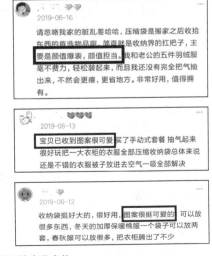

图 12-16　客户评价反馈产品定位

（二）定量评估

1．产品分析

产品分析包括流量概况、实时客户访问、按小时流量分析、产品被访问排行、产品页面停留时间等数据。

2．客户分析

客户分析包括性别分析、年龄分析、客单价分析、购买频次分析、购买时段分析、客户规模分析、客户信用分析、客户地域分析等数据。

3．行业分析

产品营销策划人员除了可以评估自身店铺/网站，还可以对行业竞争进行对比分析。如对比本店的页面停留时长与同行存在的差距，如果差距较大，则说明店铺自身的页面丰富性不足，需要加强页面的建设。

二、评估分析工具

（一）官方网站评估分析工具

评估分析一方面可以通过网站后台进行数据监控，另一方面可以借助第三方免费流量监测工具，如用 CNZZ 数据专家、51Yes 网站流量统计、百度统计等网站统计工具来进行产品营销策划效果评估。

（二）淘宝网店评估分析工具

淘宝网店可以借助淘宝提供的生意参谋等工具，对网店产品营销策划效果进行评估。

小案例：用竖屏思维优化《一张图看懂初现手机 TCL750》

任务实训

家乡特产淘宝的产品营销页面策划效果监测

1．实训目的

本实训可使学生掌握产品营销页面的定性评估。

2．实训内容及步骤

（1）查找3～5个陕西特产的淘宝产品页面进行评估。

（2）结合卖点评估和定位评估的方法对上述页面进行评估，并反馈评估结果。

（3）提出改进建议。

3．实训成果

完成产品营销页面策划效果评估报告，包括页面简介、评估过程、结果反馈及改进建议。

 **思考与练习**

一、不定项选择题

1. 下面属于产品页面功能的是（   ）。

A．引导客户关注更多商品 B．增强购买欲望

C．形象展示 D．站内分流

2. 下面属于网站/网店首页功能的是（　　　）。
   A. 打消疑虑　　　　　　　　　　　　B. 二次营销
   C. 引导客户关注更多的商品　　　　　D. 形象展示
3. 请将下面营销过程按照正确顺序排列（　　　）。
   A. 营销环节　　　　　　　　　　　　B. 激发潜在的需求环节
   C. 引发兴趣环节　　　　　　　　　　D. 替客户做决定环节
   E. 进一步激发客户购买欲望环节

二、简答题
1. 产品销售页面文案中的内在逻辑关系是什么？
2. 如何进行产品营销策划效果监测？

素质拓展问题

项目十二 产品营销策划

221

13 项目十三
品牌营销策划

 项目简介

利用品牌来推广是极有效率的。企业的品牌形象具有极大的经济价值。根据国际商标协会的调查，有 1/3 的企业原有客户会因为网络上企业的品牌形象而改变其对品牌的印象；有 50% 的网上购物者会受网络品牌的影响，进而购买该品牌的产品；网络品牌形象差的企业，年销售量平均损失 22%。这说明，品牌是企业无形价值的保证形式，且在网络上更为重要。

本项目主要由产品/公司品牌营销策划、打造网络红人、网络口碑营销、品牌营销效果评估四个任务组成。通过对本项目的学习，学生可对品牌营销产生兴趣，从而掌握品牌营销过程中的策划和评估的知识。

 项目目标

知识目标：了解品牌、品牌营销、品牌营销策划的概念，掌握品牌营销策划过程和网络品牌营销策划步骤，了解网络红人及其成名原因，熟悉如何打造网络红人，掌握品牌营销效果的评估方法。

技能目标：能够制订网络品牌营销方案，能够对品牌营销效果进行评估。

素质目标：让学生切实感受优秀人物的高尚品德和爱国情怀，引导学生树立正确的世界观和行为习惯。

 引导案例

江小白的品牌策略

江小白于 2011 年成立于重庆，是江记酒庄推出的一种清淡型高粱酒，以红皮糯高粱为单一原料精酿而成，主要面向的群体是青年人群，主张简单、纯粹的生活态度。江小白之所以这么火，源于对传统高粱酒口感和品牌两方面的创新。在口感方面，江小白更加柔和、适口；在品牌方面，江小白着重开发年轻用户，时尚化的包装更贴近年轻人的审美标准。在竞争激烈的白酒行业，江小白做到了年销售额 3 亿元，京东官方旗舰店两周销售额达 1 000 万元。

1. 定位准确，为消费场景提供解决方案

江小白获得成功的第一大战略非"定位"莫属。小聚会、小时刻、小心情，这就是江小白的产品定位。江小白提倡年轻人直面情绪，不回避，不惧怕，做自己。这种定位战略，帮助江小白在竞争激烈的白酒行业开辟了一片蓝海，是其取得成功的重要战略之一。

2. 品牌人格化，做用户的情感寄托

在有了明确的定位和物化的产品后要做什么？答案是做品牌！品牌人格化是江小白俘获广大"80后""90后"的另一重要战略。品牌是用户在特定场景下对产品明确的消费诉求及认知，最高级的品牌战略是人格化的。

首先，"江小白"品牌名就是人格化的，它不像茅台、五粮液那般"遥远"，很容易让人产生亲近感，也更容易被人记住。江小白的所有文案和视频，都是在用第一人称"我是江小白"诉说故事、表达情感，其实江小白就是每个人那段惶恐、奋斗的青春岁月。当老友相聚或一个人孤独寂寞想要喝点小酒时，用户就会想到江小白，因为它不是没有生命的产品，它是人格化的，它是可以诉说情感的。而这也是中国酒文化的精髓——情绪的需求。

其次，江小白靠着大量瓶身设计和走心的文案，红遍社交网络。它增进了用户和产品之间的情感连接，产品不再是冰冷的。独特的视觉设计，能够让用户在第一次看到它时就注意到并且记住它，即使不能说出名字，也能这样跟朋友传播："你喝过那个在酒瓶上画动漫人物还写着文艺诗句的白酒吗？"江小白的品牌战略依靠人格化的品牌俘获"80后""90后"用户的心，成为迷茫、奋斗的年轻人的情感寄托。

3. 用户倒逼渠道，改变行业价值链

江小白并没有将大部分精力放在攻破渠道商上，与五粮液、稻香村等品牌相比，客单价低的江小白是无法进入渠道商视线的。其实，所有的利润均来自用户，牢牢抓住用户才是硬道理。江小白的战略制高点是用户倒逼渠道！因此，江小白将大量的资源投入营销上，直接和消费者接触。于是，电影《从你的全世界路过》《火锅英雄》中，或者地铁上我们都能看见江小白的身影。

思考：

1. 你知道的知名品牌有哪些？
2. 企业品牌营销怎么开展？如何策划设计品牌营销？
3. 网络品牌营销效果如何评价呢？

任务一　产品/公司品牌营销策划

任务引入

网民的数量迅速增长，任何一个品牌都不能忽视这个巨大的群体。积极拥抱网络已经成为企业的必然选择，特别是那些快被遗忘的老品牌或新生的年轻品牌。那么，这些企业如何开展网络品牌营销活动呢？

知识指南

一、品牌

品牌，简单地讲是指消费者对产品及产品系列的认知程度。品牌是人们对一个企业及其产品、售后服务、文化价值的一种评价和认知。品牌是商品综合品质的体现和代表。当人们想到某一品牌时，总会和其时尚感、文化、价值联想到一起。企业在打造品牌时，也在不断地创造时尚，培育文化。随着企业做强做大，品牌不断从低附加值向高附加值升级，向产品开发优势、产品质量优势、文化创新优势的高层次转变。当品牌文化被市场认可并接受后，品牌会产生核心的市场价值。

（一）品牌定义

品牌是用以识别某个或某类销售者的产品或服务，并使之与竞争对手的产品或服务区别开来的商业名称及其标志，通常由文字、标记、符号、图案和颜色等要素或这些要素的组合构成。品牌承载的更多是一部分人对其产品以及服务的认可，是品牌商与顾客购买行为间相互磨合衍生出的产物。

（二）网络品牌

网络品牌主要指企业注册的商标在互联网上的对应，是企业的无形资产。广义的网络品牌是指企业、个人或者组织在网络上建立的一切产品或者服务在人们心目中树立的形象。网络品牌有两个方面的含义：一是通过互联网建立起来的品牌，二是互联网对网下既有品牌的影响。两者在品牌建设和推广的方式与侧重点方面有所不同，但目标是一致的，都是企业整体形象的创建和提升。

网络品牌包含如下三个层次。

1．网络品牌要有一定的表现形态

一个品牌之所以被认知，首先应该有其表现形式，也就是可以表明这个品牌确实存在的信息，即网络品牌具有可认知的表现形式，如域名、网站（网站名称和网站内容）、电子邮箱、网络实名/通用网址等。

2．网络品牌需要一定的信息传递手段

网络品牌仅仅存在并不能为用户所认知，企业还需要通过一定的手段和方式向用户传递网络品牌信息，网络品牌才能为用户所了解和接受，手段和方式包括搜索引擎营销、网络广告等。

3．网络品牌价值的转化

网络品牌的最终目的是为了获得忠诚顾客并达到增加销售的目的，因此网络品牌价值的转化过程是网络品牌建设最重要的环节之一。从用户对一个网络品牌刚刚了解到形成一定的用户转化率，这个过程就是网络营销活动的过程。

二、品牌营销

品牌营销是通过营销使客户形成对企业品牌和产品的认知的过程。企业要想不断获得和保持竞争优势，必须构建高品位的营销理念。最高级的营销不是建立庞大的营销网络，而是利用品牌符号，把无形的营销网络铺建到人们心里，使顾客在消费时"认"这个产品，投资商在选择合作时"认"这个企业。

品牌营销时代，消费者对品牌的满意度是企业发展的重要动力。当消费者满意时，其就会对品牌保持长时间的忠诚度，这种忠诚度一旦形成，消费者就很难接受其他品牌的产品了。但品牌的形成并非一朝一夕就能完成，只有日积月累才能走向成功。

三、品牌营销策划

（一）品牌营销策划概念

品牌营销活动是现代商业活动的一种，将策划科学应用在品牌营销活动中，就是品牌营销策

划。策划在现代商业活动中的运用相当普遍，各种商业策划的开展，为商业活动的进行带来了效率的革命。

（二）品牌营销策划过程

品牌营销策划过程可分解为收集信息资料、品牌形象策划、品牌传播策划、综合创意策划等具体的过程和内容。

1. 收集信息资料

企业品牌营销策划的第一步是收集与企业的品牌营销策划有关的各种信息资料，这些信息资料将成为分析与设计品牌营销的重要依据。它们包括宏观经济形势、政策与法律环境、目标市场特性、消费者需求特点、市场需求走向、市场竞争状况和企业自身的特点等。在这个过程中，最重要的是对各种信息资料进行加工处理。要充分利用现代化的媒体手段，以科学原理为指导，大量收集信息资料，并透过现象、去粗取精、去伪存真、由表及里地进行分析研究，最终得到需要的资料。信息资料收集完毕后，策划者要以报告书的形式进行总结，作为企业品牌营销策划活动的重要依据。

2. 品牌形象策划

塑造和传播品牌形象，是品牌营销的主要任务。形象是品牌的灵魂，塑造出一个理想的品牌目标形象将赋予品牌强大的生命力，而品牌的目标形象如果塑造得不合理，将会导致整个品牌营销计划的失败。

品牌的形象包括品牌的外观形象、品牌的功能形象、品牌的情感形象、品牌的文化形象、品牌的社会形象、品牌的心理形象。

3. 品牌传播策划

品牌是传播出来的，品牌形象策划得再好，品牌也只有得到社会的普遍认同才能够成为真正的品牌，因此必须对品牌形象的传播进行科学的策划。在信息高度发达的现代社会里，信息传播呈现出多样的方式。传播方式的不同，所获得的传播效果也不同。传播方式通常有动态媒体方式、静态媒体方式、人员媒体方式、网络媒体方式、综合方式。

4. 综合创意策划

综合创意策划是对品牌传播过程中的每一个细节和每一个内容进行创意设计。创意要能够准确地表达出品牌形象策划的意图，并且要让大多数的目标消费者能够感知和认同。因此，综合创意策划其实是影响品牌形象传播效果的很重要的一项工作，是品牌营销策划的灵魂所在，所以要对其进行科学策划。

（三）网络品牌营销策划

网络品牌营销策划主要指为企业产品、公司、店铺、网站等在网络上树立品牌形象和品牌定位进行的一系列策划。网络品牌营销策划的步骤主要包括以下几个。

1. 企业网站中的网络品牌形象建设

企业网站是网络营销的基础，也是网络品牌建设和推广的基础，在企业网站中有许多可以展示和传播品牌的机会，如企业网站上的企业标志、内部网络广告、公司介绍、企业新闻及软文等有关内容。

现在很多企业网站存在一些问题，有些缺乏良好的形象，难以抓住网民的眼球；有些一味追求美观，忽略了搜索引擎的优化设计；有些企业虽然建立了网站，但忽略了网站的日常更新与维护……因此，企业一定要明确通过企业网站能实现的品牌营销目标，确定在网站建设和维护方面需要做什么，不能做什么。

2. 网络广告宣传中的品牌传播

与传统媒体广告相比，网络广告因其较强的针对性、开放性和可控性等优势，是企业实施营销战略的重要环节。网络广告的作用主要表现在两个方面：品牌推广和产品促销。需要提醒的是，做网络广告，一定要注意目的、方法和实施中的细节。竞争战略大师迈克尔·波特指出：只有不断坚持自己的战略而从不发生游离才能获得最终的胜利。保持广告主题和形象的稳定，才能在消费者心中留下明确的品牌形象。

3. 搜索引擎营销中的网络品牌推广

搜索引擎是用户发现新网站的主要方式之一，用户在某个关键词检索的结果中看到的信息是一个企业/网站网络品牌给用户的第一印象，这一印象的好坏决定了这一品牌是否有机会进一步被认知。

网站被搜索引擎收录并且在搜索结果中排名靠前、搜索引擎中官网标志、搜索引擎中的竞价排名及品牌推广等均属于搜索引擎的品牌营销的内容。

4. 社会化媒体营销中的网络品牌建设与传播

企业可通过社会化媒体营销，如微博、微信、社群、论坛、百科、问答等，与用户互动，传播企业品牌文化，也可以借助社会化媒体进行事件营销、病毒营销和软文营销。

5. 网络事件营销中的品牌传播

作为一个需要充分利用网络优势打造品牌的企业，必须十分注重公关活动和事件营销。因为品牌的树立和推广需要高度的用户品牌忠诚度和口碑效应。当然，根据企业规模和实力的大小，在此方面的投入也会有所不同，关键是把握好广告费用和推广效果的平衡。

6. 病毒营销中的品牌传播

病毒营销对于网络品牌推广同样有效。例如，一部名为《啥是佩奇》的宣传短片内容不足 6 分钟，在各大社交平台上引发了病毒式传播，为春节档电影《小猪佩奇过大年》造足了声势。之后，片方还发布了时长为 8 分钟的"导演剪辑版"，在腾讯视频平台上，淘票票发布的"导演版"播放量也超过了 30 万。

7. 电子邮件中的网络品牌建设和传播

企业每天都可能会发送大量的电子邮件，其中有一对一的顾客服务邮件，也会有一对多的产品推广邮件。通过电子邮件向用户传递信息，也是传递网络品牌的一种手段。利用电子邮件传递营销信息时，邮件内容是最基本的，品牌信息的传播只有在保证核心内容的基础上才能获得额外的效果。

任务实训

网络品牌设计

1. 实训目的

熟悉品牌网络广告的形式，通过搜索并记录各种不同类型的品牌网络广告，深入分析不同类型品牌网络广告传递信息的方式，分析其优缺点。

2. 实训内容及步骤

根据兴趣爱好，选定某一产品，围绕该产品进行品牌相关设计。

（1）网络品牌的市场定位：确定网络品牌的网络目标客户群，即通过分析企业的产品或服务的目标客户群与网络用户的关联，得出企业的网络业务主要面向的网络用户，即网络目标客户群的范围。

（2）网络品牌命名策略：准确把握企业所面向的网络目标客户群的特征，并以此为基础为网络品牌命名。

（3）域名选择策略：域名的选择需与企业已有的商标或品牌名称保持相关性；域名应尽可能简单易用。

（4）网络品牌的形象设计：制订品牌标志的网络应用标准；色彩应用标准；字体应用标准；网站版式设计标准等。

3. 实训成果

完成网络品牌设计实训报告。

任务二　打造网络红人

任务引入

网络世界风起云涌，各种网络事件随着网络的普及以及 QQ、社区、微博等沟通交流渠道的完善层出不穷。小李很好奇，什么是网络红人？这些红人是如何成名的？作为企业，如何快速走红呢？

知识指南

一、网络红人

"网络红人"也叫"网红"，是指在现实或者网络生活中因为某个事件或者某个行为被网民关注从而走红的人。他们因为自身的某种特质在网络作用下被放大，与网民的心理需求相契合，有意或无意间受到网络世界的追捧，成为网络红人。因此，网络红人的产生往往不是自发的，而是网络媒介环境下，网络红人、网络推手、传统媒体以及受众心理需求等综合作用下的结果。

二、网络红人成名原因

（一）艺术才华成名

这类网络红人主要依靠自己的艺术才华获得广大网民的追捧。他们大多是"草根"，没有接受过"正规"的训练，往往是依托其非同一般的天赋和在兴趣支配下的自我学习，从而在某个艺术领域形成了自己独特的风格或者技巧。他们通过把自己的作品上传到个人网站或者某些较有影响力的专业网站来吸引人气，由于其在艺术上不同于主流的独特品位，所以能逐渐积累起不错的人气，拥有某个固定的粉丝群。

（二）搞怪作秀成名

这类网络红人通过在网络上发布视频或者图片的"自我展示"而引起广大网民关注，进而走红。他们的"自我展示"往往具有哗众取宠的特点，言论和行为通常借"出位"引起大众的关注。他们的行为带有很强的目的性，包含一定的商业目的，都是为了引起大家的注意。

（三）意外成名

这类网络红人与第二类相反，他们主观并没有要刻意地炒作自己，而是不经意间的某一行为被网友通过照片或者视频上传网络，因为他们的身份与其表现同社会的一般印象具有较大的反差从而迅速引起广大网民的注意，成为网络红人。他们自身往往并不知道自己在某一时刻已经成为网络的焦点。

（四）网络推手成名

这类网络红人的背后往往有一个团队，经过精心的策划，一般选择在某个大众关注度很高的场合通过某些举动刻意彰显自身，给大众留下较深的印象，然后组织大量的人力、物力来推动，引起更多的网民关注。因为事先经过精心的策划，时机把握得当，在推出后继之以大量的宣传，所以他们成名的概率通常比较大。

三、网络红人的分类

早期的网络红人，由于时代发展等原因，他们共同的特点是以文字安身立命并走红。当互联网进入高速的图文时代甚至宽频时代，网络红人已经有了新的划分，如 papi 酱等，他们是内容创业的网络红人，给用户带来了有价值的内容，也给用户带来欢乐。现在网络红人大概分为这几类：网络作家型、视频&直播型、颜值型、内容型（内容原创性及自媒体）、事件型。

四、打造网络红人策略

网络红人及网络事件有些是自然形成的，大多数则是借助网络推手、新闻媒体的营销形成的。营销者应该学习这些网络红人的"成名法则"及营销技巧，运用到自己的产品及服务的宣传中。

（一）"借刀杀人"——借媒体之力行营销之实

网络机构通过对网络"准红人"的包装，借助于新闻媒体提供的平台，将丰富的信息提供给大众，取得大众的持续关注，新闻媒体方便地取得了新闻素材，赢得了收视率、点击率、订阅量及利润，营销机构和网络红人获得知名度、曝光率、签约率，大众获得娱乐休闲与精神满足。图13-1 反映了这 3 方组成的严密而稳定的利益链条和利益体系。

将上述模型进行简单的改变，可得到完整的企业推广产品的利益链条，如图 13-2 所示。企业包装自己的产品，借助平台，向大众提供产品信息，大众给予企业与产品关注。

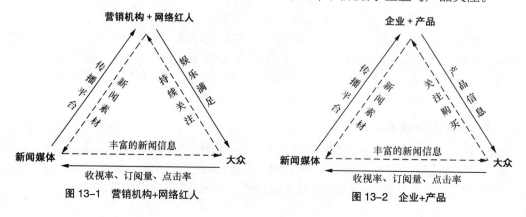

图 13-1 营销机构+网络红人   图 13-2 企业+产品

在这个需求不足、竞争激烈的买方市场中，企业一方面要提供令人心动的产品，同时要进行严密的规划与筹备进行产品推广。这里最重要的一点是博得大众尤其是潜在消费者的眼球，做到了这一点一切就都顺理成章了，严密的三角形利益链条就动起来了。

（二）无中生有——凭概念炮制赚足眼球

2009 年 7 月 16 日，百度贴吧里一句"贾君鹏，你妈喊你回家吃饭"的帖子，使一个著名的假想人物贾君鹏横空出世，引起了网络以及传统媒体的广泛关注。到目前为止，针对这个事件是一场自发形成的事件还是被策划的争论依然没有结论，但作为营销者，我们应该深刻地体会到，"无中生有"也是一种营销手法。

炮制概念，就是提出 USP（独特的消费主张）。例如，农夫山泉提出水溶 C100"五个半柠檬"的营养标准，填补了柠檬水市场的空白，其他厂家"Hello-c"与"柠檬 me"产品的跟进，充分证明了农夫山泉概念营销的成功。

炮制概念获得巨大成功的典型案例还有张裕解百纳和伊利特仑苏，前者打造了高端红酒的标准，后者填补了高端纯牛奶市场的空白。

（三）正话反说——形象颠覆引发病毒传播

2013 年加多宝的"对不起"体营销通过 4 张哭泣的宝宝图片，表面上是道歉、自嘲，实际上是向公众示弱，向对手示强，笑着自揭伤疤示人，立刻博得了大众的同情。不到两个小时，"对不起"迅速成为"刷屏王"，被转发 4 万多次，获得评论 1 万多条。加多宝这次"喊冤"微博的配图堪称经典，含泪哭泣的小宝宝们充满了委屈，让人瞬间产生怜悯之心，不少网友喊出了"宝宝，加油！"的口号。加多宝通过这次病毒营销得到了消费者的广泛认可，最终取得了良好的效果，其品牌好感度倍增。

五、打造个人网络品牌

微信公众号主界面上有一句话，"再小的个体，也有自己的品牌。"在移动互联网时代，人与人之间的连接越来越简单。如果你有一定的专长，并且可以通过网络影响到一个特定的群体，那你也可以成就个人网络品牌。下面以知识型个人网络品牌为例，介绍从零开始打造个人网络品牌。

（一）知识型个人网络品牌

知识型个人网络品牌也称为"知识网红"，是指新媒体知识传播变革中的知识传播者、解释者、翻译者，他们为大众提供更加精细、多元的知识养分，并且精通个人 IP 包装和运营，准确把握受众需求兴奋点。

中国互联网网络信息中心发布的第 38 次《中国互联网络发展状况统计报告》数据显示，55.3% 的网民有过为知识付费的行为；为知识付费的首要驱动力是"获得针对性的专业知识、见解"，其次是节省时间和精力成本，积累经验、提升自我。

知识付费的用户习惯使知识的价值得到认同，用户有缩小知识鸿沟的倾向，愿意为知识买单。同时也涌现出了一批知识型个人网络品牌，如吴晓波、秋叶 PPT 等。知识型个人网络品牌需要具备两个条件：一是在专业领域有积累，能够保证后期的持续性输出；二是在该行业有一定的影响力，在用户产生需求时，可以想起其个人品牌。

想一想

知识型网络红人

请列举 5 个以上你比较熟悉的知识型网络红人。

（二）适合知识型个人网络品牌的个人

1. 具备大众欢迎的专长/才华

个人首先应具备一定的专长/才华；其次，专长/才华能够适合大众市场的需要，而非冷门专长，如PS、PPT等专长，很多人工作中需要这些技能，容易形成市场。

专长/才华是个人网络品牌的核心竞争力，需要积累和打磨才能最终形成品牌效应。

2. 掌握一定的传播能力

具备一定的传播能力，如写作、分享、演讲、出书技能，可以通过这些方式打造个人的影响力。如游戏产业第一时评人——张书乐，曾长期为《销售与市场》《商界评论》等刊物撰写市场营销类分析，并在国内数十家知名媒体上发表了千余篇互联网产业观察和时评，通过出版《实战网络营销——网络推广经典案例战术解析》《价值百万的网络营销》《凌博微步：超完美微博营销》等著作，建立了知名IT产业时评人及网络营销专家的个人品牌。

图13-3　主流的知识型平台

（三）快速打造知识型个人网络品牌的策略

1. 选对平台

根据个人的特点及专长/才华特点，选择合适的平台。例如，秋叶的PPT教学选择了网易云课堂；传播渠道选择了微博、微信、知乎、简书、抖音等进行传播，实现用户的全覆盖。目前主流的知识型平台如图13-3所示。

想一想

平台选择

小A是一家五星级酒店的大厨，想通过美食脱口秀的形式建立自己的网络品牌，你能帮他选择比较合适的平台吗？

2. 选对个人标签

选对个人标签，即对个人品牌的准确定位。通过准确定位，聚焦某一领域，在领域内做到领先位置，最终形成消费决策。例如，陕西网络红人魏延安，聚焦三农和农村电商领域，通过微博、微信公众号、博客、专著等多种形式，建立了三农电商专家的个人标签。

3. 立马去做

定位好个人标签后，就要马上去做，而非等技术全部打磨好了再做，否则就会错失良机。正确的做法是边学习，边修正，边分享输出，当形成良好口碑后，消费者就会自发帮你传播。

4. 向行业内标杆学习

在个人品牌形成初期，可以通过向行业标杆学习，如学习品牌营销模式，内容选择、传播等方法，尽量少走弯路；也可以通过报班学习，系统掌握方法和途径。例如，魏延安早期通过大量阅读与互联网、电商、营销等相关书籍，撰写大量的读书评论、日志、百科词条和见解，积累了丰富的行业资源，奠定了个人品牌基石。

5. 建立优质"外链"

通过加入行业"大咖"圈，访谈行业专家，与专家建立链接的方式，积累人脉资源，为后期做好准备。

（四）扩张知识型个人网络品牌的策略

1. 变现

在已经初步建立知识型个人网络品牌后，接下来就需要考虑变现了。目前，知识型个人网络品牌变现的方式分为出售产品、出售影响力和出售时间三种类型。出售产品可以通过出书、内训课程、在线微课等方式实现变现；出售影响力可以通过植入广告、品牌代言等方式实现变现；出售时间可以通过打赏、微博问答、分答、约见等方式实现变现。

2. 社群运营

通过微信、QQ群等社群运营，以服务做口碑，形成专业氛围，实现持续发展。

（五）知识型个人网络品牌的挑战

在形成知识型个人网络品牌的过程中最大的挑战包括工匠精神、正确评估个人实力及趋势把握。发挥"工匠精神"，把每一篇文章写到用户心里去，站在用户的角度思考问题。把握每一次分享机会，分享对用户有价值、有用的知识，表现最佳状态。正确评估个人实力，需要不断地总结和反省自己，对自己的能力和水平有个清晰的认识，实时调整修正运营策略。要趋势把握，关注趋势和风口，尤其在互联网时代，更要善于抓住机会。

任务实训

如何打造网络红人

1. 实训目的
分析网络红人的打造模式，掌握打造网络红人的方法。

2. 实训内容及步骤
通过网络搜索查找有关网络红人的资料，了解网络红人的成名原因及盈利模式。

备选网络红人：罗振宇、papi酱等。

（1）浏览上述网络红人的成名经历。

（2）总结网络红人的共同特点。

（3）总结网络红人的传播渠道。

（4）总结网络红人的盈利模式。

3. 实训成果要求
完成实训报告，内容为如何打造"网络红人"。

 # 任务三　网络口碑营销

任务引入

小李在淘宝上看到阿克苏的苹果、新疆的大枣等都给大家留下了深刻印象。小李想到家乡陕西有很多特产，如陕西苹果、泾阳的茯茶和陕北的大枣……但这些都没有给网民留下深刻印象。那如何通过网络营销建立陕西特产的口碑，给网民留下印象呢？

知识指南

一、口碑营销策划

当社交网络出现时，传统口碑传播速度慢、范围窄、受制于地理和时空的瓶颈被彻底打破了。同时，口碑传播通过互联网和社交网络的放大，其传播精准、可靠、转化率高等属性得到了释放。

（一）口碑营销策划定义

网络口碑营销是指消费者或网民通过网络渠道（如微博、微信、论坛、新闻客户端、短视频平台、知乎、豆瓣等）分享的，对品牌、产品或服务的相关讨论及信息内容。

网络口碑策划指在产品品质过硬的前提下，在口碑资源积累到一定程度时，策划者以极具互动性的传播创意活动，以自有的社交网络账号资源为基础，将各种信息聚合在网络之上，奠定产品/品牌在粉丝心中真正的地位的过程。

网络口碑策划在实施过程中需要注意以下几点。

（1）网络口碑策划的关键是运用社交网络。这个社交网络可以是微博、微信，也可以是短视频。只有社交才能让口碑得到真实的传递。

（2）网络口碑策划的前提是产品/服务过硬。真正的口碑不是用海量的广告费用和泛滥在网络上的软文造就的。要缔造长久且为人们乐意主动传播的口碑，最基础、最核心的还是产品/服务质量过硬。而网络营销口碑策划准确来说就是一个催化剂，让企业最终要达到的口碑提前实现，更快传播，更广扩散。

小案例

《我不是药神》之口碑营销

电影《我不是药神》的大火，要从点映的口碑说起。点映的过程中有业内专业人士参与，得到他们的认可和评价，就等于取得了很多免费宣传机会。

上映前宣传方将这些好评口碑密集释放，形成了从明星、媒体、影院经理到普通观众口碑的层层传播。逐渐形成了一种现象，就是看过的人都说好，没看过的人应该去看一看，不看好像就落伍了。

当然，电影本身精良的制作以及演员的演技和话题性也是口碑传播的基础。

小结：好的营销案例离不开好的产品。营销的本质是用户需求。

（二）网络口碑营销的优势

1. 宣传费用低

口碑营销无疑是一种廉价的信息传播工具，基本上只需要企业的智力支持，不需要其他更多的投入，为企业节省了大量的广告宣传费用。

2. 可信任度高

一般情况下，口碑传播会发生在朋友、亲友、同事、同学等关系较为亲近或密切的群体之间。在没开始口碑传播之前，他们之间已经建立了一种特殊的关系和友谊，相对于纯粹的广告、促销、公关、商家的推荐等，可信度要高。因此，口碑传播的信息对于受众来说，具有可信度高的特点。

3．针对性准确

口碑传播往往借助大众之间一对一的传播方式，信息的传播者和被传播者之间一般有着某种联系。消费者都有自己的交际圈、生活圈，而且彼此之间有一定的了解。人们日常生活中的交流往往围绕彼此喜欢的话题进行，这种状态下信息的传播者就可以针对被传播者的具体情况，选择适当的传播内容和形式，形成良好的沟通效果。当某人向自己的同事或朋友介绍某件产品时，他不是有意推销该产品，他只是针对朋友们的一些问题，提出自己的建议而已。

4．具有团体性

正所谓"物以类聚、人以群分"。不同的消费群体之间有着不同的话题与关注焦点，因此各个消费群体构成了一个个小阵营，甚至某类目标市场。他们有着相似的消费趋向，相似的品牌偏好，只要影响了其中的一个人或者几个人，在沟通手段与途径多样化的时代，信息便会以几何级数的增长速度传播开来。

5．提升企业形象

口碑传播不同于利用广告宣传，口碑是企业形象的象征，而广告宣传仅是企业的一种商业行为。拥有口碑，往往会在无形中对企业的长期发展，以及企业产品销售、推广产生很大的影响。

6．发掘潜在消费者，影响消费者决策

以空调为例，在购买过程中，消费者较多地关注使用效果、售后服务、价格、品牌和用电量等因素。而潜在消费者对于这些信息的获取主要来自购买过的人。第一次购买的人的口碑，是最值得潜在消费者信赖的信息。

二、企业/产品口碑营销策划

（一）企业/产品口碑营销策划现状

现代科技飞速发展，消费者了解和获取信息的渠道越来越多，各种信息蜂拥而至，使广大消费者无所适从，不胜其扰，严重影响了消费者接受信息的主动性和积极性。所以不少消费者看到广告和各种产品推广，甚至产生了逆反心理。

传统的口碑传播速度很慢，在互联网中，这个问题看似得到了解决，但因社群散落得太广，论坛、新闻、IM 软件等的友际交互度不高，直接影响了传播效果，而社交网络出现后，这种友际传播被全面强化，使口碑传播在社交网络上得到全面聚合。

微博、微信等平台的诞生，让口碑营销的实现真正有了基础，因为社交网络让推广者可以直接通过社交平台和目标受众进行交流，并通过制造话题，让目标受众按照自己的设定主动传播品牌。

（二）企业/产品口碑营销策划过程

1．企业/产品口碑营销目标设定

明确设定企业通过口碑营销要达到的目的，如品牌形象树立、产品销量促进或产品口碑传播等。

2．了解目标受众并与之互动

了解社交网络的粉丝，并且与粉丝建立良好的互动，真正融入粉丝的现实生活或兴趣爱好，依托粉丝的智慧，为之后的引爆积淀口碑资源。因为口碑营销=创意活动+不断积淀。

3．策划完美创意，创造引爆点

哈利波特主题公园开张宣传只邀请 7 名粉丝。哈利波特主题公园通过借助"哈迷"中最顶尖

的7位粉丝，将他们的粉丝借过来，再用大量的预告和设在邓布利多办公室的直播来吸引"哈迷"，最终以主题公园创建秘闻让"哈迷"们感到"饥饿"，也激起了他们的极大兴趣，更形成了一轮接一轮的口碑传递，自发的、转载的、否定的、赞美的皆为主题公园带来了极大的关注度。

来自产品本身的创意有时候更高于营销文案的创意。例如，"可以剥开吃的冰棍像香蕉"，即雀巢推出的全新"笨Nana"冰淇淋，一经推出很快成为社交网络上的热点，因为"笨Nana"冰淇淋在产品上开创了一种有趣的食用体验：食用时当从顶部咬上一口可剥离的果冻壳，就可以像剥香蕉皮那样剥出美味的冰激凌。这种趣味的产品成了当时网民最热衷讨论和转发的话题。

4．建立执行方案

企业在积累口碑资源的过程中涉及微博、微信、视频网站、论坛、博客、百科、问答等站点，形成了账号体系，聚合了一大批企业粉丝，进而真正实现口碑传播。

现在一些电视剧以传统门户、新闻客户端、论坛、贴吧为立足点，根据渠道用户的属性不同撰写不同文案，通过全方位、多角度、多频次的路径触达，在最短时间内建立话题印象，为后续新媒体"口碑裂变式传播"效应打下基础。充分的准备工作及井然有序的传播节奏，使用户无论打开的是什么软件，都能看到其营销。

5．建立舆情监控

口碑营销是一把"双刃剑"。在营销过程中，如果不能及时监控，就有可能造成无法挽回的损失。在产品口碑积累的过程中，要时刻留意用户的负面评价和质疑。这里主要通过新闻搜索、搜索引擎搜索、微博搜索、微信搜索及主要的营销社区搜索的方式及时发现，并在第一时间处理。

任务实训

品牌口碑营销评估

1．实训目的

本次实训要使学生掌握品牌口碑营销的评估方法。

2．实训内容及步骤

（1）选择一个本地具有一定知名度的企业。

（2）通过搜索引擎、微博、微信、知乎、百科、贴吧及百度指数等查询该品牌的网络口碑情况，并记录。

（3）诊断其网络口碑现状。

（4）针对现状提出改进意见。

3．实训成果

完成品牌口碑营销评估报告。

任务四　品牌营销效果评估

任务引入

小李对网络品牌这一术语并不陌生，他看到在有关域名保护、网络实名制等相关报道中，涉及网络品牌概念的内容有很多。小李在想是不是注册了域名、创建了网站，或者注册了网络实名，就等于拥有了网络品牌？企业网络品牌营销效果表现在哪些方面？如何评价呢？

相关知识

一、品牌营销效果

网络营销的各个环节都与网络品牌有直接或间接的关系。因此，可以认为网络品牌建设和维护存在于网络营销的各个环节，即网络品牌是网络营销综合效果的体现，如网络广告策略、搜索引擎营销、供求信息发布等各种网络营销方法均会对网络品牌产生影响。

（一）价值

正如科特勒在《营销管理》一书中所言，"每一个强有力的品牌实际上都代表了一组忠诚的顾客"，网络品牌的价值即企业与互联网用户之间建立起来的关系，用户忠诚产生品牌价值。

（二）信息和服务

百度是比较成功的网络品牌之一，当我们想到百度这个品牌时，头脑中的印象不仅是那个非常简单的页面，更主要的是它在搜索方面的优异表现。可见，有价值的信息和服务才是网络品牌的核心内容。

（三）个性化

网络品牌生存的唯一性在服务范畴表现出的特性就是信息和服务的个性化。它要求企业必须将资源集中在某一领域，实现个性化的服务定位。

二、网络品牌的效果评估

网络品牌营销是一个长期积累、维持的过程。互联网日新月异，必须要跟紧互联网营销的步伐，企业必须了解自己品牌在互联网上的覆盖量以及竞争对手的最近动态。那么到底该如何进行网络品牌营销效果评估呢？

（一）投资回报率

投资回报率（Return on Investment，ROI）指企业从一项投资活动中得到的回报的多少，被营销人士广泛地运用到网络品牌营销效果的评估上。一个好的营销策划方案，必须要有效果评估。营销效果评估不仅是为了衡量策划方案的成果，更是为了寻求其问题所在，以便进行修改，优化提升 ROI。

（二）品牌影响评估

按照对公众影响的深度和过程来看，品牌影响的评估主要包括认知、情感和意愿三个层面的效果。

1．认知层面

品牌认知是评估品牌影响的第一个环节，包括三层含义，一是认知的广度，二是认知的深度，三是消费者对品牌形象的认同。这 3 个指标可以衡量品牌的知晓率，以及消费者对品牌在认知方面的深刻程度。

2．情感层面

情感层面是指通过品牌营销的影响，消费者对于相关品牌在感情上的变化情况。这里通过两个指标来测量：品牌偏好和品牌信任。这两个指标的变化，能够较为准确地反映出品牌营销对于消费者情感方面的影响。

3．意愿层面

意愿层面也可称为行为层面，认知是基础，情感是过程，而意愿才是真正的结果。意愿是指消费者经过品牌营销的影响，对于相关品牌在最终行为上的变化程度。这里通过以下 3 个指标来测量。

（1）品牌关注，即通过品牌营销，消费者是不是对某品牌更加关注了，可以通过官方网站日浏览量的变化来衡量。

（2）尝试和购买，即通过品牌营销，消费者是不是更加愿意尝试和购买某个品牌了，尝试和购买的变化幅度如何。

（3）品牌推荐，即通过品牌营销，消费者在家人或朋友要购买相关产品时，是不是会优先推荐，变化的幅度如何。

任务实训

网络品牌营销效果评估

1．实训目的

学习网络品牌营销效果评估的方法，如关键词查询、查询企业产品在网络上的排名情况、查询行业高权重的推广渠道，以此评估品牌营销的效果。

2．实训内容及步骤

（1）关键词查询。

以百度为例查询关键词。可以先找出 5～10 个关于自己行业的核心关键词。在百度搜索框中输入一个核心关键词会出现下拉框，这些关键词也是客户经常搜索的；在百度搜索框中输入其中一个核心关键词并搜索，将页面拉至最下方的相关搜索，页面也会出现用户经常搜索的关键词。分析这些关键词并做好相关记录。

（2）查询企业产品在网络上的排名情况。

可以手动操作，用搜索到的每一个关键词在百度搜索框搜索，看百度前 1～3 页有多少条自己企业的信息（某产品或品牌），把含有公司信息的链接、对应的关键词、出现的位置一起记录在 Excel 表格中，以便计算企业产品在网络上的排名情况。

（3）查询行业高权重的推广渠道。

可以手动把搜索到的每一个关键词在百度搜索框中搜索，查看前 3 页都是哪些网站，把对应的关键词、网站链接等一起记录在 Excel 表格中，汇总这些链接的分类和计数，计数最高的类型就是权重最高的推广渠道。

3．实训成果

完成网络品牌营销效果评估的实训报告。

 思考与练习

一、不定项选择题

1. 品牌出现的最早时间可上溯到 19 世纪早期，酿酒商在盛威士忌的木桶上打出自己的标志，由此看出，品牌的出现是为了（   ）。

　　A. 吸引消费者增加购买量　　　　　　　　B. 帮助消费者识别不同产品

　　C. 美化包装物　　　　　　　　　　　　　D. 以上都不是

2. 某消费者在购买海尔洗衣机时，主要看重的是海尔的产品质量可靠、服务及时，这反映了该消费者更看重的是海尔品牌内涵的（   ）层次。

　　A. 属性　　　　　　B. 利益　　　　　　C. 价值　　　　　　D. 文化

3. 下面哪一句话表述不准确（   ）。

　　A. 最终决定品牌的市场地位的是品牌总体上的性格，而不是产品间微不足道的差异

　　B. 品牌个性具有人格化、不可模仿性、稳定性、互动性等特征

　　C. 品牌个性是长久的，一旦传达到消费者就会终生记忆

　　D. 品牌价值存在于消费者意识中，只有被消费者欣赏的个性的品牌，才能被消费者接受，
　　　　从而体现品牌价值

4. （   ）是评价品牌社会影响大小的指标。

　　A. 品牌知名度　　　B. 品牌美誉度　　　C. 品牌联想　　　D. 品牌忠诚度

二、简答题

1. 网络品牌的 3 个层次分别是什么？

2. 打造网络红人常用方法有哪些？

3. 网络品牌营销效果评估的内容有哪些？

素质拓展问题

14 项目十四
网络舆情管理策划

 项目简介

　　网络舆情是指以网络为载体，以事件为核心的，广大网民情感、态度、意见、观点的表达、传播与互动以及后续影响力的集合。网络舆情具备反应高效、快速，参与人数多、地域广等特点，其影响力日益扩大。互联网时代给网民带来更多消息的同时，也滋生了大量的负面舆论，对政府、企业以及名人个体都造成了极大的影响。与此同时，网络舆情监管工作也日益重要，网络舆情监管人员正面临着更大的难题和更高的专业素养要求。

　　本项目主要由网络舆情管理认知和负面舆情营销策划两个任务组成。通过对本项目的学习，学生可认识到网络舆情的重要性，从而掌握网络舆情的管理、策划及预警的方法和技巧。

 项目目标

　　知识目标：了解网络舆情的特点及发展阶段，熟悉网络舆情管理和网络舆情监测，掌握负面舆情的类型及应对方法。

　　技能目标：能够实施网络舆情监测，学会负面舆情的应对技巧及方法。

　　素质目标：学习政策，遵守政策，运用政策；促进学生深刻理解社会主义核心价值观，将其培养成为德才兼备的专业人才。

 引导案例

从舆情公关角度看女车主维权事件

　　2019年4月，某品牌女车主维权事件吸引了众人的眼球。女车主在某4S店付款66万元买了辆新车，提车时还未开出4S店门就发现发动机漏油。15天的交涉，店方的解决方案却从退款、换车变成按照三包政策换发动机。从事件曝出、发酵、高潮，舆论朝着一发不可收拾的方向发展。纵观网络舆论，舆情"一边倒"的倾向于维权者一方。

　　这次舆情事件对该品牌影响深远。一向将自己定位于汽车界高品质的该品牌被贴上质量问题的标签一时难以摘下；女车主维权事件网络热度火爆，堪称重大网络舆情事件。

1. 舆论起始阶段

　　女车主维权视频曝出，消费者维权引关注。

　　4月9日，一名女车主情绪激动地坐上某品牌车顶和销售人员理论的视频被他人拍下上传网络。"66万元买的车，一公里没开，让我换发动机，还让我被迫接受三包"。视频放出后，女车主的控诉立即在网络上留下维权难的印象。

在消费者和品牌商之间，消费者往往是弱势群体。商品的质量、售后等问题都取决于品牌商的信誉和态度，一旦出现质量问题，商家消极应对，消费者除了投诉往往别无他法。在网民群体中，消费者身份的弱势群体在人数上占据绝大部分，他们或出于同理心，或出于正义感，纷纷对女车主维权难事件进行表态。

在事件被曝出阶段，网民通过接触到的信息了解事件，此时大部分网民持观望态度。该品牌一直积累的口碑形象使网民舆论对其公关回应抱有期待。

2. 舆论发酵阶段

该品牌未能及时发声，失去舆论先机。

4 月 11 日，女车主维权难事件在新浪微博上发酵，当晚"西安+品牌"登上新浪热搜榜。4 月 12 日上午，"66 万元买某品牌车还没开就漏油"登上新浪热搜榜。由此开始，女车主维权事件开启霸屏模式。

截至 4 月 12 日，女车主维权事件在网络上负面情绪占比 68.6%。网民在大致了解事件经过后，对该品牌店大欺客、存在质量问题进行批判。从 4 月 9 日事件在网络上曝光，到 11 日开启霸屏模式，直到 13 日，北京该品牌官方微博的道歉声明才迟迟到来。而此时庞大的网民群体在舆论中早已对此事做出了自我判断，且此次道歉未能抓住网络核心传播因素和网民诉求：诚意。

3. 舆论高潮阶段

和解消息遭女车主拒绝，该品牌公关做法适得其反。

4 月 12 日，"涉事 4S 店与女客户和解"消息在网上流传，对该品牌而言，这则消息的到来在一定程度上缓解了舆论压力。网络舆论上，网民的核心诉求不过是为女车主维权，如果事件得以圆满解决，此事的舆论就此沉寂。4 月 13 日，"女车主对该品牌官方答复失望，事情并没有解决"的消息经媒体传播后，在网络上大肆蔓延。

此时舆论冲突再次升级。网民认为该品牌迫于舆论压力想要息事宁人，他们放出"和解"的消息是为了安抚民众，并没有真正意识到问题的所在。这种带有欺骗性的做法，效果只会适得其反，加深网民对该品牌的负面情绪。

4. 舆论后期阶段

相关部门出面表态、媒体发表针对此事的评论：该品牌态度推诿、乱收费的形象深入人心。

新华网：油漏了，别把良心也"漏"了！事件结果仍有待监管部门调查，但有一点必须明确，保障合法权益不受侵犯，需要消费者不断增强维权意识，更离不开监管部门的有效监管。维权，本不应如此之难！

网民曝光，媒体跟进、相关部门出面，在整个舆论过程中，该品牌此次的公关行为或缺失或迟到或适得其反。在这一场舆论审判中，该品牌态度推诿的形象已生根。重大舆情事件会在消费者心智中留下深刻印象，造成的直接后果是该品牌一直以来苦心经营的市场口碑遭受重创。

思考：

1. 结合上述案例，谈谈负面舆情对企业会产生什么样的影响？企业该如何应对负面舆情？

2. 你认为企业可以通过哪些工具/平台来监控企业的舆情？

3. 说说你印象中舆情管理做得比较好的企业有哪些？你认为舆情管理人员需要具备哪些能力和素质？

任务一　网络舆情管理认知

任务引入

小李经常在网络上看到网民对企业发表一些评价，这些评价有好有坏，这些评价对企业经营会带来哪些影响？如何对网络舆情进行管理？网络舆情监测的流程又是什么？

知识指南

一、网络舆情认知

（一）网络舆情概念

网络舆情有广义和狭义之分，广义的网络舆情是指在互联网上流行的对社会问题不同看法的网络舆论，是社会舆论的一种表现形式；狭义的网络舆情是指针对企业的不同看法的网络舆论，包括讨论、报告和反映。本任务中的网络舆情管理内容主要是针对企业的网络舆情管理。

请列举几个最近的网络舆情事件，并说说这些事件对企业的影响。

（二）网络舆情发展历史

网络舆情发展至今共经历了四个阶段。

1. 网络舆情 1.0

网络舆情 1.0 时代的特点是单向性。1994 年，互联网逐渐在国内应用和普及，网络舆情产生源头集中于主流媒体和门户网站，公众以被动、单向接受信息为主，网络舆情热点少、规模小、可控性强。网络舆情出现的代表性网站为新浪、搜狐、网易等门户网站。

2. 网络舆情 2.0

网络舆情 2.0 时代的特点是社交化。2000 年，博客、论坛等社交媒体平台涌现，公众日益成为网络信息生产者，舆论更具开放性与社交型，网络舆情生产与传播速度更快、规模更大，可控性变弱。网络舆情出现的代表性网站为博客中国、天涯等。

3. 网络舆情 3.0

网络舆情 3.0 时代的特点是移动化。2010 年，移动互联网技术迅速发展，微信、微博及新闻客户端成为主要舆论场，舆情生产与传播具有碎片化、复杂性及裂变式等特点，舆情分析、预警和引导难度增加。网络舆情出现的代表性网站及平台为微信、微博及新闻手机客户端等。

4. 网络舆情 4.0

网络舆情 4.0 时代的特点是大数据。2013 年，中国进入大数据元年，数亿网民催生下的网络舆情表现为海量、多源、异构、高速传播及价值密度低等特征，对舆情管控的实时性和前瞻预测性要求更高。此时网络舆情出现的代表性网站及平台在表 14-1 中有详细介绍。

表 14-1　网络舆情信息源

新媒体信息源	微博	行业"大 V"、知名"大 V"、热门话题
	微信公众号	新榜中查看行业公众号排名 手动搜索行业关键词，发现原创或阅读量比较优质的公众号
	知名论坛	贴吧、天涯社区、人民网、西祠胡同、豆瓣、知乎等
	自媒体平台	今日头条、天天快报、四大门户新闻客户端、一点资讯等
	问答平台	百度知道、360 问答、搜狗问答等
	视频及直播	视频网站、知名直播平台及短视频平台
	其他	新闻源网站
传统信息源	报刊杂志	媒体新闻站及其微信公众号、微博"官 V"

（三）网络舆情特点

网络舆情具有容易突发、容易产生互动、难预测、难控制、难确认等特点，所以网络舆情突发事件如果处理不当，极有可能引发网民的不良情绪，从而对企业声誉构成威胁。

（四）网络舆情信息源

目前网络舆情的信息源非常多，如微博、微信、短视频平台等，为了更好地区分信息源，将其分为新媒体信息源和传统信息源。

二、网络舆情管理认知

（一）网络舆情管理概念

网络舆情管理就是对网民意见和态度的收集、研判、决策、处置、总结等环节的总和，强调及时掌握苗头性、倾向性问题，进行有针对性的正确引导。

（二）网络舆情管理的原则

1．不卑不亢，从容应对

网络舆情的频发、高发、多发、突发成为常态。处置网络舆情首先要适应挑战，破除传统的不理、不用、不管的思维定式，在舆论压力面前要不卑不亢，做到不慌、不怕、不躲、不拖、不堵、不抗、不纵。

2．还原事件，客观公正

处置网络舆论要还原事实真相，应站稳立场、全面客观、尊重监督，用证据说话，以法律为准绳。

3．回应关注，灵活多样

在网络舆情管理的过程中，要掌握舆情处置的时、度、效原则，克服恐慌，灵活采应各种方法，提高科学应对的水平。

4．黄金四小时

网络舆情突发事件中尤其是负面舆论爆发时，要求相关企业在"黄金四小时"内发声，乃至在两小时、一小时内发声。在危机发作的四小时内，企业或许还不知道危机的原因、性质，乃至不知道危机的根本状况、影响，但至少已知道这场危机与企业相关，此时只需通知大众，企业现已知道，我们正在尽力了解更多。如果状况事实清楚，在表达情绪的同时，最好辅以举动阐明，如企业在"高度重视"之下，采取了哪些详细举动，由哪些组织、哪些人展开了查询，已查询了哪些事项，现在已查明的是什么。大众一般对处置作业的发展高度灵敏，应尽可能坚持信息通明。如因特别原因影响了进展，应及时解说、阐明。"黄金四小时"不是一个孤立的时刻要求，突发危机发作后除了要自动说、赶快说，也要继续说、边做边说。除了说危机本身的根本信息，还要能够说情绪、说举动。

三、网络舆情监测认知

对企业来说，有效监测、第一时间了解、及时地处理企业在网络上的相关负面信息显得尤为重要，特别是要利用企业舆情监测，在第一时间快速预警负面舆情，及时发现和处理企业的负面信息，保持企业的健康良好形象。

随着网络技术的不断发展和创新，舆情传播载体呈现出多样化的特点，网络舆情已经渗透到社会生活的各个方面。而企业舆情应对能力不足，舆情预警滞后，都会造成舆情危机处置困难重重，后果往往是企业形象被破坏，口碑受损，给企业的发展带来极大的负面影响。因而，如何全面、准确、及时地对网络负面信息实施有效监测，提升舆情应对能力成为企业良好发展的重要方面。

（一）网络舆情监测概念

网络舆情监测是指对在互联网上传播的，网民对现实生活中某些热点、焦点问题所持的有较强影响力、倾向性的言论和观点等信息进行及时的采集、分析、预测等行为。本书中网络舆情监测主要是针对企业而进行的采集、分析和预测行为。

（二）企业舆情监测内容

企业舆情监测需要重点关注信息源上与公司名称、公司创始人、产品名称、行业名称、竞争对手名称等关键词相关的内容。

（三）企业舆情监测工具及频率

网络上的信息源较多，可以借助监测工具，如"RSS 客户端"可监测新闻源，"即刻"可监测微信、微博、知乎、豆瓣等，"搜索引擎"可监测百度新闻、360 搜索新闻、搜狗新闻等。

网络舆情监测工具的使用频率建议是早中晚每日三次，每次5～10分钟。

做一做

通过上述网络舆情监测工具监测你所在学校的网络舆情现状。

（四）企业舆情监测的流程

企业舆情监测分为日常监测和突发事件监测两种。通常舆情监测的主要流程有建立网络舆情监测体系、积极回应面对网络舆情危机、事后评估和善后三个步骤。

1. 建立网络舆情监测体系

为了更好地进行网络舆情的监测和管理，企业可以设立专门的舆情管理部门。相关人员在日常工作中要有意识地发现并对各类信息素材进行收集积累，做好声像、文字资料的记录和存储。企业必须将舆情监测和管理从舆情消防员的角色定位中摆脱出来，不能等到舆情事件爆发之后才采取措施应对，在日常就应该进行舆情监测和管理。对于企业出现的负面舆情，一方面，企业要注重负面信息的采集与分析，相关部门必须紧密关注媒体上出现的关于企业的信息，建立起高效的舆情监测系统。另一方面，企业要建立网络舆情危机预案，制订企业网络舆情危机预警机制，将舆情危机划分为不同等级，并设置相应的不同级部门、范围的力量参与到应对工作中，根据舆情预警的程度进行人员的调动和资源的整合。

2. 积极回应面对网络舆情危机

对于企业的网络舆情危机，要第一时间启动应急预案。按照舆情危机的等级类别，在第一时间将相关情况上报上级和主管部门，随时关注舆情危机的等级变化，并启动与之相应的应急预案。通过立体化的媒介载体采用新闻发布会，在官方网站、官方微博、官方自媒体发布消息等形式，针对公众最为关心、质疑最多的问题第一时间提供相关信息并进行详细解答，掌握主动权。如果是企业自身问题所导致的网络舆情危机，企业应该立即态度诚恳地进行道歉，并主动承担责任，拿出令大众满意的解决方案以争取谅解，让他们感受到企业解决问题的诚意和积极的态度。同时引入第三方信源形成权威效应，请第三方信源意见领袖发表有见地、有代表性的言论，消除网络舆情危机中的信息盲点。随着真相的进一步澄清或企业的解决措施的到位，在一定程度上消除舆情危机。在舆情已经产生稳定的社会影响的前提下，企业上下要统一口径，特别是企业的领导干部，要从企业责任和社会责任的高度不断深化舆情引导的工作。

3. 事后评估和善后

在企业网络舆情危机消退后，对于本次舆情应对工作的成效，企业应进行阶段性的总结和回顾，对于企业网络舆情危机要进行损失评估。企业网络舆情危机进入消退期后，企业应成立损失评估小组，对企业此次舆情危机所导致的损失进行评估。评估主要包括两方面：第一是对现行经营状况造成的损失的评估；第二是对由于企业品牌和声誉受损将会产生的后续无形损失进行评估。

同时，企业要进行形象修复。经过负面舆情的不利影响，企业已经遭受并将面临巨大的损失。此时，迫切需要开启一系列企业形象修复工程，为负面舆情善后。要对产品及企业形象进行重新定位。重新定位企业的产品，严把产品质量关，让企业生产的产品成为"信得过""靠得住"的产品，定期将产品的质量检测结果向公众公布，使公众对产品重拾信心。

在企业的经营和管理创新中，正确地实施网络舆情监测和管理，对于促进企业发展有着至关重要的作用。企业要科学把握互联网时代信息传播的规律，用更加符合时代趋势的观念看待网络舆情，深度利用各种传播媒介，扬长避短，使网络舆情成为促进企业持续、和谐发展的强大力量。

任务实训

网络舆情管理案例剖析

1. 实训目的

本次实训主要是让学生认识到网络舆情管理的重要性及知名企业的网络舆情管理的方法和策略。

2. 实训内容及步骤

（1）企业：阿里巴巴、京东商城、小米公司、360、百度、腾讯等。

（2）在上述企业中选择一家企业，通过网络搜索了解该公司的网络舆情管理及相关案例。

（3）对上述网络舆情管理案例进行分析，并对其进行评价。

3. 实训成果

完成网络舆情管理案例剖析 PPT 并汇报。

任务二　负面舆情营销策划

任务引入

　　小李通过人民网（人民网舆情频道中有行业舆情及企业舆情）、识微（商情观察平台）、蚁坊软件（舆情播报软件）等网站看到大量行业和企业的网络舆情报告，如"3.15 晚会"舆情分析、第五届互联网大会舆情分析等，这些报告中，负面舆情对企业的品牌、产品等造成了非常大的影响。那么企业处理负面舆情现状是什么？面对负面舆情，企业该如何应对？

知识指南

一、企业负面舆情现状

　　2018 年，全国范围内发生了 30 起高危舆情事件，有 19 家企业遭遇了负面舆情高风险。不仅互联网巨头企业经历过不同程度的形象触礁，电子商务、共享出行、互联网金融、文娱旅游、新能源汽车、物流服务、新媒体、房产服务、互联网教育、智能硬件等多领域企业声誉也遭遇重创，全线受挫。负面舆情风险主要涵盖企业违法违规行为、经营业绩、业务模式、平台内容及用户监管、产品质量、技术漏洞、品牌推广、高管人事等多个环节。

（一）企业负面舆情基本情况

　　《2018 中国企业品牌网络舆情监测运营状况白皮书》数据显示：35.9% 的企业曾遭遇舆情危机，中小型企业则更易陷入网络舆情困境。从行业分布看，制造业受网络舆情危机影响居于首位，占比超三成，舆情危机事件多发生在食品制造领域；IT 与互联网分居第二和第三，舆情危机集中在提供通信运营的垄断性国企和主营网购的民营企业。从地区分布来看，受地区经济发展水平及民众舆论监督意识等因素的影响，遭遇舆情危机的企业多集中在华东和华南地区，占比超六成，而其他地区则相对均衡。从引发企业舆情危机的原因来看，舆论焦点呈现多元化特征，其中，行业竞争等市场行为占比大，经济与劳动纠纷、产品质量与食品安全及违规操作等也是引发舆情的诸多原因。从引发企业舆情危机的源头来看，微信、微博、知乎等社交媒体平台成为舆情危机爆发的主要舆论场，近六成企业认为大规模负面评论及负面文章是主要的危机来源，如图 14-1 所示。

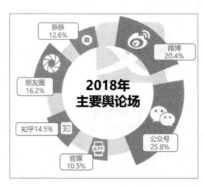

图 14-1　引发企业舆情危机的源头

舆情危机事件影响企业利润、形象及凝聚力等多个方面，特别是上市企业股价受舆情危机影响明显。负面舆情爆发当天会直接影响公司股价，且负面影响会持续近 3 天，第 4 天起负异常收益减弱，至第 7 天回到正常水平。

（二）企业负面舆情应对现状

企业在舆情应对上相对比较被动，表现为普遍滞后。由于社交场景的变化、信息源的丰富，导致网民关注点迅速转移。公共社交平台上网民观点的个性化特征与社群平台上网民观点的群体化转移，给企业的舆情应对带来了更多考验。负面风险的不可控因素增多，企业回应的被动性和无效性也格外突出。

同时，企业舆情应对中表现出了其媒体关系的薄弱性。纵观 2018 年的企业高危舆情，主要还是依赖企业及下属公司的两微一端（微博、微信及新闻客户端）和自媒体平台账号来完成。企业公关部门的自说自话、公开辟谣、自证清白，普遍影响力不高，效果差强人意，舆情掌控力度十分薄弱，几乎等同于无效传播，使得一些本该得以平息的负面舆情，遭遇了持续不断的高风险。这主要归因于企业未能建立良好的媒体公关关系，更不擅于利用第三方媒介甚至竞品媒介的力量来为自身的危机解决提供外部助力。

做一做

结合近一两年企业舆情的真实案例，谈谈企业负面舆情对企业的影响及解决措施。

二、企业负面舆情类型

为了便于企业开展舆情管理，我们将企业负面舆情分为产品服务、企业管理、企业经营和公共安全四类。

（一）产品服务类

产品服务类舆情包括产品质量不佳、价格虚高、售后拖沓等类型。

（二）企业管理类

企业管理类舆情包括劳资纠纷、人事变动、企业伦理等类型。

（三）企业经营类

企业经营类舆情包括产权交易、企业上市、企业竞争等类型。

（四）公共安全类

公共安全类舆情包括环境污染、安全事故等类型。

三、企业负面舆情危机应对与防控

（一）防控预警

1．实时监测、动态预警

舆情实时监测能力对于预知舆情、控制事态具有重要作用。一方面，企业可利用监测系统对网络舆情形态和情感倾向进行实时监控和及时预警；另一方面，企业应建立丰富的舆情案例库和应对机制，提高舆情研判的快速响应能力。

245

2．日常积累、未雨绸缪

企业日常的良好宣传是积累自身口碑的重要途径。一方面，企业可建立网络宣传平台宣传自身良好形象，加强舆论引导；另一方面，企业可尝试建立与网民之间的日常对话渠道，以便及时消除网民顾虑。

3．关键节点、正想宣导

关键时间、事件及人物往往直接影响舆情危机的演化速度、广度和深度。企业应重点关注核心节点，在事前进行积极的正向宣导，把握舆论引导的主动权，提高舆情危机的可控性。

（二）应对技巧

小案例：和黄磊学危机公关

1．及时响应、主动干预

越早介入舆情事件，越有利于舆情的消退。当舆情危机发生时，企业应在第一时间做出主动反应，针对危机事件及时向消费者做出解释。

2．借助权威、正向引导

政府、第三方权威机构的发言更具有专业性与客观性，能较易说服消费者。企业应重视第三方信息源的力量，借助其提供的全面、客观及专业的意见化解舆情危机。

3．承担责任、真诚沟通

企业与消费者、企业与媒体之间的合作成本永远低于对抗成本。企业应遵循承担责任的原则，向消费者展示诚恳的态度，积极坦诚地与消费者进行沟通。

4．持续跟进、积累经验

企业在暂时缓和舆情危机后，应持续跟进舆情的进一步发展，实现对舆情全生命周期的掌控，同时要注意舆情处理的经验总结，积累危机处理方案。

想一想

2018 年"3·15"晚会爆料，售价不菲的某品牌汽车存在发动机进水问题。据新浪舆情通分析发现，早在 2017 年 6 月 2 日，就有媒体对福州黄女士的该品牌汽车发动机进水一事进行过报道，当日全网信息量 24 条。随后，该品牌发动机进水在 2017 年不断引发舆论关注。2017 年 9 月 17 日，央广网关于该品牌发动机进水的报道被多家媒体引用、转发，当日全网信息量 61 条，形成了 2017 年关于此事最高的舆情信息走势高峰。不难看出，该品牌的发动机进水问题早在 2017 年 6 月就已被曝出，舆论对此事的关注也断断续续持续了半年之久。

请思考舆情信息对该品牌在"3·15"晚会上被曝光有什么影响？

任务实训

企业负面舆情应对案例分析

1．实训目的

通过本次实训，学生应掌握企业负面舆情应对的现状及应对技巧。

2．实训内容及步骤

查看本年度"3·15"晚会中曝光的各企业的舆情现状，并查找"3·15"晚会之后各企业的舆情应对方法及效果，并对企业的舆情应对方法进行评价。

3．实训成果

完成企业舆情应对评价报告。

 **思考与练习**

一、不定项选择题

1. 下面属于网络舆情 2.0 时代的特点是（　　）。
   A. 社交化　　　　　B. 单向化　　　　　C. 移动化　　　　　D. 大数据
2. 下面属于网络舆情 4.0 时代的特点（　　）。
   A. 单向性　　　　　B. 大数据　　　　　C. 移动化　　　　　D. 社交化
3. 下面属于产品服务类舆情的是（　　）。
   A. 产品质量不佳　　B. 价格虚高　　　　C. 售后拖沓　　　　D. 人事变动
4. 下面属于企业管理类舆情的是（　　）。
   A. 产权交易　　　　B. 人事变动　　　　C. 劳资纠纷　　　　D. 企业伦理
5. 下面属于企业经营类舆情的是（　　）。
   A. 劳资纠纷　　　　B. 人事变动　　　　C. 产权交易　　　　D. 企业上市

二、简答题

1. 网络舆情是什么？网络舆情管理是什么？网络舆情监测是什么？
2. 企业负面舆情类型有哪些？
3. 如何开展企业负面舆情危机应对与防控？

素质拓展问题